U0101200

这里是故宫

姜舜源 著

湖南人民出版社

图书在版编目（CIP）数据

这里是故宫 / 姜舜源著. —长沙：湖南人民出版社，2021.8
（2022.3）

ISBN 978-7-5561-2625-5

I. ①这… II. ①姜… III. ①故宫—北京—通俗读物 IV.
①K928.74-49

中国版本图书馆CIP数据核字（2020）第224483号

ZHELI SHI GUGONG

这里是故宫

著　　者　姜舜源
出版统筹　陈　实
监　　制　傅钦伟
产品经理　田　野
责任编辑　李思远　田　野
责任校对　唐水兰
装帧设计　刘　哲

出版发行　湖南人民出版社 [http://www.hnppp.com]
地　　址　长沙市营盘东路3号
邮　　编　410005

印　　刷　长沙超峰印刷有限公司
版　　次　2021年8月第1版
　　　　　2022年3月第3次印刷
开　　本　880 mm × 1230 mm　　1/32
印　　张　18
字　　数　300千字
书　　号　ISBN 978-7-5561-2625-5
定　　价　98.00元

营销电话：0731-82683348（如发现印装质量问题请与出版社调换）

六百年继六千年

紫禁城与黄帝城

北京故宫是明清两朝的皇宫，其前身是元世祖忽必烈至元四至二十二年（1267—1285）兴建、使用了100余年的元大内（1267—1368）。"故宫"意为旧时宫室。东汉学者应劭注释他的前辈班固《汉书·武帝纪》，已经用"故宫"一词称先帝汉武帝废弃的宫室，后来多以此指前朝宫室。元朝灭亡后，明洪武二年（1369），工部主事萧洵随工部尚书张允至北平（元大都）勘测元皇宫，后来出版了当时的文字记录《故宫遗录》。清朝灭亡后，人们按历史惯例将清代皇宫称为"故宫"，进而在1925年10月10日正式成立了"故宫博物院"。

我国古代皇宫至少有两重功能。一是皇帝、后妃等皇家成员的居所，二是皇帝治国理政行使帝王最高统治权的地方。这就是传统的"前朝后寝"。从最高统治者皇帝，到基层政权县官，都是前衙办公、后院住家。明清皇宫"前朝"部分，与天安门外六部等文武衙署连接一体，就是当时"朝廷"即中央政

图1 神武门

府所在地，其平面布局取意六千年前黄帝"合宫十二楼"，表示继承了炎帝、黄帝、尧、舜、禹以来的华夏法统。北京故宫从明永乐十八年十一月初四（1420年12月8日），永乐皇帝正式宣布启用，至2020年整整600年。其间从1420年到1912年2月12日清朝统治结束，这里是明清政治中枢；其后作为我国政治文化中心北京城的中轴线主体，这里也一直感受着中国历史的脉动。而在宋、金、元、明、清一脉相传的国家收藏基础上，形成的故宫博物院文物藏品体系，更是六千年中华优秀文化最直接、最集中的实物见证。北京从三千多年前开始，就是商周时代的燕、蓟古都；北京城西南50公里处的房山区周口店，还是距今70万年～20万年的原始人类"北京人"的故乡。近几十年考古发掘研究成果——浙江余杭（今杭州余杭区）距今5 300年的"良渚文化"古城及良渚玉器等历史文物，已被列入联合国教科文组织《世界遗产名录》；以红山玉器"华夏第一龙"为代表的"红山文化"，也蜚声海内外。故宫宝库中就收藏有包括"良渚文化""红山文化"玉器在内甚至更早的大量新石器时代玉石器，以及夏、商、周、秦、汉、唐、宋、元、明、清各代文物。清乾隆帝的案头上，就陈设有一件属"良渚文化"大玉琮当笔筒，先以为是古代套在车辕头上的装饰物"辋头"，后来研究发现是数千载前的器物。在两百多年前的1772年，乾隆帝通过比对鉴别内府所藏古玉，就提出之前人们认为的汉代玉璧等有一部分属于夏、商、周三代之前，直至推测到尧、舜、禹时代，基本上就是现代考古学揭示的新石器时代晚期。因此不论从宫殿建筑看，还是院藏文物看，六百年历史的故宫，与六千年中华文化紧密相连，一脉相传。

图2 "北京人"头盖骨（复制件）
　　　中国国家博物馆藏

图3 良渚文化十二节玉琮
　　　故宫博物院藏

图4 华夏第一龙
　　　中国国家博物馆藏

图5 红山文化玉龙
　　　故宫博物院藏

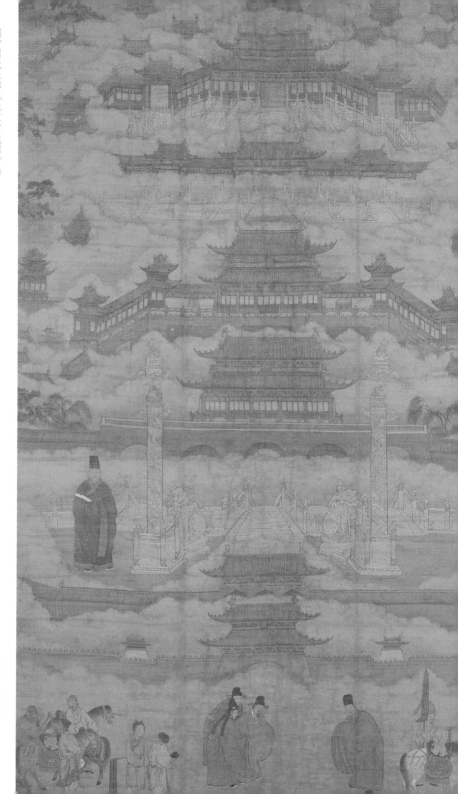

一　紫禁之名天上来

明清时期特别是清代，大内皇宫常被称作"紫禁城"。例如皇帝给德高望重的大臣一种特殊优待，"赏紫禁城骑马"。但乾隆帝还有"紫禁""紫微"等不同表述。明代也不太突出"紫禁城"的提法，而继续以"大内"称现在故宫范围，以"皇城"称大内及东华门至东安门之间的"南内"，以"西苑""西内"指称北、中、南三海范围。这将在后文具体分析。

"紫禁城"之名出自天文上的"紫微宫"。这牵涉古代文明"自我中心"和我国上古"天人合一"的观念，又与"中国"名称起源相联系。

文明中心，追求统一

在世界文明史上，文明发育较早的民族，多有以自我为天下中心及以人间社会事物比附天象的传统。这两种现象在我国古代都存在。世界上近代工业革命最早的英国，于1675年颁布"格林尼治时间"，1884年在美国召开的国际经度会议上，批准以通过当时伦敦格林尼治天文台埃里中星仪所在的经线，作为全球

"本初子午线"，抢占科学制高点。

古代"中国"之名本义，也主要表示是天下文明中心。与今天含义基本相同的"中国"一词，在春秋战国时期《管子》《韩非子》《列子》《孟子》等著作中已经反复出现；与现代概念完全相同的"中国"，笔者考证是汉武帝完整、明确提出，并且与追求国家统一紧密联系。《汉书·武帝纪第六》记载，元朔六年（前123）六月汉武帝诏曰："今中国一统，而北边未安，朕甚悼之。日者，大将军巡朔方，征匈奴，斩首虏万八千级……"当时国家基本上完成了统一，只是北方边患不断，匈奴威胁中原地区人民安全，所以展开持续的征战。"中国"与"一统"作为不可分开的整体概念被提出来。此后，追求国家统一，成为中国历史绝对的、自觉的共识。汉唐如此，那叫"大汉雄风""盛唐气象"；南宋偏安江南，那叫"苟且偷安"，岳飞"还我河山"才是"壮怀激烈"；明太祖朱元璋一统华夏，清康熙帝称赞其"治隆唐宋"；明成祖朱棣从维护国家统一的战略高度，做出迁都位于长城居庸关脚下的北京的决策，实行"天子守边"，成为立国典范。

天人合一，效法"紫微"

我国古代哲学思想从萌生起，就有浓厚的天人合一色彩，表现在天文上，多以国名、官职、城市、宫殿等命名星座；而都城、皇宫又反过来以星座命名，乃至以星象来规划。1987年5月，在河南濮阳发现的一处6 000年前仰韶文化遗址中，墓葬主人东西两侧排列着用贝壳摆出的一条龙和一只虎。这可能是《尚书·尧典》中以青龙、白虎、朱雀、玄武代表东、西、南、北四方星宿"四象"的雏形，说明那时人们已开始在建筑中模仿天象。

进入文明社会以后，天文学获得更大发展，战国时期石申所著《石氏星经》记载了天空中央为紫微、太微、天市三垣。阶级社会形成后，建筑模仿星象的权利被最高统治者所垄断，"天人合一""自我中心"两者共同作用于都城、宫殿建筑，中天"三垣"常被考虑用在都城上，而由于紫微垣在三垣的中心，就被认为是天帝居住的天宫和天帝之子的人间皇宫。《周礼》天子"明堂"，在意念上就是天空中央的紫微宫。西汉刘歆《七略》："王者……体天而行，是以明堂之制，内有太室，象紫微宫。"秦始皇的咸阳宫，也是"则紫微，象帝宫"，即效法取象天帝的紫微宫。与石申同时代的伟大诗人屈原，则以他那浪漫主义的瑰丽想象，把天上想象成人间，他在《离骚》中抒写自己在天上，到天帝居住的紫微宫前叩阊阖门叫门的情景："吾令帝阍（门卫）开关兮，倚阊阖而望予。"汉初史学家司马迁在《史记·天官书》中正式系统地记录了用宫殿和人间社会组织比附天上星座的历史情况。汉代人所著《辛氏三秦记》也记载，汉代的未央宫"一名紫微宫"。《晋书·天文志》说："紫微，大帝之坐也，天子之常居也。"从总体上讲，以上记载揭示了紫微宫在天上为天皇大帝的居所，在人间为天子的皇宫这一属性。

那么"紫微"二字到底是什么意思呢？汉代人著《春秋元命苞》解释："紫之为言'此'也，宫之为言'中'也。天神运动，阴阳开合，皆在'此中'。"此处只解释了"紫宫"，紫为此，宫为中。笔者认为，微是微妙、精妙的意思。上文"天神运动，阴阳开合，皆在'此中'"即"微"的含义。紫微垣在北极一带，故人们见到它端居中天，位置永恒不变，而众星环拱，围绕紫垣旋转。

我国古代天文学发达的另一个标志，是对本初子午线的认识。据东晋王嘉《拾遗记》记载，秦始皇在咸阳筑云明台，号称"子午台"，渭水南岸上林苑中阿房宫正殿前有"阁道"，"自殿下直抵南山"，又"表南山之巅以为阙"，即把经过正殿的大路作

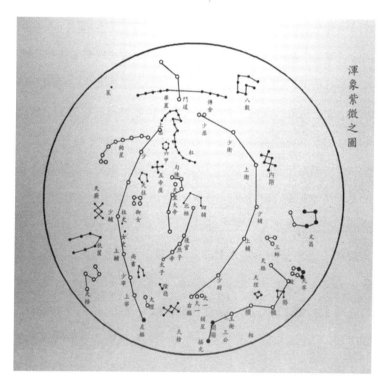

图1 北宋苏颂星图·浑象紫微之图（复制品）

为本初子午线，在南山之巅架起双阙，作为京城的正门。唐代僧一行等科学家开始进行测量地球子午线长度的科考行动，而元大都、明清北京城的中轴线都有本初子午线的意涵。

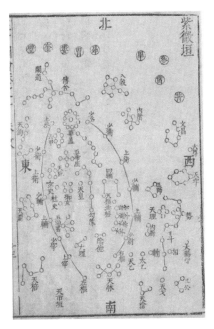

图2 紫微垣图，明代《三才图会》插画

"紫禁"形成，王者居之

秦汉礼制规定皇宫称"禁中"。汉学问家蔡邕《独断》言："汉天子正号曰'皇帝'，自称曰'朕'，……所居曰'禁中'。"至南朝开始出现"紫禁"一词。南朝宋文学家谢庄《宋孝武宣贵妃诔》称："掩彩瑶光，收华紫禁。"唐代李善注："王者之宫，以象紫微，故谓宫中为'紫禁'。……瑶光，即贵妃所居殿名；紫禁，即紫宫，天子所居也。""紫禁"被大量使用始于唐代。唐高宗与武则天的儿子李贤注《汉书》明确指出："天有紫微宫，是上帝之所居也，王者立宫，象而为之。"初唐骆宾王《畴昔篇》有："紫禁终难叫，朱门不易排。"中唐韩翃《题玉山观禅师兰若》诗有："先朝亲与会龙华，紫禁鸣钟白日斜。"中晚唐白居易《初出城留别》诗有："朝从紫禁归，暮出青门去。"

唐代长安城和宫殿是在隋朝大兴城及其宫殿的基础上建造起来的。先是将京城北部的大兴宫改建为"太极宫"，太极意即天极，即紫微垣内的北极星。后又在城北建造了大明宫，在城东建造了兴庆宫。以上共三区宫殿，与天空中央三垣之数相合。每区宫殿的主座也以三殿为度，如麟德三殿、紫宸三殿。紫宸即紫微宫。

"紫禁城"三字一起出现，见于元末明初邓雅《寄张助教美和》诗："吟看碧嶂清江雨，梦绕红楼紫禁城。"张美和于明洪武三年（1370）被选拔为南京国子监助教。可见"紫禁城"全称是明清皇宫的专利。

元宫太微，别开生面

元大都城也以中天为象，但与前代及后代不同的是，元朝君主将紫微垣的位置，让予元大都城几何中心钟鼓楼附近的中央政府中书省，皇城大内居于太微垣。元代大都路儒学提举（相当于明清北京顺天府学校长）学者熊梦祥《析津志·朝堂公宇》载：

"始于新都凤池坊北立中书省，其地高爽，古木层荫，与公府相为樾荫，规模宏敞壮丽。奠安以新都之位，置居都堂于紫微垣。"这可能有两方面原因。

　　一方面，元代以前的历朝皇宫，都处于都城北部，与天文上紫微垣处于太微垣上部的方位是一致的。而元朝皇城因为地理、水文等条件的需要，建在大都城南部，对应的是太微垣方位；且处在鼓楼北、都城中心的中书省恰恰占据紫微垣，故在省署周围分布六部等衙门，象征紫微垣众星。另一方面，元代是我国历史上第一个由少数民族建立的中央王朝，元世祖忽必烈受到了藏传佛教和儒学两种文化的影响，并不在乎汉族皇帝一向标榜的"天子"身份。

二 "十二楼"仿黄帝制

　　明清皇宫法象紫微垣，笔者在20世纪80年代详细考证阐述后，获得广泛认同。近年来笔者考察史料、文物古迹发现，以皇宫、皇城为主体扩展至北京城中轴线的建筑规划布局，采取了黄帝"合宫十二楼"体系。这种设计理念在永乐帝建造北京宫殿和北京城时被采用，被清乾隆帝重新发现并发扬光大。永乐帝采用黄帝"合宫十二楼"体系，又是在元大都皇城法象王屋山基础上展开的。

王屋三重山，宫廷三大殿

　　王屋山地处中原腹地洛阳附近，主峰天坛山，相传是轩辕黄帝祭天之所，东为日精峰，西为月华峰，一直是华夏圣山。我国最早的地理著作《尚书·禹贡》，有"底柱（即黄河三门峡砥柱）、析城（夏都阳城的圣山），至于王屋"之言。前蜀文学家杜光庭《天坛王屋山圣迹记》、明代文学家李濂《游王屋山记》、清代李诚《万山纲目》等，各时期著作都有记载，称其"西接于昆邱（古人认定的华夏山川发源地昆仑山），东连于沧海"，"南视嵩峰、少室（中岳嵩山太室山、少室山），大河（黄河）如带；北望析城山，东北望太行，东观日出，如生沧海"，为华夏腹地中心，"山形如王者屋""如王者车盖"，故名王屋山。

元大都宫殿完整继承《周易》《周礼·考工记》《管子》《论语》《孟子》以来的都城建筑理论，以及长安、洛阳汉唐宫殿和汴梁宋代宫殿、金中都宫殿的实践经验，是历史上最接近《周礼·考工记》蓝图的一座都城、宫殿。同时元大都皇城开始法象王屋山，表示自己继承了黄帝以来的法统。具体体现在两方面，一是皇城中心太液池中有万岁山（今北海白塔山）、圆坻（今北海团城）、犀山台（今中南海水云榭），象征王屋山"有三重"（《尚书·禹贡》）；二是元大内正衙大明殿及其正门大明门，象征王屋山主峰天坛峰；大明门东有日精门、西有月华门，象征王屋山东峰日精峰、西峰月华峰。

明太祖朱元璋建设安徽凤阳中都宫殿，布局亦受元大都宫殿的影响，在平面布局上，继续置皇城、宫城于都城前部（偏南部）。在此基础之上的独到创意是：在宫殿规划理念上，继承和发展元皇城取象黄帝王屋山的做法，以奉天三殿象征王屋山"天坛"，以凤凰山主峰为皇宫"后靠山"，即"万岁山"；凤凰山东西日精峰、月华峰直接取象王屋山日精峰、月华峰；凤凰山一山三峰：万岁山、日精峰、月华峰，象征王屋山"有三重"。朱元璋的儿子永乐帝朱棣建设北京宫殿，照搬明中都蓝图，并直接参照元大内建筑规划，与元大内长、宽尺度几乎完全一致。在宫殿规划理念上，继承和发展元大内取象黄帝王屋山的做法，以皇宫"后靠山"万岁山（清代称景山）代表王屋山，一山三峰，象征"王屋三重"；奉天、华盖、谨身三大殿，象征王屋山"山有三重"，华盖殿（清代称中和殿）代表王屋山主峰天坛；大内正寝乾清、交泰、坤宁后三宫，也是象征"山有三重"。乾清宫东西庑中心日精门、月华门，保存元大内日精门、月华门旧名。清乾隆帝用《诗经·商颂·殷武》"陟彼景山，……寝成孔安"加以发扬，将景山变为五峰，并在峰顶建造"万春亭"等五亭，象征黄帝玉京五城楼台。

元皇城"后靠山"称万岁山，始自宋徽宗政和七年（1117）十二月，"天神降坤宁殿，修神保观，……取象余杭凤凰山，号'万岁山'"，其寓意是江山万代。"道君皇帝"宋徽宗的设计灵感源于道教，而元代主持大都修建的刘秉忠恰恰是儒道兼修，元大都城的规划设计思想体现出浓厚的多元宗教色彩。

中轴线台门，"合宫十二楼"

朱元璋建明中都城、永乐帝建北京城，宫殿取象由仙道而归于黄帝大统。清代乾隆帝对此做了长期研究，指出其是效法黄帝"合宫十二楼"，这一研究集中体现在乾隆《御制诗余集》卷二十，嘉庆三年（1798）十一月初九《夜雪六韵》"十二重楼"的注释考证。

他考据的基本思路，首先是"京师都城宫殿，成于永乐年间"，影响规划设计决策的关键人物是姚广孝。《明史》谓其时机事皆决于姚广孝，而按《明史》记载，广孝通阴阳术数之学。乾隆因此断定，姚广孝参与了北京宫殿营建规划的决策。其次，以永乐近臣李时勉在北京宫殿落成后所撰的《北京赋》为佐证，文中"损益乎黄帝合宫之宜也"，说明当时规划的依据之一是"黄帝合宫"。合宫，黄帝时明堂。战国尸佼《尸子·君治》称："夫黄帝曰'合宫'，有虞氏曰'总章'，殷人曰'阳馆'，周人曰'明堂'，皆所以名休其善也。"然后乾隆引述《汉书·郊祀志》所记："黄帝时为五城、十二楼，以候神人于执期，名曰'迎年'。"《史记·封禅书》载："方士有言：'黄帝时为五城十二楼，以候神人于执期，命曰"迎年"。'"东汉应劭等解释："昆仑玄圃，五城十二楼，此仙人之所常居也。""执期，地名也。""迎年，若言祈年。""五城"，指《海内十洲记》等文献所记"城上安金台五所"，大约相当于明清"城台"。乾隆皇帝认为建筑科学不能以《海内十洲记》这种神话著作为依据，但"十二楼之数，虽出仙家，而黄帝时已有其制"，中华文明起源于黄帝，后世仙家此说是沿用了黄帝的学说，以黄帝为依据当然就没有问题了。

乾隆考证的结论是，中轴线上"仿古重檐台门"建筑：正阳门、天安门、端门、午门、太和门、太和殿、保和殿、乾清宫、坤宁宫、神武门、鼓楼、钟楼，凡十有二，对应《汉书·郊祀志》所言"黄帝时为五城、十二楼，以候神人于执期，名曰'迎年'"，简单说，对应一年十二个月，祈求丰收。而穿插在这些"台门"之间的大清门、中和殿、乾清门、交泰殿等单檐、无台、非主座建筑，就不计在内。京城划为五城，也是用黄帝祖制。另外，永乐帝将大内后宫设计为东西六宫，大概也是为应黄帝"合宫十二楼"之数。

图1 端门城楼 郭 豹 摄

图2 正阳门城楼 郭 豹 摄

图3 正阳门箭楼　　　　　　　　　　　　　　　　　　　　　　　郭豹摄影

图4 正阳门外五牌楼　　　　　　　　　　　　　　　　　　　　　　郭豹摄影

图5 北京城中轴线北端钟楼

孙其刚摄影

020

乾隆帝有关"十二楼"的认识，在其中年御制诗中已有体现。乾隆《御制诗三集》卷八十五《雪：正月初三日》"重楼十二皆皴玉"下原注："自正阳门至神武门，正十二重楼。"到晚年，《御制诗五集》卷十九《重华宫茶宴廷臣及内廷翰林用五福五代堂联句复得诗二首》："门前双象峙峥嵘，十二重楼积玉霙。"他对自己的学术研究成果深信不疑，临终前不久作《即事诗》，开篇就是"玉楼十二积霙华"。当时朝臣也认同此说，《万寿盛典初集》卷六十九，录詹事府少詹事王奕清《万寿诗七言律十首》有诗句："瀛洲迥出三千界，蓂阁高连十二楼。"

事实上，在元大都时代，一些文人也已经将皇城与"五城""十二楼"相联系。元陆仁《寄五峰李著作一首》："小车上直（值班）过宫沟，城阙沉沉十二楼。太乙灵光金匮夕，少微星采玉垣秋。斋房度曲歌朱鹭，海子惊弦起白鸥。想得赐金归里第，雁山依旧足清游。"宫沟，指金水河；城阙沉沉十二楼，指元大内及西宫；金匮、玉垣，指钟鼓楼西的翰林院；海子，即钟鼓楼前元大都城中心的积水潭（明清至今称什刹海）。

天安门内外，明清之"朝廷"

我国古代中央政府称为"朝廷"，春秋时期管仲《管子·五辅·外言一》称："故善为政者，田畴垦而国邑实，朝廷闲而官府治，公法行而私曲止，仓廪实而囹圄空，贤人进而奸民退。"而含义广泛的"政府"一词则出现较晚，大致在南北朝时期。元明清三朝的"朝廷"，就在北京城中轴线故宫前朝至天安门前两侧区域，从正阳门里大明门（清代"大清门"，民国"中华门"），到故宫保和殿（清朝深入至乾清宫），就是明清中央政府各部、院直至最高皇权衙署所在地，也就是当时国家的"政务中心"。正如乾隆《钦定日下旧闻考》所称："百司庶府，拱翊宸居，躔次星罗，上符法象。"（文武衙门拱卫大内展开，像天上群星朝向紫微垣）乾隆帝《御制宝月楼记》称，由宝月楼（今新华门）东望，"则紫禁（皇

图6 乾清门——清代皇帝早晨御门听政处

022

宫）、紫微（朝廷）"，"玉堂金马（翰林院等六部、府、院）"。在当时交通及通信条件下，朝廷各部院分列皇宫门前附近，方便各部门之间、各部门与内阁直至皇上及时沟通。

天安门前，六部府院

古语"九重宫阙""天子九门"，实际上是说中轴线上以一道道门分割成功能各不相同的区域。北京城中轴线上的门，往往是两两一组分隔出一个功能单元。最南端外城永定门及其箭楼、内城正阳门及其箭楼，构成各自的城防功能。大明（清）门（原址在今毛主席纪念堂南部）到天安门虽相距600多米，但二者实际上是前后一组，两门之间东西两庑，是朝廷六部、府、院衙门。《钦定大清会典》载，"大清门之内，千步廊东西向，各百有十间，又折而北向，各三十四间，皆联檐通脊"，东与长安左门相接，西与长安右门相接。这种"联檐通脊"的长廊房，与现存天安门至午门之间东西廊房基本相同，只是后者没有转角。大明门和长安左、右门，都是砖石结构券门式建筑，施琉璃斗拱飞檐，上覆黄琉璃瓦，类似明清皇陵大红门。这三座砖石门楼也可视作中央六部的门户，各门外立下马碑："官员人等至此下马。"门内是步行区，车马禁行。

东西相对、北端转角的各144间廊房，六部衙门的分布，明清大致相同。东廊自北而南，向东扩展至玉河（又称御河），分别是：宗人府（负责皇室事务）、吏部、兵部、户部、工部、鸿胪寺（负责国家典礼）、钦天监、太医院等；翰林院在长安左门之东，今国家博物馆东公安部院内保存着翰林院部分建筑。当时民谣概括各部门所长："翰林院的文章，太医院的药方，銮仪卫的轿杠。"銮仪卫好比如今礼宾车队，驾驶技术自不待言。西廊自北而南并向西扩展，分别是：都察院、大理寺、刑部等司法机构。

千步廊还有一个类似现代社会"政务公开"的功能：凡吏、兵两部月选官掣签，刑部秋审（秋分会审死刑犯等重大案件，最后上报皇上朱笔"勾到"定谳），礼部乡、会试磨勘（阅卷官切磋出统一尺度，对全部试卷平衡排分），六部、九卿等"俱集于廊房之左右"，参与公示，以昭公正。"廊房之外，东为户部米仓，西为工部木仓"，朝廷官员们的俸米就近"出粮"。米仓原址大约就是现国家博物馆所在地，还留下"东江米巷"（东交民巷）等历史地名。

午门朝房，"待漏阙下"

端门与午门相距约350米，前后构成一组。门内北部东西两庑各42间，一部分为都察院六科垣舍，吏、户、礼在东廊，兵、刑、工在西廊；其余为部、院、府、寺、监官员们上朝"待漏阙下"或进宫办事时等候传召的"朝房"（《钦定日下旧闻考》）。东廊北端立康熙帝御制并手书《台省箴》满汉碑各一通。明清时期言官不掌握实权，只针对自己监察的部院工作挑毛病，当时京城民谣："吏科官（用人），户科饭（粮食），刑科纸（状纸），工科炭（煤炭），兵科皂隶（警察），礼科看。"礼部除主管学校之外，基本是清水衙门，督察它的礼科就更清淡了。

图9 午门外西朝房，为明清都察院六科中兵、刑、工科公署

　　两廊的衙署越靠近皇宫，越机密重要。午门之内到太和门之间东西两庑，"东为稽察上谕处及内阁诰敕房（内阁机要文件收发处），西为翻书（外文翻译）房及起居注公署"（《大清会典》）。稽察上谕处专责各部门、各地对皇帝批示的执行情况。

图10 太和门东庑为稽察上谕处及内阁诰敕房，中为协和门　　　　　　周乾摄影

朝政中枢，内阁军机

太和门东庑之东南，就是内阁公署了。因是唯一设于皇宫大内的政府机构，故称"内阁"。内阁在明代是朝廷的最高行政机构，直接对皇帝负责，甚至对皇帝的批示也有"封还"的权力——请您老人家重新考虑。清代雍正起进一步摆脱阁权制约，皇上每天天不亮就在乾清门"御门听政"；设"军机处"作智囊、参谋，军机大臣、军机章京的值庐，设在毗邻皇帝寝宫养心殿的内右门外。

清代内阁地位也很高，其衙署格外注意保密，分内外两道围墙。大学士的直舍"内阁大堂"在内环正中，南向三间，对面为垂花门，东西两厢各三间。东厢为汉票签房，西厢为蒙古堂。外环为内阁学士们的办公室，汉本堂、满本堂已抵近南城墙根了。内外环的附房还有祝版房、满票签房、稽查房、大学士斋宿之所、档子房、典籍厅，是一整套政府中枢机关。

端门本正门，地位渐弱化

天安门里、午门外的"端门"，在汉、唐、宋是皇宫正门名，但如今人们对故宫端门用途却知之甚少。实际上在明初南京宫殿，端门视同宫中；清康熙中期之后，政治活动区域由太和殿为中心逐步后撤至以乾清宫为中心，端门位置遥远，用途逐渐弱化。

唐太宗端门放榜

从《史记·吕太后本纪》代王从端门入未央宫，与卫士发生争执可知，此宫正南门曰端门。唐太子李贤注《后汉书·李固传》："端门，太微宫南门也。"模仿人间社会的天文星宿名称亦可反证。《晋书·天文志上》："太微，天子庭也……南藩中二星间曰'端门'。"太微垣南藩二星，东曰左执法，西曰右执法，左、右执法之间叫"端门"，为太微垣的南门。唐人笔记《唐摭言》："贞观初放榜日，上私幸端门，见进士于榜下缀行而出，喜谓侍臣曰：'天下英雄，入吾彀中矣！'"这是唐代发生在端门最有趣的逸闻轶事。明初朱元璋建设南京宫殿，复汉宫之威仪，宫殿正南门午门之前辟端门。永乐年间明成祖朱棣建设北京宫殿，"规制悉如南京，壮丽过之"，仍辟端门。端门由明入清，角色逐步弱化，以致今人看来此处只是礼制象征性建筑。

图11 毗邻乾清宫、养心殿，内右门外的军机值房

明太祖端门办公

明正德时人廖道南《殿阁词林记》卷四"翰林院学士宋濂"，记载朱元璋与宋濂在端门上探讨古兵书《黄石公三略》，端门好似日常办公室。洪武时大臣詹同《文宪集》卷十三《恭题御制方竹记后》，记载皇上在武楼（相当于北京太和殿西配楼弘义阁）赐他一枝竹子，并亲御翰墨起草《方竹记》一通；过了一会儿，又把他召到端门楼上，让内阁给事中誊录刚才那篇御制文赐给他。这说明当时奉天殿直至端门是皇帝日常活动区域，一会儿在武楼聊天，一会儿到端门做文章。在洪武初年，南京皇宫端门完全作为宫中一部分，其作用类似明代中后期北京皇宫的文华殿。

永乐帝端门居住

明后期官修《礼部志稿》卷二"修省之训"提到，永乐元年（1403）闰十一月北京、山西地震，永乐皇帝认为"天变垂戒"，因此"御奉天门"，让侍臣们找原因。侍臣对曰："地震应兵戈、土木之事。"认为是因为天下大动干戈、大兴土木所致。这戳到了永乐皇帝痛处，他赶忙解释说：战事频繁，百姓受苦确实有，但为贪图个人享受，大兴土木、劳民伤财，我倒没有。"如楼居可以避暑，则午门、端门皆可居也，何必复建高台广榭！"南京宫殿南高北低，"后宫卑隘"，窝水排不出去，加上南京夏日溽暑，苦不堪言，当时正考虑改造南京宫殿乃至兴北京宫殿之役。永乐皇帝说，这些都因"虑劳民力"搁置不提，我避暑可以到南部高处的午门、端门居住啊！可见端门虽在宫城之外，视同宫中，甚至可以居住。

以上文献提到的端门，系指明代南京皇宫端门。但到北京皇宫，端门用途仍延续南京旧制，端门一带仍是皇帝、朝臣日常活动场所。《福建通志》卷四十四记载，监察御史周宣正要出差巡按山西，听得明武宗要南巡，就发动御史们联名谏阻，明武宗罚他在端门外烈日中跪三天。嘉靖皇帝也在端门处理政务。嘉靖三十六年（1557）四月十三日，三大殿及其所有楼、门、廊庑全部烧光，并延烧到午门及午门外朝房，嘉靖帝只好到端门上朝，直到四十一年（1562）复建完成。

图12 故宫，端门

康熙初期 "端门献俘"

入清后的顺治八年（1651），端门有一次大修工程。顺治初年，三大殿的保和殿改为寝宫 "位育宫"，承担了本是乾清宫的功能。顺治皇帝大婚以保和殿为洞房，康熙初年也仍以保和殿为寝宫。因为寝宫在保和殿，日常活动在此，相应的午门、端门都是常来常往的必经之处。

午门献俘礼是明清定制。但康熙二十年（1681）的滇南大捷、二十一年（1682）平定台湾，两次战争后的献俘礼都在端门举行，时人毛奇龄撰《滇南大捷志喜四首》记述亲身经历的盛况："星垣振旅拂旌旄，南诏碑前解佩刀。大将兵摧神石裂，长官司据丽江高。俘成宗庙看陈矢，凯献端门有赐袍。金马碧鸡如可祀，王褒拜使敢言劳。"他的《平台湾记序》："惟是壬戌春，奏凯京师，天子亲御端门，受俘献馘。"

康熙中期政务北移

研究显示，现存的永乐始建北京宫殿，与根据遗址考察所得南京宫殿的对应尺度是："南京紫禁城城壕遗址内侧，东西相距约859米，自午门内侧至北壕，南北相距807米；北京紫禁城东西宽760米，南北进深960米。如除去城墙与城壕之间的隙地，则南京宫城宽度与北京约略相当，而深度则少近200米。由于北京紫禁城轴线长度增加，整体的规模超过了南京。从单体建筑看，南京午门现存城台东西长为93.70米，而北京午门长为126.90米，其尺度约为3与4之比。"中轴线延长200米，北京皇宫由乾清宫到端门的距离就比南京的长100多米。

康熙中期之后，随着宫殿建筑陆续修复、典制逐步完备，政治活动区域开始由太和殿为中心，逐步后撤至以乾清宫为中心。明代常朝在奉天殿（皇极殿）；康熙中期之后，太和殿已经不是常御之地。明代在奉天门举行的"御门听政"，康熙中期起搬到乾清门；明中期起太子读书在皇极门（清太和门）东庑，康熙中期起皇子读书的上书房改在乾清宫南庑；明朝在外朝区域处理日常政务，康熙起陆续移至乾清宫、养心殿等内廷区域。特别是雍正将寝宫移至养心殿之后，乾清宫乃至整个后三宫，平日里宫眷已经人迹罕至，有条件把日常处理朝政的中心，北撤至乾清宫、乾清门，甚至养心殿、军机处。试想，皇帝在养心殿、军机大臣在养心殿前头的内右门旁，大家还有必要一起跑二里地到太和殿、午门、端门去商量事吗？从康熙中期起，三大殿等前朝区域基本成为典礼场合，而不是政务活动场合。不但端门用处不大，甚至午门的实际用途也只剩下颁历（时宪书）、献俘礼了。

三　北京形胜甲天下

国都、宫殿的环境，从大的方面讲，起码包括自然地理环境和人文历史环境。沿用至今的北京城和皇城、紫禁城，是元大都城及其皇城奠定的基础，是中国历史上环境艺术规划设计最成功的都城。例如：北京城总体格局就是全中国地理格局的缩影。北京地区西北高、东南低，西北山区、东南平原和水乡，南有"南海子"，永定河、潮白河自西北流向东南，一浊一清，仿佛黄河、长江。北京还是唯一的长城、大运河交会的城市。这两条是大多数古都不具备的，也是北京宫殿大视野的外在环境。着眼于宏观、微观综合处理，元明清北京城环境艺术经历了不断发展完善的过程。元世祖至元四年（1267）"城京师"即决定在此建都，奠定元大都城、元皇城、元大内，是第一阶段。明永乐皇帝重建北京城、明皇城、明大内，环境艺术处理发生了巨大变化。再到清康、雍、乾经营西郊三山五园，又对环境艺术进行了微调和完善。这个过程一直持续到新中国成立后天安门广场改造，乃至如今的北京市古城保护工程，例如中轴线申遗。

朱熹："冀都是正天地中间"

北京城从元代开始成为全国首都，但它的战略地位从秦汉开始便已显现，而且一路上升。北京西北郊长城所处"军都山""居庸关"等关塞名始于汉代，名为汉长城"九塞"，是战略要地。唐代安禄山由幽州（今北京）起兵发动安史之乱，反映北京地区逐渐变成军事重镇。到五代十国后晋石敬瑭割让"燕云十六州"给辽国，说明随着北方边疆民族崛起，北京地区在全国的中枢地位已经确立，古语谓："失岭（燕然山）北则必祸燕云，失燕云则必祸中原。"辽、金相继以此为南京、中都，占有北中国。宋朝建立后，宋太宗赵光义决心收复"燕云十六州"，但高粱河战役惨败，评书《杨家将》开篇说的就是此事。赵光义在今北京西直门外高粱河全军覆没，自己改扮农夫，乘驴车在夜色掩护下逃回涿州宋营。明杨元裕《读史关键》指出：宋朝失燕云之险，累朝守和议之策。无怪乎侮于辽、辱于金，而亡于元也。

深受金人之苦的南宋思想家、人文历史学者朱熹看到北方边疆民族崛起的历史趋势，认识到燕蓟的战略地位。与其像汉唐长安那样经常被北方边疆民族抄后路，如北宋汴京那样被马踏平川，不如将战略重心前移。因此他提出燕蓟为建都首选："冀都是正天地中间"，山脉从云中发来，前则黄河环绕，泰山耸左为龙，华山耸右为虎，嵩为前案。淮南诸山为第二重案，江南五岭诸山为第三重案，故古今建都之地莫过于冀。所谓无风以散之，有水以界之也。朱熹说的"冀都"较"燕都"即今北京城偏西，

图1 元世祖忽必烈出猎图

但大范围都是太行山以东的华北平原北沿地区。

元世祖忽必烈下决心建都大都城，考虑的就是此地"右拥太行，左注沧海"，在全中国版图上东西兼顾陆疆、海疆两方面，尤其是"抚中原，奠朔方"，因应北方少数民族崛起，中原农耕文化与北部边疆游牧文化，这两种一向对峙的力量在北京地区交会，占有此地既能抚驭中原，又能驾驭北边。忽必烈的谋士刘秉忠说："上都（元上都，今内蒙古开平）国祚近，大都国祚长。"可见定都北京是保证国家长治久安的首选。

"用东南之财赋，统西北之戎马"

经过魏晋南北朝、宋元，中原士大夫多次"衣冠南渡"，把先进生产技术和文化带到江南，以南京为都会的江浙一带，发展成国家经济文化中心。元朝以后，北京地区是国家的政治、军事中心，但不是经济中心，需要东南即南方地区粮食和财赋的支撑。这就是明代大臣、学者丘濬在《大学衍义补》中指出的："天下财赋出于东南，而金陵为其会；戎马盛于西北，而金台为其枢。……用东南之财赋，统西北之戎马，无敌于天下矣！"元代开始，特别是明清两朝，都把建设以南京为首的东南经济中心和以北京为首的政治军事中心作为基本国策，而以京杭大运河的"漕运"，将国家两个中心联结起来。

图2 河北遵化清东陵

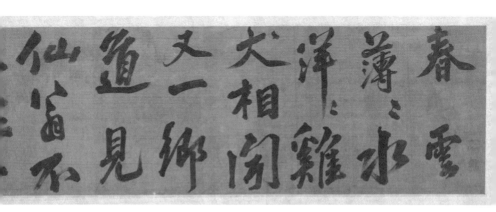

图3 宋朱熹手书《春云薄薄水洋洋》诗卷局部　　　　　　台北故宫博物院藏

图4 京杭大运河源头：昌平龙山白浮泉

在以火车、轮船、汽车为代表的近代交通运输工具发明之前，以运河为代表的水运，是最经济、高效的交通运输方式。京杭大运河长约1800公里，纵贯长江、淮河、黄河、海河四条大江大河，组成水上交通网络，现代京沪铁路走的基本上就是这条路线。京广铁路走的则是自唐代张九龄起开拓的中原地区到广州的"梅关"古驿道。一条大运河，一条"梅关"古道，黄河、淮河、长江等大江大河，组成两纵三横古代交通网，其构思与如今国家建成的"四纵四横"高铁网，有异曲同工之妙。

迁都北京，"天子守边"

明永乐皇帝迁都北京，被史家称为"天子守边"。永乐帝在位期间，以北京为根据地，先后五次御驾亲征漠北，追剿蒙元残部。

"天子守边"是先秦就有的概念。随着时间推移，永乐迁都越来越受后人称许。明万历三十二年（1604）进士、天启南京吏部右侍郎张鼐于天启元年（1621）在《寄都下诸门人论辽事危急书》中说："夫京师，天下之根本也。天子守边，势如建瓴，举足重轻，遂关庙社。"清代乾嘉学者秦笃辉《经学质疑录》称："后世所谓'天子守边'者，君诚守于边，则一国之人心系于此，一国之甲兵、财赋聚于此。"晚清文廷式《纯常子枝语》称赞："成祖三犁虏庭，可谓武矣；建都北平，天子守边，可谓壮矣。"他也认为："兵事未有不能战而能守者。自古'天子守边'及'守在四夷'，皆以战为守。"

但是当初永乐帝决定由南京迁都北京时，朝中大臣反对者众。当时大家都是南方人，不考虑国家利益、社稷安危，不愿意到条件较差的北方工作。以至于永乐帝不得不杀一儆百，杀了反对得最激烈的内阁主事萧仪，将带头闹事的翰林院侍读李时勉下大狱。后来李时勉转弯还算快，到了北京向永乐帝献上《北京赋》，为北京城唱赞歌（如前文所述）。

明永乐十九年（1421）正月初一，永乐帝御奉天殿受朝贺。旋又颁诏曰：

图5 明成祖（永乐皇帝）坐像　　　　　　　　　　　　　　　　　　台北故宫博物院藏

朕荷天地祖宗之佑，继承大宝，统驭万方。祇勤抚绥，夙夜无间。乃者，仿成周卜洛之规，建立两京，为子孙帝王永远之业。爰自经营以来，赖天下臣民，殚心竭力，趋事赴工。今宫殿告成，朕御正朝，祇祀天地宗社。眷怀黎庶，嘉与维新，弘敷宽恤之仁，用洽好生之德，大赦天下。(《皇明大政纪》卷八)

作为300年后的同行，清乾隆帝对明成祖迁都北京的战略决策给予了高度肯定，指出这是因为永乐帝长期在北京，了解北京的战略地位绝非支撑半壁江山的南京可比，自己宁愿站到抗击北元（元代统治者余部）前线。乾隆在《御制过清河望明陵各题句》云："永乐十九年（1421）将迁都北京，诸臣佥云不便，主事萧仪、侍读李时勉言尤峻切。成祖怒，杀仪、下时勉狱，虽不无过当，然燕地负山带海，形势雄伟，临中夏而控北荒，诚所谓扼天下之吭而拊其背者，金元俱建都于此，比建康相去天渊。成祖就封北平，屡经出塞，天险地利，筹之已熟。故即位后，决计迁都，卓识独断，诚非近虑者所及也。"此后明英宗时"土木之变"，于谦领导北京城保卫战，嘉靖时期戚继光调任蓟镇总兵官（拱卫京师的北方边防司令），率部修长城、抵御蒙古余部侵扰北京等，一再证明永乐迁都的远见卓识，否则明代很可能像宋朝一样落得困守半壁江山，造成人民流离失所。

所以明初李贤主修《明一统志》卷一"京师"称："古幽蓟之地，左环沧海，右拥太行，北枕居庸，南襟河济，形胜甲于天下，诚所谓'天府之国'也。我太宗文皇帝龙潜于此，及缵承大统，遂建为北京，而迁都焉。于以统万邦，而抚四夷，真足以当形势之胜，而为万世不拔之鸿基。自唐虞三代以来都会之盛，未有过焉者也。"

慷慨悲歌之士，筑就"血肉长城"

人文历史传统、民俗民风是建都的重要考虑因素。《明一统志》引用包括苏轼等古人论述，称北京历史上"多文雅士，人多技艺，沈鸷多材力，重许可，多慷慨悲歌之士，自古号多豪杰，人性宽舒，劲勇而沈静，风俗朴茂"。特别指出"重许可"，即重承诺、守信用。而万里长城北京段，在"燕赵自古多慷慨悲歌之士"的环境下，在近代上演了全民族抗战的悲壮一幕。

1931年日军发动九一八事变后，很快转向进攻热河、察哈尔省一带，先占领长城北部地区，再攻破蓟镇、宣镇长城防线，直逼华北、中原。承德失守后，在义院口、界岭口、青山口、喜峰口、铁门关、罗文峪、冷口、古北口、多伦、张家口等一百多个长城关口、蜿蜒一千多里的长城沿线，中国守军严阵以待。1933年3月至5月，展开了著名的"长城抗战"。当时在古北口、喜峰口等地，敌人炮轰长城上的中国守军，把长城炸开缺口。中国军民奋起抵抗，直到流尽最后一滴血。危难时刻，军民把战友的遗体垛起来，堵住被炸开的缺口，中华儿女以自己的血肉之躯，保卫祖国的神圣河山。口述历史称：这催生了词作家田汉谱写《义勇军进行曲》："起来！不愿做奴隶的人们，把我们的血肉，筑成我们新的长城！"表现了中华民族与敌人血战到底的气概，和在自力更生基础上光复旧物的决心！从此，砖石筑就的万里长城，发展为象征民族精神的"血肉长城"。新中国以《义勇军进行曲》为国歌，万里长城，血肉长城，激励中华儿女居安思危，并坚决战胜一切入侵之敌！这也把北京城与近现代史和中华民族伟大复兴的未来紧密联系起来。

地理大势所趋，成就历史选择

综合古代堪舆学著述，基本都认为昆仑山是中国大陆地理形势的肇始，南宋朱熹较早和较著名提出"三大干龙"说，明代王圻等将全国龙脉归纳为三支，称北干、中干、南干。章潢《论北龙所结帝都垣局》说："北龙有燕山，即今京师也。以燕然山脉尽于此，故曰'燕山'。"唐顺之《稗编》录明代学者魏校《地理说》，认为昆仑"北络极于幽燕，而大河至此入海，与鸭绿江会，东夷为其下沙。此山水一大交会也。其北崇冈千叠，而其前平夷千有余里，太山耸于南，诚国家万年之基也"。清康熙《钦定古今图书集成》指"三大干龙"是：长江与南海之间所夹的南干龙，南岭—武夷山—衡山—天目山等，龙脉尽于南海；黄河与长江之间所夹的中干龙，即淮南诸山脉，如嵩山—大别山—钟山等，龙脉尽于东海；黄河与鸭绿江之间所夹的北干龙，太行山—西陵泰宁山—太行山与燕山会合处军都山—明十三陵天寿山—清东陵昌瑞山等，龙脉尽于黄海。

北京处于北干龙，从元代开始作为全中国首都，历经元、明、清三代经营，最终形成北京城及京畿明清的三个陵区。

上承历代宫殿

紫禁城与中国历代宫殿建筑是一脉相承的。它是在元朝宫殿的基础上建造的，无论平面布局还是建筑造型、模数制度，永乐初建时都与元大内无异。元代宫室制度远溯《周礼》，近摹宋金，元上都（今内蒙古开平）的大殿大安阁是宋代汴京熙春阁迁建来的。金中都宫室是宋汴京宫室的翻版，金海陵王营建中都，专门派遣张浩等官员到汴京描画宋朝宫殿，作为宫殿规划依据。宋太宗营建汴京宫殿，则又充分参考了汉唐制度，并以唐东都洛阳为蓝图。这是紫禁城与历史的纵向联系。同时，它又与北京地区的地理环境密切相关，二者有必然联系。在当时是以"风水"理论为依据，如今认识故宫建筑历史，也不能绕开这个问题，要对有关问题作出确切的解释。

"风水"是古代都城规划建设的重要考虑因素，元明清北京城的经营尤其如此。以往研究中，往往忽视其重要性。而近年来不少研究又见仁见智，有流于"风水术"的倾向。认真研究这一理论会发现，它包罗了古代天文、地理、地质、水文、生态、美术、哲学及现代环境科学等许多科学内涵，指导着古代的建筑实践，大到一座城市，小到一处房屋，从选址、规划，到设计、施工，乃至居住、使用，可以说，它是我国古代建筑取得举世瞩目的杰出成就的一个重要理论基础。

"风水"上认为，国都的西北要有龙脉。所谓龙脉，就是连绵起伏的青山。龙脉的中心为"祖山"，是王气郁积之处。以此

图6 河北易县清西陵泰宁山居北干龙京畿段上游，图为雍正泰陵及其靠山永宁山

图7 河北遵化清东陵主陵孝陵北依昌瑞山主峰，南望金星山案山，神道蜿蜒十二里

徐广源供图

起始，引入京城，到达宫殿背后的靠山即"主山"。主山两翼，左以河流为青龙，右引道路为白虎。主山之前，青龙、白虎之间的最佳选点，是万物精华"气"的凝结点，为龙穴，明堂就应坐落此处。北京是一座有3 000多年历史的文明古都，西周初年蓟国在此建都，西周末年燕灭蓟而迁都蓟城，辽代以此为南京，金朝以此为中都。元、明、清三个大一统中央王朝更在此建都达600多年，北京号称"神区"，对于环境科学艺术世代经营，臻于完美。紫禁城处于北京城最佳位置，明堂太和殿就是龙穴所在，居天下中心，所谓"龙德正中天""凤城回北斗"，都是指它达到风水中最高境界、最佳选择。

总揽天下"大势"

古人描述北京城的地理形势，往往用"东临辽碣，西依太行，北连朔漠，背扼军都，南控中原"等词语来形容它山河巩固壮美、地势冲要雄奇。"辽"就是辽水，为古人心目中的东极要塞；"碣"即碣石，是秦始皇在渤海中所立的国门；"太行"即指太行山，为我国北方东、西地区的重要分界；"朔漠"就是蒙古草原，为我国北方边疆；"军都"则是北京城北部燕山山脉中的军都山，为北京城的天然屏障；"中原"指华北平原地区，为我国内地中心。这是北京城在全中国版图上的"大势"。一郡、一县的治所，限于范围，"大势"的选择余地不大；作为泱泱大国的国都，"大势"的选择必须从全国着眼。辽南京、金中都作为北中国政治中心不计，元、明、清三个全国统一王朝定都北京，实是"大势"

所趋。

城西，巍巍太行山山脉蜿蜒逶迤，由南向北奔腾而行；城北，浩浩燕山山脉罗列簇拥，拱卫着京师。两股山脉交会、聚结，形成风水上的所谓龙脉。森林覆盖着山峦，山色苍茫，云气郁积。就在这青山之中，来自黄土高原的桑干河与来自蒙古高原的洋河汇合为永定河。永定河汹涌澎湃，穿行于深山老林之中，到京西三家店，陡然冲出山谷，在北京小平原的西缘伸展流淌。甘洌的河水透过石灰岩层渗滤，形成了西山诸泉，将那里滋润得林丰树茂、鸟语花香，并造就了北京小平原形同蛛网的河水、溪流，星罗棋布的湖海、淀泊。山川襟带之间，北京城温润丰饶，土肥人美，遂成天府。这符合风水所要求的"藏风聚气"、利于生态的最佳风水格局。这是北京城和紫禁城的宏观环境，即风水上所称"外局"。外局巩固，"内局"才有坚实完满的基础。

"派玉泉，通金水"

从元代开始北京作为全中国的首都，北京城现在的地理位置和基本格局，也是元初确定的。据元熊梦祥《析津志》、元陶宗仪《南村辍耕录》及《元史》等史书记载，元世祖忽必烈依靠谋士太保刘秉忠及其弟子郭守敬、赵秉温，对大都城及宫殿进行选址、规划、设计。刘秉忠是学问家，对《周易》《周礼》及道学等中华传统文化造诣颇高，郭守敬是著名的天文、水利科学家，赵秉温则精于建筑规划设计。这一班人在大都城选址中，所取"地理形势"，从"大势"来说，是北京城西北太行山与燕山山脉的聚结；具体而言，是西山玉泉山，即把玉泉山作为"祖山"，龙脉由此生发。《元史·世祖本纪》载：至元十五年（1278）十二月丙午，"禁玉泉山樵采、渔弋"。

图8 北京西郊玉泉山玉峰塔

图9 北京城中心什刹海东端玉河一段，元代通惠河最上游连接"海子"处

作为"王脉"的具体内容之一，是玉泉山的泉水。北京西山诸泉都是永定河河水经过石灰岩层渗透过滤形成的，其中玉泉山的泉水质纯味甘，水质最佳。元末陶宗仪《南村辍耕录》全面总结大都城格局："至元四年（1267）正月，城京师，以为天下本。右拥太行，左注沧海；抚中原，正南面；枕居庸，奠朔方。峙万岁山，浚太液池；派玉泉，通金水。紫畿带甸，负山引河。壮哉帝居！择此天府。"特别是"派玉泉，通金水。紫畿带甸，负山引河"，点明了其水利规划思路。派玉泉，就是探明玉泉潜流的来龙去脉，在其上确定宫殿选址；通金水，就是引玉泉明流开通金水河进入皇城。

清乾隆帝撰《燕山八景诗叠旧作韵·玉泉趵突》云："西山泉皆潜流至玉泉，山势中豁，泉喷跃而出，雪涌涛翻，济南趵突不是过也。"乾隆帝测试天下名泉，玉泉水斗重一两，塞上伊逊河（在木兰围场内）水亦一两，而济南珍珠泉一两二厘，其余则更重。利用地上、地下水源解决城市用水，是城市选址的基本要求，而提供优质的地上、地下泉水为皇家服务，则是皇宫选址的要求。玉泉水一部分在山中"山势中豁"处"喷跃而出"，成为地上泉水，另一部分则继续"潜流"地下。刘秉忠、郭守敬、赵秉温等就是以地下潜流的玉泉水为线索、脉络，把它作为龙脉，来选择皇宫地址，确定"明堂"位置的。

大庖井、王府井

现在可以推定，这条水脉由故宫西北方而来，穿过中、北海之间，由故宫西北角向东南曲折穿行，先后流经慈宁宫、中和殿、文华殿与文渊阁之间、传心殿大庖井、东华门外至东安门大街稍南、王府井的井（井址在现王府井北口稍南路西），然后向东南斜插，经今协和医院正楼，投观象台北邻而去。保存在故宫传心殿院中的大庖井，大约就是当年刘秉忠等堪舆选址时开凿的探井。此处在元大内南墙之外，为御膳亭所在地，元朝皇帝饮食可能即用此水。

图10 北京王府井古井

明末清初孙承泽在《春明梦余录》指出了这个脉络："玉泉，在玉山东北，泉出石罅间……为京师八景之一，名曰'玉泉垂虹'。往时翰林学士黄谏品泉水作《京师水记》：自郊畿论之，以玉泉为第一；自城内论之，以文华殿东大庖厨井为第一。水源头在香山之北，两山相夹，诸泉涌出，流至退谷傍，伏行地中，至玉泉山复出。"因此大庖井、王府井二者一脉相通。

由于这条水脉在大都城内的南部,造成大都宫殿居大都城前方,改变了汉唐、宋金宫殿居都城北方的一贯做法。中、北海在元代为皇宫中央的太液池。太液池西畔至红门拦马墙(在今西黄城根)之间,处于这条水脉上游,建造隆福、兴圣二宫区,分别供太子、太后居住。太液池东畔建皇宫大内。

图11 故宫传心殿院中大庖井井亭蟊顶

《春明梦余录》接着说:"皇城内河,来自玉泉山,经高梁桥分而为二,一灌城隍,一从德胜水关汇入后湖(元代积水潭,明清至今什刹海),至药王庙西桥下,流入禁地,所谓西苑太液池也。"说的是针对玉泉山"喷跃而出"的泉水,刘秉忠、郭守敬专门开辟了"金水河",由和义门(明清西直门)南侧的水关入城,流经今太平桥大街、西四南的甘石桥,在西宫南方流过,到达大明殿南午门外周桥（即今故宫断虹桥），形成"玉带金挂"的格局。西山在北京城西，"五行"为"金"，故称"金水河"。元代皇宫以太液池为中心，宫城后靠山即为太液池中的琼华岛。

链接：两位"刘太保"

刘秉忠（1216—1274），元初著名政治家，元世祖忽必烈最信任和倚重的谋臣。他博学多才，无书不读，尤其精于《周易》及宋代邵雍《皇极经世书》，而天文、地理、律历、三式六壬遁甲之术无所不通。元初统治者推行蒙古时代野蛮政策，激起中原士民强烈反抗，对社会破坏严重，他上书世祖推行儒、道，受到世祖重用，元代国家典章制度都是他创立的，包括元代国号"大元"，也是刘秉忠取自《周易》"乾"卦"大哉乾元，万物资始，乃统天"等名句。他曾先后主持了元上都（今内蒙古开平）、大都两地宫殿、都城的建设工程，在北京城市发展史上有重要作用。刘秉忠曾任光禄大夫、太保、参领中书省事、同知枢密院事等职，后世称"刘太保"。刘秉忠的事迹恰又与明初另一位名臣刘基（1311—1375）相近。刘基字伯温，是明初开国功臣，杰出政治家、军事家、文学家，才学直追元代刘秉忠，而由于其神道传说，使他在民间有广泛知名度，因此民间又将刘伯温当成"刘太保"即刘秉忠，变成"刘伯温建北京城"。其实明永乐年间建北京城，就算最早"议建"的永乐四年（1406），刘伯温也已过世30多年。

敕封"独树将军"

太液池东畔皇宫大内坐落在元大都城中轴线上，当时是忽必烈与刘秉忠共同商定，以丽正门（京城正门）与门外第三桥南一树为两点，确定南北纵向轴线，轴线与王脉的交会点，即定为明堂位，建大明殿于其上。乾隆钦定《日下旧闻考》引元《析津志》云：

世皇建都之时，问于刘太保秉忠，定大内方向。秉忠以丽正门外第三桥南一树为向，以对。上制可。遂封为"独树将军"，赐以金牌，每元会、圣节及元宵三夕，于树身悬挂诸色花灯于上，高低照耀，远望若火龙。

这说明，元大内、元大都城的中轴线并不是按照罗盘子午向一度不差设定，而是刘秉忠选定的。保存至今的明清紫禁城、北京城中轴线比较指南针的标准方向东偏3度，则是明永乐建设北京城时设定的。

据笔者考证，刘秉忠、郭守敬确定的元大都城这条纵向轴线，就是现今故宫断虹桥至旧鼓楼大街的直线，现慈宁宫东南向南直对断虹桥的一点，即是元大内大明殿故址。1992年故宫博物院实施消防安全工程建设时，在慈宁宫东山下发现明代仁寿宫旧基础，在北京城地下水位严重下降的今天，地下5～6米便泉水渗流不止。因此处的地质水文特点，当年在基础下密集排列地钉入了2米多高的柏木桩，桩上纵横铺着四五层同样的木桩，形成筏形基础，仿佛一个木材垛。这条水脉的下游即元大内东南，元代将其辟作皇家禁苑"东苑"，其东限即通惠河（现南、北河沿即其故址）。皇城之外的东南，即这条水脉的下游，则建哈达王府，故址即今协和医院，当时的文明门在今东单路口，因而又称"哈达门"。这条水脉在大都城里的最后一站是东南城下的太史院，其中包括国家天文机构司天台，这是现存古观象台的前身。

"中华子午线"

中轴线确定后，刘秉忠、郭守敬等人着手确定大都城市规划。刘秉忠、郭守敬都是著名的天文学家，在描绘都城规划时充分吸收、借鉴了天文学的成就。他们将大内中轴线作为京城乃至全国、全球的本初子午线，然后以本初子午线为基准，划出与之平行和垂直的经纬网状的街衢道路，形成众多"坊"，坊之内又划出一定数量的胡同和火巷，从而确立了全城的平面布局，至今仍是北京城的基本格局。在本初子午线的前方，布置了大内宫殿，大内正门崇天门、正衙大明殿、正寝延春阁、后门厚载门，都坐落在本初子午线上。在大明殿内，陈设了当时最先进的计时器，即郭守敬设计制造的"七宝灯漏"。这条本初子午线上的七宝灯漏所报时间，就是标准的"大都时间"，犹如今日的"北京时间"，又相当于现代国际公认的标准时间"伦敦时间"。那是1267年中国人设定本初子午线上的标准时间，比英国1675年颁布"格林尼治时间"早400多年。

前代设在城门上的鼓楼，这时被移到大都城中心，使它准确地发挥"以齐'七政'"的作用。在丽正门东，与本初子午线垂直的为南城墙，又是一条标准纬线。城墙东南角下，有郭守敬设计建造的司天台（当时的国家天文台，故址即今建国门内中国社会科学院所在地），这是最便于天文观测的方位。当时他们还认为，西城为白虎，主杀主凶，故而在西城建了许多寺庙，如大庆寿寺（故址在今西长安街路北）、大圣寿万安寺（今存白塔寺为其一部分）、崇国寺、普庆寺等，用以"坐镇都邑"。

康熙五十二年（1713），清政府钦天监编成《历象考成》，其中《定见食先后以子午线》载："人居地面有东西也。盖日之所之为时，随人所居，各以见日出、入为东、西，日中为南，为子午而平分时刻。故其地同居一子午线者，虽南北悬殊，北极出地高下不同，而时刻不异。……凡东西差一度，则时差四分。今以京师为主，视各省之子午线。在京师东者，以时差加；在京师西者，以时差减。皆加、减京师各限时刻，为各省各限时刻也。"乾嘉学者陈庚焕撰《地球考·下》曰："天官家必先定京师距北极中线偏东之度，然后即京师所居之度，定为中华子午线，而中外郡国偏东、偏西之度，其差皆可推焉。"

图12 太和殿丹陛上的日晷

图13 乾清宫丹陛上的嘉量

明建北京，继承发展

明代推翻元朝是一场革命，"天命"不同，龙脉似应有区别，但事实上明代完全继承了元大都城规划设计的科学体系，因为北京城龙脉即地下水系不可能改变。永乐皇帝迁都北京时，是由风水师廖均卿堪舆的，他们选取了昌平州的黄土山为"少祖山"，更名"天寿山"，在迁都前即营造了永乐帝的长陵，北京城"祖山"由元大都城西山玉泉山，改为北郊天寿山。天寿，出自《尚书·君奭》："（周）公曰：君奭！天寿平格，保乂有殷。有殷嗣，天灭威。今汝永念，则有固命，厥乱明我新造邦。"召公姬奭受封于燕、蓟，由燕王出身的永乐皇帝用"天寿"命名北京城祖山非常到位。

祖山改变

明初李贤主修的《明一统志·京师·山川》首列天寿山："在府北一百里。山自西山一带东折而北，至此群峰耸拔，若龙翔凤舞，自天而下。其旁诸山，则玉带军都，连亘环抱，银山神岭，罗列拱护，势雄气固，以奠三陵，名曰'天寿'，实国家亿万年永安之地。""自西山一带东折而北"，说的就是北京城西北太行山与燕山山脉的聚结。接着说"后龙"西山："西山在府西三十里。旧记太行山首始河内，北至幽州第八陉在燕，强形巨势，争奇拥翠，云从星拱于皇都之右。每大雪初霁，千峰万壑，积素凝华，若图画然，为京师八景之一，名曰'西山霁雪'。本朝王洪诗：'日华初映最高峰，玉树凝辉在半空。佳气迥浮丹凤阙，清光遥入翠微宫。松崖乍逐春风散，云峤仍含夜月重。青琐朝回频极目，却将郢曲咏年丰。'"当初永乐建祾恩殿三台高度、享殿的规模，基本上就是元大内大明殿的规模。同时期建造的奉天殿，按大明殿（相当于今太和殿）的尺度扩大了二分之一，嘉靖三十八年十月十日（1559年11月8日）重建，四十一年（1562）完工的皇极殿，就成为现在太和殿的规模，回到元代大明殿的尺度。乾隆帝《哀明陵三十韵》赞叹："今观长陵享殿曰'祾恩殿'，九间重檐，石城明楼，规制巍焕，虽丹青剥落，而榱栋闳壮，与皇极殿相肖，为自古所无。"

靠山东移

皇宫重新规划后，另在太液池中心琼华岛之东筑主山，仍名"万岁山"，作为紫禁城的后靠山。晚明内监刘若愚撰《酌中志》云：寿皇殿"殿之南，则万岁山，俗所谓'煤山'者，此也。久向故老询问，咸云土渣堆筑而成。崇祯己巳冬，大京兆刘宗周疏，亦误指为真有煤。如果靠此一堆土，而妄指为煤，岂不临危误事哉！我成祖建都之后何等强盛，天下有道，守在四夷，岂肯区区以煤作山，为禁中自全计，何其示圣子神孙以不广耶？"清代更名"景山"，源自《诗经·商颂·殷武》："陟彼景山，松柏丸丸。是断是迁，方斫是虔。松桷有梴，旅楹有闲，寝成孔安。"保佑紫禁城皇族安居乐业。

元代的西宫，明朝辟作西苑，又称西内、西宫。由于开挖护城河等新规划的需要，大内需向东推移，但要使明堂仍建在这条水脉上，就又要向南推进，这就是紫禁城比元大内偏东南的原因。从挖沟情况看，故宫箭亭以南、中和殿正东的地方为水脉流经之处，说明明朝将中和殿布设在这条水脉上。明朝一向是将三大殿作为一个整体的，以"奉天三殿"称之，故将中心的华盖殿（即中和殿）置于龙穴正中，永乐时金幼孜、杨荣都提到"惟华盖之在中""华盖屹立乎中央"。这有别于元代，因元代明堂只有大明殿，而后殿为寝宫。在元朝大明殿故址附近，永乐帝建造了自己的别宫"仁寿宫"；把大庖井纳入宫中，在附近建造皇太子正殿文华殿及太子宫。这条水脉出紫禁城后是元代的东苑，永乐帝将其辟为皇太孙宫，后代发展为"南内"，与大内并列。元代哈达王府则改为"十王邸"。"十王邸"是唐代诸王馆邸旧称，不一定是十座。明朝亲王有封土，成年后必须就封"之国"，年终回京朝宗，暂居馆邸。明清皇帝不饮用"洑流"进宫的大庖井的井水，而是到玉泉山直接取用"喷跃而出"的泉水，但大庖井一直是祭祀"龙泉井神"的地方。

图14 明清紫禁城后靠山景山主峰万春亭

"燕京八景"

北京风景名胜从金代起即有"燕京八景"之称，至明代定型。"燕京八景"是北京城和紫禁城环境格局的代表景点，以下按清乾隆最终定名略做介绍。"居庸叠翠""西山积雪"在后龙上，"玉泉垂虹"在元代、清代祖山上，"卢沟晓月"是北京母亲河关键处，"蓟门烟树"在元大都城西北健德门城头，"琼岛春荫"在元代后靠山万岁山东麓，"太液秋风"在太液池三海正中中海，只有东郊"金台夕照"与北京城环境格局关系不大。明朝末年，天灾人祸、内忧外患纷至沓来，御史朱鉴上《兴造吉凶疏》，从

图15 永定门前"燕墩",上立清乾隆帝《御制帝都篇》《御制皇都篇》御碑

图16 复建的永定门城楼

建筑风水的角度论人事，认为后世子孙忘了当初祖宗的良苦用心，重修了西城元代庆寿寺并重塑佛像，又在西山造很多寺庙，使得城西白虎旺而东方青龙衰，故天下不靖。朱鉴自知以风水论吉凶不甚科学，故申明："阴阳之术不可尽信，地理之书亦不可不信。细民之家尚欲趋吉，皇城之内可不避凶？"以风水论吉凶，是风水理论中非科学的一面。

风水上讲究在建筑基址对面，要有一个距离适当、体量合宜的山峰，作为建筑的对景或借景。距离近、体量小，为案山；距离远、体量大，为朝山。永定门外的土台山"燕墩"，实际上就是北京城的案山、紫禁城的朝山。清乾隆时镌刻乾隆帝《御制帝都篇》《御制皇都篇》的御碑立于台上，因为它是京城的案山，故以北向为正面。

清乾隆帝，集其大成

先崇玉泉山

清代先是康熙皇帝尊崇玉泉山，"玉泉山自圣祖时已命名静明园"。乾隆皇帝从乾隆九年（1744）决定"祭玉泉龙神庙，建于静明园内玉泉山"起，逐步确定回归玉泉山为祖山，称玉泉为"天下第一泉"，并列入《大清会典》。"乾隆九年（1744）奉旨：封京都玉泉山龙王之神，为惠济慈佑龙神。十六年（1751）奉旨：玉泉山龙神祠，易以绿琉璃瓦。又谕：京师玉泉，灵源浚发，为水德之枢纽，畿甸众流环汇，皆从此潆注。朕历品名泉，实为天下第一，其泽流润广惠，济者博而远矣。"

终定万寿山

乾隆帝最终推出瓮山为"祖山"万寿山。乾隆十五年（1750）三月十三日，"谕：瓮山著称名'万寿山'，金海著称名'昆明湖'。应通行晓谕中外知之"。清漪园（晚清改名颐和园）作为乾隆帝经营西郊"三山五园"一部分，结合皇太后六十万寿，"建延寿寺于山之阳"，命名山曰万寿山。笔者则认为还有另一层深意，即把此山作为西郊三山五园的主山、后靠山，类似元代皇城里以太液池之中琼华岛为万岁山。由"通行晓谕中外知之""万寿山自西山分脉而来"分析，更深一层是隐含着作为清代皇居祖山的意思。正如乾隆皇帝作诗指出："山名扬万寿，峰势压千岚""万寿山龙脉，原自西山来""万寿山阴别小峰……若论龙脉西北来（自注：万寿山自西山分脉而来），起伏权舆实由此"。权舆，起始。乾隆皇帝经营三山五园，自感"较汉唐，有过之而无不及"，为三山五园设立一个"后靠山"万寿山，力争形势布局尽善尽美，是自然的。

链接：白塔山传奇

古老的北京城，岁月的沧桑虽然已带走不少历史辉煌，但那些留存至今的文物古迹，却依然显示着它昔日的风采。耸立在紫禁城西畔三海之中的白塔山，就是这千年古都变迁的历史见证。它那传奇般的故事，成为紫禁城历史的生动诠释。

图17 北海琼华岛

"人民英雄纪念碑"蓝本 白塔山，是昔日御苑太液池——北、中、南三海的风景中心，乾隆皇帝钦定景名"琼岛春荫"，为清朝"燕京八景"之首，并御笔题"琼岛春荫"碑，立于白塔山东麓。碑的造型庄重典雅，现在天安门广场的人民英雄纪念碑，就参考了此碑的造型和结构。白塔山松柏掩映，碧水环绕，不但春天清荫宜人，夏秋两季也堆云积翠，令人神往。每到冬天，这里又是冰上乐园。清代乾隆时，每年腊月初一，乾隆皇帝总要和他的母亲孝圣宪皇太后在这里观看八旗官兵表演"冰戏"。皇太后设座山上，皇帝设座湖中冰床上，仪仗齐备，百官林立，护卫簇拥。八旗官兵表演完毕，皇帝大行赏赐，尽兴而归。

图18 天安门广场中心人民英雄纪念碑　　　　　　　铁付德摄影

　　"一月日边明"　在更远的古代，北京属于燕地，今中海、北海一带是一片自然湖泊。到了辽代，燕地成为南京，辽代统治者在南京城（今北京西客站与莲花池附近一带）东北郊外这片湖泊中，建造了离宫别苑，传说今白塔之下，就是辽代萧太后、金章宗李宸妃的梳妆台遗址。金代改辽南京为中都，对这一带湖泊进行了浚治，对离宫别苑又大加增置，建造了大宁宫等，形成庞大的宫殿区，范围包括了今天中海、北海及周围的广大区域，恍若汉天子的上林苑、唐明皇的华清池。疏挖湖底出来的泥土，堆成了这座小山，因为在湖水的中央，就命名为"琼华岛"。岛上堆砌了奇峰异石，种植了奇花异草，豢养了珍禽异兽。金章宗和他的后妃们常在这里游玩。元代文臣陈孚、柯九思、纳新都记载了一件轶事："章宗与妃共对坐台，口占曰：'二人土上坐。'命妃对。应声曰：'一月日边明。'帝大喜。"说有一个夜晚，皓月当空，琼岛澄辉，万籁俱寂，金朝有名的文治皇帝金章宗，与爱妃李宸妃坐在月光下，二人吟诗作对。章宗说："二人土上坐。"李宸妃应声对道："一月日边明。"他们各打一字，并且道出了当时的情景。特别是李宸妃用日比喻君王，月比喻自己，一语双关，妙若天成。而且金章宗第一个年号就是"明昌"，寓意文明昌盛，故此事传为千古佳话。500多年后清朝风流儒雅的乾隆皇帝游此怀古吟诗道："曾闻一月日边明，尚觉歌声绕绣甍（甍，屋檐）。此际倚栏飞逸兴，却如云树吊华清。"因为琼华岛这般的美丽，就又生出许多故事来。

塞北移山　清初孙承泽《元朝典故编年考·修琼华岛》："至元元年（1264）二月，修琼华岛。按琼华岛即万岁山也，金人名琼华岛。……元浙省参政赤德尔尝云，向任留守司都事时，闻故老言：我元起朔漠日，塞上有一山，形势雄伟，金人望气者谓：'此山有王气，非我之利。'金人谋欲厌胜之，计无所出。时国已多事，乃求通好入贡。既而曰：'他无所冀，愿得某山以镇压我土耳。'众皆鄙笑而许之。金人乃大发卒，凿掘辇运至幽州城北，积累成山。因开挑海子，栽植花木，营构宫殿，以为游幸之所。未几金亡。世宗徙都之，至元四年（1267）兴筑宫城，山适在禁中，遂赐名'万岁山'云。"

说的是金朝强盛时，蒙古族首领臣服于金。蒙古境内有一座小山，金代有望气之人发现那座小山有王气，就想方设法铲除这股王气。金帝编造借口，要把这座山运到金中都。蒙古人答应了金人的要求，于是金人发大批兵卒去掘凿此山，运到中都城（即辽南京城）北，堆到琼华岛上，形成了这座山。但这一措施并未能阻止蒙古发展壮大，反而把蒙古人引到了中原。蒙古人南下中原后，改金中都为元大都，把这座山命名为"万岁山"。这个从塞外移山的传说显然是不可靠的。清乾隆帝就指出，也许象征性运几筐土意思意思，千里迢迢移山运土并不现实。

宋代"花石纲" 600年前明成祖迁都北京后，鉴于元朝灭亡的教训，经常教育子孙勤政爱民。他在带领他的孙子、后来的宣德皇帝游览万岁山时说，北宋末年，宋金战争，金人攻破宋朝都城汴京之后，将汴京城里宋徽宗修筑的艮岳运到了金中都，琼华岛上的太湖石，就是宋朝艮岳的太湖石。宋徽宗不务正业，耽于淫乐，从南方征调"花石纲"，大兴土木，劳民伤财，致使亡国。金代皇帝不引以为戒，又将此山移到此地，不久又灭亡了。元代仍不引以为戒，而且变本加厉，更加铺张，结果不到百年，仍归灭亡。因此谆谆告诫他的子孙，要汲取前代教训，决不重蹈历史覆辙。这件事记录在宣德皇帝所作《艮岳记》和《广寒殿记》中。但是，明成祖的后裔们，并未信守祖宗的遗训，明成祖死后才20多年，到了宣德皇帝的儿子明英宗，就因宠信宦官，在土木堡（今河北怀来）与瓦剌军作战时，被敌人俘虏押到漠北，重演了宋代徽、钦二帝的悲剧。

白塔山的太湖石确是来自汴京，后代园林专家把它们和开封相国寺等处宋代太湖石做过比较，证明二者相同。靖康年间，金兵围困汴京，城中粮草断绝，百姓冲入艮岳，洗劫了这处园林。靖康之难后，再经金人拆运，艮岳就无迹可寻了。

渎山大玉海　元世祖忽必烈建大都城，以万岁山为皇城中心，仿月中广寒宫神话，在山顶建造了广寒殿，又在青山绿水之间点缀了许多楼台亭阁，仿佛神仙境地。有种说法，忽必烈还用攻取云南、四川时获得的岷山玉，琢成一口大酒瓮，名为"渎山大玉海"，以显示对此处的征服。"渎山"，即四川大雪山岷山。后来又用各地珠宝玉石做成一架卧床，名为"五山珍御榻"，以示对全中国的占有，二者都放置在广寒殿中。

由于永乐皇帝的遗训，明代在万岁山上没有大兴土木。到万历七年（1579）端午节前一日，广寒殿倒塌，大臣们在梁上发现金钱120文，上铸"至元通宝"四字，证明这是当年忽必烈建造时放置的镇物。清代顺治时，皇帝笃信喇嘛教，在广寒殿遗址上建造了白塔，人们从此又称此山为"白塔山"。乾隆年间增饰南海瀛台，将白塔周围的太湖石又移至瀛台，所以今日白塔山上树木密集，而太湖石并不多。

忽必烈开岷山玉应在1253年灭大理之后，早于其1260年即皇帝位的时间。运到大都城，则在忽必烈即位后的第二年即中统二年（1261）。据《元史·世祖本纪》的记载，玉瓮制成于至元二年（1265），用了近5年时间。这件玉雕是我国最早的大型玉雕，口径最大处182厘米，最小处135厘米，高70厘米，重达7 000多斤。据《南村辍耕录》记载，玉海当时是用来贮酒的："五山珍御榻"前架黑玉酒瓮一，玉有白章，随其形刻为鱼兽，出没于波涛之状，其大可贮酒三十余石。元代皇帝常在广寒殿举行宴会，称为"大聚会"。大聚会时，先将苑中豢养的珍稀动物如虎、豹、熊、象等放出来给大家看，最后放出狮子来。这里的狮子长得特别，身材短小，酷似狮毛狗，但诸兽见之，却都被吓得趴在地上不敢稍动。元武宗大聚会时，宗室越王秃剌喝得酩酊大醉，把腰带解了扔在地上，瞪着大眼睛盯着皇帝说："你与我交情到此为止！"把平时的怨气一吐为快，最后招致杀身之祸。

玉海变酱缸 明万历七年（1579）广寒殿倒塌后，玉海被运到西华门外南长街的御用监中，仍在皇家保存。明末人所著《燕都游览志》记载："今御用监院中，有小玉亭；亭内一玉缸，色青碧，间以黑晕白章，体质颇润，刻作云涛蛟龙、海马诸形……想即元时广寒殿中物也。"到清代，御用监废置，原地改建真武庙，玉海却成了该庙的庙产，和尚、道士们把它称为"玉钵"。康熙时人所作《重修真武庙记略》说："殿前有古玉钵一口，大可容二十石，山龙海马，云容水态，备极雕镂之巧。"鉴于此钵长期露处庭中，于康熙五十年（1711）在大殿前又建了三间前殿，把玉钵保存在殿内。殿内供观音大士像，像前垒石砌山，上置玉钵，钵中贮水，以寓观音大士所在南海普陀山。这一工程完竣正在康熙六十年（1721），适逢康熙帝即位周甲之庆。康熙以后，真武庙有些变故，后来的道士们不学无术，把大玉海作了酱缸。乾隆十年（1745），皇帝察知此情甚为玉海惋惜，乃命内府大臣以千金之值将其赎回，放到北海团城承光殿里。但当时执事人员只将玉海运走，却把原有底座撇在了真武庙。乾隆十四年（1749），乾隆帝又命在承光殿前建一琉璃小亭，将玉海下配一石，一起移入亭内。在乾隆十一年（1746）、十三年（1748）、十四年（1749）、十八年（1753），乾隆帝命玉匠对玉海上的纹饰图案进行了四次修整、琢磨，包括"刮苔涤垢""水兽水纹磨细""异兽鬃毛琢磨"等，并在膛内刻上《御制玉瓮歌》三首共800多字。由于元、清碾玉手法相差甚大，故后增纹饰至今仍可辨别，这就是今日北海团城见到的玉海的模样。

四　阴阳五行成体系

　　紫禁城的规划建造有完整系统的依据和规划，其中在平面布局和经营位置上，较多地运用了五行、四象、三垣、两极等原理，而九宫、八卦、七政、六艺等古代文明成果，都有所吸纳、体现。

"九宫"：平面规划

　　"九宫格"是中国古代建筑中最古老的平面规划基数，源自周代"明堂"九间，而明堂3×3的平面布局，源于当时实行的井田制。井田九分，以此平面布局规划明堂，便是面阔、进深各三间共九间，其中中心一间为"太室"，周围八间为"少室"。中国建筑是世界上最早实行"模数制"的建筑，科技史界公认在唐代已实行，而笔者则认为实行"明堂""九宫""筵"，就标志其时已"模数"化。明清紫禁城当然有一套严整的模数，除"材分"制度外，老一辈故宫建筑史家王朴子先生还指出：后三宫两侧的东西六宫是在一片方正的土地上，东西各均分为九宫格，每格约50米（约15丈）见方，为一宫之地；以靠近后三宫的东西各六宫建东西六宫；外侧各三格，笔者认为当时即用来建佛堂等宗教建筑。笔者进一步认为，紫禁城平面规划都是在50×3×3这种九宫格基础上推衍出来的。如紫禁城南北长961米，大约相当于20宫，东西长753米，大约相当于15宫，3：2的黄金比例。而三大殿庭院的东西长度，相当于东西六宫的九宫格的1.5倍等。

至于明堂、九宫建筑，分别是三大殿、后三宫的核心。三大殿核心的中和殿，是一座面阔、进深各三间的平面正方形建筑，四面均开隔扇门，典型的"明堂"；三宫中心交泰殿与中和殿相似，只是照顾到后寝冬天保暖需要，未在四面全开落地隔扇门，但因规制沿用明堂，仍用"殿"来称呼。至于重要殿宇面阔九间，除九为阳数最大外，还应与明堂九室之数有关，保留九宫的遗意。元明清北京城开九门（南：正阳、崇文、宣武，北：安定、德胜，东：朝阳、东直，西：阜成、西直），也是沿用九宫之意。

"八卦"：宫殿布局

"八卦"是《周易》的主体，元代刘秉忠、郭守敬建大都城及宫殿，即以易象为蓝本，像京城正门"丽正门"，取《周易·离》象曰："日月丽乎天。百谷草木丽乎土。重明以丽乎正，乃化成天下。"重明就是大明，就是太阳。太阳附丽于天空，化成天下万物。大内正殿则名"大明殿"，与丽正门相联系，是说皇帝像太阳，取《周易·乾》象曰："大明终始，六位时成。"日出日落，形成上下、四方共六个方位，寓意皇帝为天下立极、万民准则。大内北门对应"地"的方位，用《周易·坤》象曰："至哉坤元，万物资生，乃顺承天，坤厚载物，德合无疆。"赞扬大地母亲厚载万物的美德。大都城北城墙东部的城门取名"安贞门"，东北为八卦艮位，《周易·坤》象曰："'东北丧朋'，乃终有庆。'安贞'之'吉'，应地无疆。"东北本不利，但结局是有吉庆，故必须是安于正道，定名"安贞"即此义。大都城是刘秉忠、郭守敬等在原金中都东北郊外规划建造的，城内里坊也用《周易·系辞上》"大衍之数五十"，定为五十"坊"，有些坊名出自《周易》八卦卦辞。例如钟鼓楼地带位于中书省附近，用《周易·鼎》"上九：鼎，玉铉，大吉，无不利"，称为"玉铉坊"。铉，指插到鼎的两耳用来抬鼎的杠子。

永乐建北京紫禁城，对易学运用也很多，单是宫殿命名上，就有不少取自八卦、六十四卦卦名。如后三宫正殿"乾清宫"用"乾"，后殿"坤宁宫"用"坤"，"交泰殿"用《泰》卦："天地交，泰。"东六宫靠近后三宫的中间一宫名"承乾"，西六宫靠近后三宫的中间一宫名"翊坤"，分别呼应中路乾、坤二宫；西六宫"咸福宫"用《咸》卦；养心殿里还有"大有""咸宜"匾，也是《周易》卦名。至于御花园中的山水布局，也按八卦定位。如东北方为"艮"，为山，御花园东北角即堆起"堆秀山"，也可说是明清的"艮岳"。御花园外红墙正北门"顺贞门"，取自《周易·坤》象曰，"柔顺利贞"，取坤元之德。

"七政"：风调雨顺

"七政"可是古代天子的大事。最古老的典籍《尚书·尧典》中记载舜帝继承尧帝大位后第一件事，就是"在璇玑玉衡，以齐'七政'"。"七政"一般认为指日、月和金、木、水、火、土五星，"齐七政"的任务包括天文观测、四时推算、计时等，因为中国是农业社会，民生与四时、风雨息息相关。中国社会从宋代实际上已经进入"近世"，比汉唐更接近今人生活方式。元、明、清三朝都非常重视人君"齐七政"的责任，计时技术逐渐开始近代化。如前文所述，忽必烈在大明殿设置的"七宝灯漏"，北宋科学家苏颂研制的水运仪象台的天文钟，都是领先世界的机械钟表。元代郭守敬在京城东南城角建造"司天台"，负责天文观测，而大都城最中心处，则建造了"齐政楼"，"以齐七政"，负责向全城报时。

在元以前，京城钟鼓楼一般设在北城门上，俗称"谯楼"，从元朝起，移到了京城中心，明清北京城钟楼、鼓楼南北分列，均为永乐建造北京宫殿时建造，至今保存完好。鼓楼在南，是一座城楼式建筑，楼下砖台4米，台上为面阔五间、三重檐、歇山顶楼阁，楼高46米，红墙朱栏，雕梁画栋，雄伟壮丽。楼内设鼓24面，象征全年24节气。钟楼在北，筑于高大的砖石城台上，高约33米，楼、台通为砖石结构，因为初建时的木结构楼阁后来发生火灾焚毁，故乾隆十年（1745）重建时改成防火的"无梁殿"式建筑，楼内悬永乐时所铸大铜钟，为北京城现存最大的古钟。

明永乐建北京城时的南城墙，由现长安街一线南移至现前三门一线，但元朝司天台保持不动，这就是现存的北京古观象台。宫中计时中心由大明殿移到后三宫交泰殿。就在明万历时期，意大利文艺复兴运动兴起，接着英国进行工业革命，欧洲先进国家陆续开始近代化。英法等欧洲国家率先发明了以发条为动力的近代化机械钟表。近代化的核心要义是速度。我们传统计时标准精确到"刻"（15分钟），其上是"时辰"（2小时、8刻）；而近代钟表技术标准精确到"分""秒"，分秒必争。在明后期，西方大自鸣钟引入明宫交泰殿。殿内一侧设传统铜壶滴漏，一侧则设大自鸣钟。清代前中期，内廷造办处钟表作和广州钟表行，从仿制西洋钟表起步，康雍乾时技术已很成熟，把"速度"这一先进的近代化理念融入中国人的生活之中。除宫廷外，清代很多达官贵人佩戴怀表，比明代更有时间观念。例如林则徐每次觐见道光帝，都详细记载历时几刻钟。

沿袭前代京城规制，紫禁城神武门变成皇城的"谯楼"，城楼内置钟、鼓。每到时辰，交泰殿内钟、漏先报时，然后神武门城楼上的钟、鼓随之响起，钟楼、鼓楼也随之向全城报时。

另外，紫禁城前部从乾清门往南，依次有太和门、午门、端门、天安门、大清门、正阳门共七门，既是象征北斗七星，也有"齐七政"之寓意，表示皇居为天下中枢。

明清在太和殿、乾清宫丹陛上都放置了国家标准量具"嘉量"。如今我国"零公里"标准点也设在正阳门中正门洞里的地面上。

图1 交泰殿内东设铜壶滴漏、西设大自鸣钟

"六艺"：人文精神

"六艺"是集三代文化大成的孔夫子教导学生及后代的基本课程，它包括礼、乐、射、御、书、数六科。元代刘秉忠以《周易》八卦划分大都城平面布局后，不少坊名出自《诗经》等典籍，由翰林学士虞集拟定。例如今南锣鼓巷所在位置，元代为"昭回坊"，出《诗经·大雅·云汉》："倬彼云汉，昭回于天。"明亮的银河，婉转斜贯于夜空。原来京杭大运河最北端通惠河最后一里，正是在昭回坊由东南向西北斜插进入终点站——海子。诗词歌赋在明清紫禁城宫殿建筑及其命名中都得到体现，使壮丽的紫禁城宫殿再添人文光辉。比如张挂在宫殿外檐楹柱和内檐壁上的对联、牌

匾，给建筑增加了艺术感染力，这是西方建筑所不具备的。

　　国家举行大典时，从太和殿到大清门，都陈设着卤簿仪仗，它们不单是礼器、乐器，而且是建筑的附属物，二者关系密不可分。现在在太和殿前广场御道两旁，青砖地面之间还可见到有规律地分布的白石板，就是当初摆仪仗的位置，俗称"仪仗墩"。三大殿东庑外的空地，有一处建筑名"箭亭"，周围广场是清朝皇子们学习、训练骑射的地方。每天黎明，皇子们先在此学习骑射，再到上书房（乾清宫南庑东段）上文化课。紫禁城内文渊阁、摛藻堂（在御花园内东北角）藏书处等大量文化设施，养心殿三希堂、景阳宫御书房等书房，都彰显了中国文化大国的形象，表现出与西方宫殿不同的人文氛围，正如乾隆帝在外东路倦勤斋里写的对联："六艺高芬千古永，万几絜榘一心存。"这是紫禁城古老宫殿活的灵魂。

"五行"：哲学思想

　　五行即木、火、土、金、水，古人把它们视为自然界万物起源的基本物质。五行中，以木为生化的基本物质。木主生，火主大，土主化，金主收，水主藏。木生火，火生土，土生金，金生水，水生木，是谓"比（邻近）相生"。金胜木，中隔水；水胜火，中隔木；木胜土，中隔火；火胜金，中隔土；土胜水，中隔金，是谓"间（间隔）相胜"。五行相生相胜，终而复始，循环不止，而有春（木）、夏（火）、秋（金）、冬（水）、四时（土兼四时），而有东（木）、南（火）、西（金）、北（水）、四方（中配土），并由此产生万物。用五行的原理观察色彩，则有五色：青（木）、赤（火）、黄（土）、白（金）、黑（水）；划分音调，则有宫（土）、商（金）、角（木）、徵（火）、羽（水）；归纳情性，则有怒（木）、喜（火）、思（土）、忧（金）、恐（水）。其他还有"五位""五兵""五宗""五官""五服""五味""五量"等。《周礼》更根据各自的性质，以天、地和春、夏、秋、冬表示国家机构和官员，以宗伯为春官，主教化；以司马为夏官，主兵马；以司寇为秋官，主刑名；以司空为冬官，主工程。

五行思想在紫禁城及与之相关之处表现得十分突出。从总体布局看，紫禁城像历代宫殿一样，分前朝、后寝两大部分。前即南方，从火，主光大，故作施政场所；后即北方，从水，主藏，故作寝居场所。

从具体经营位置看，紫禁城内凡是用于文化、文治方面的宫殿、设施，多在东侧，从木，从春；用于兵刑、武备方面的宫殿、设施，多在西侧，从金，从秋。最典型的如文华殿、武英殿，文东、武西拱卫着中央三大殿。中央太和殿举行大朝时，文武百官也按文东、武西序立于御道两侧。文华殿还是皇帝御经筵讲学的场所，殿后文渊阁是贮存《四库全书》和《古今图书集成》的地方。太和殿广场东西两侧的体仁阁、弘义阁，原称文楼、武楼，文昭阁、武成阁。御花园内万春亭、千秋亭，一东一西，分列中轴线两侧。内阁为文职衙门，在午门内东侧；而军机处初为武职衙门，在乾清门外西侧。中路乾清宫院内，东庑中间为端凝殿，贮藏皇帝所用朝珠和冠服，属礼制物品；西庑中央为懋勤殿，每年秋审处决死囚犯，皇帝在这里用笔"勾到"，执行最高刑罚即生杀予夺的权力。

宫中祭祀孔子的地方有多处，主要的如传心殿，设在文华殿东，每当皇帝御经筵，要事先祭告孔子。乾清宫院内的祀孔处设在南庑东侧，皇子读书的上书房也在乾清宫南庑东侧。与此同理，京城孔庙和全国最高学府国子监，也都设在东城。天下举人进京参加国家最高一级的科举考试会试，由京城前方东侧的崇文门入城；而军队出师征战，则由京城前方西侧的宣武门出城。青少年属于人生中生长的青春时期，因而皇子居住的南三所在东华门附近；而太后、太妃们属于人生中金秋时光，故外西路一带全作为太后、太妃们的宫院。

图2 故宫文渊阁   周乾摄影

"左祖右社"是《周礼》以来确定的坛庙布局，两千年来经学大师们众说纷纭、聚讼既久。或谓周人尚左，左祖即以祖为尊；或谓周人尚右，右社即社稷尊于宗庙。若用五行来解释，则十分清楚。左即东方，从木，主生化，人类无不自祖宗而繁育，宗庙设于东方，正揭示了祖宗诞育子孙的德行。而社稷为国家、社会之神，国家、社会涵载君臣、人民，属收，正应"金"德，所以"右社稷"，立社稷坛于西方。午门外六科公署，天安门外六部衙署，也本着文东、武西的原则分列左右。

图3 明清太庙前殿（大享殿）

从总体色彩看，紫禁城宫殿及垣墙以红、黄为主调。红属火，火主光大；黄属土，土居中央。红、黄并用，表示着帝居至尊至大，为天下中心。

从色彩分配看，紫禁城在黄瓦、红墙的基调下，根据各处建筑用途不同，按五行、五色又有适当调整。皇子生活居住的南三所不但地处皇宫东侧，而且连瓦顶也是绿色，与历代所称"青宫"一致，从木，从春，以表示青少年成长和蓬勃向上。文华殿在明代初为太子宫，用绿瓦，后来改为皇帝便殿，才换成黄瓦。文渊阁不用黄瓦，而用黑瓦，不用红墙，而用青砖（灰色）墙壁。因为黑色代表水，水克火，这样可以使易燃的图书免于火灾。红代表火，在书库上施用是不合宜的。在皇宫中轴线北端御花园的天一门，既取"天一生水"之意，复将其墙体全用灰（黑）色，也表示着水，与其所处北方水的方位相合，以使整个紫禁城免受火灾。神武门内东、西大房也使用黑色琉璃瓦，使这一区域表现"冬"的意境。午门位居南端，应火的方位，建筑彩画一改各处以青绿为主的冷色调，变以红色为主，充满了热烈的气氛。

"四象"：天下观瞻

在五行学说发展的同时，中国古代天文学也取得了辉煌的成就，表现之一就是"四象"和"三垣"的划分。古人把天空四周的主要星宿分作四组，每组七个星宿，共二十八宿，与五行、五方、五色结合，再配以龙、鸟、虎、武（龟）四种动物形象，遂成为"四象"。它们分别是：

东方，青色，青龙（或苍龙）；

南方，红色，朱鸟（或朱雀）；

西方，白色，白虎；

北方，黑色，玄武。

司马迁在《史记》中将四象连同天空中央三垣星宿（中官）称作"五官"。青龙、白虎、朱雀、玄武四象确立后，成为四方的象征。《周礼》中军阵方面有"前朱雀而后玄武，左青龙而右白虎"之说。汉代宫殿很多瓦当以四象为图案，显示天子对天下的统治权。唐代长安皇城南门称"朱雀门"，门外的大街叫"朱雀大街"；北门叫"玄武门"，历史上著名的"玄武门之变"即发生在这里。北京紫禁城的设计采用了五行思想，城池四周，则运用四象的原理。南门午门，又称五凤楼，与朱雀相同。北门原名玄武门，至康熙时为避玄烨御讳，改名神武门，二者相同。五凤、玄武南北位定，东华、西华含义更明，则四方位正，天子居中当阳，"垂拱而天下治"（《尚书·武成》）。御花园里立"四神祠"，奉祀四方神灵青龙、白虎、朱雀、玄武四象。

另外，《尚书·尧典》记载，上古圣君舜帝继承尧帝大位后，"辟四门，明四目，达四聪"，所以紫禁城也开东、西、南、北各门，表示效法先王，广纳四方舆情。

"三垣""三山"融合

三垣指天空中央紫微、太微、天市三垣。三垣各有东、西两藩星宿围成墙垣形式，故称"垣"。如前所述，元皇宫规划设计取象黄帝王屋山，永乐建北京宫殿参酌黄帝"合宫"，以往我们只认识到紫禁城对"三垣"的运用，而对王屋"山有三重"的意象认识不足。

北京紫禁城的要害部位，都与三垣特别是紫微垣、太微垣的星宿对应。太微垣中有逐级上升的三组星宿，名为"三台"，三大殿的三台即与之对应；三台之上的三大殿，则对应太微垣的明堂三星。这也可释作"山有三重"。太和门和午门对应的是紫微垣的阊阖门。清代乾隆皇帝钦定的春联，太和门上联为："日丽丹山，云绕旌旗辉凤羽"；下联为："祥开紫禁，人从阊阖观龙光"。太和右门春联："鸡观翔云，九译同文朝玉陛；凤楼幻彩，八方从律度瑶闻。"阊阖、鸡观、凤楼，均指太和门和午门。午门外的端门，对应的是太微垣前左执法、右执法两星之间的"端门"星，二者名称相同。右执法星东还有"左掖门"星，这又与午门左掖门名称相同，这些都意在传达皇帝身为"天子"，奉天承运，为天下主宰的合法性和崇高地位。

而紫禁城后寝东西六宫，用"合宫十二楼"之数；东西六宫加后三宫，合紫微垣两藩共十五星宿之数。

"两极"：阴阳调和

比五行学说更为古老的，是阴阳学说。在儒家经典里，阴阳是中国文化之祖。刘勰《文心雕龙·原道》认为："人文之元，肇自太极。幽赞神明，《易》象惟先。庖羲（即伏羲）画其始，仲尼翼其终。"应该说，阴阳学说是中华先民认识客观世界的一个重要里程碑，也是华夏文明例如文字的最初起点。后世中国人用到"阴阳""天圆地方"之类古义，并不是中国人的科学文化没再进步，而是"慎终追远"，不忘祖先启蒙之功。

阴阳最初的含义大约指日光的向背，向日为阳，背日为阴。古代思想家们看到一切事物现象都有正反两个方面，也即阴阳两极，就以此解释自然界两种对立和相互消长的物质势力。阴阳学说要求阴阳不能乖离、错乱，要理顺关系；阴阳颠倒或不和谐，则人事必有灾异。就像汉语有阴平、阳平、上声、去声等，音韵学家启功先生形容，这好比火车蒸汽机喷气发声，一高一低，阴阳交互，一直阳刚高亢只有崩溃。阴阳学说有其合理性，对整个东方文化产生过很大影响，至今许多国家的许多学者还在研究和推崇它，韩国等国家还把它作为国旗上的图案。

明清紫禁城成功地运用了阴阳的理论，在前朝与后寝、东六宫与西六宫、宁寿宫区与慈宁宫区以及各组建筑中造成了对比错落、抑扬得致、明暗结合、强弱得当的效果，使阴阳调和得十分和谐。前朝为紫禁城之阳，殿堂普遍比对应的后寝部分要高大。

太和殿大于乾清宫，中和殿大于交泰殿，保和殿大于坤宁宫。前朝各殿为国家举行重大典礼的场所，有巍峨壮观的气势，表现出阳刚之美，建筑风格与建筑用途相一致，突出皇权的神圣威严与至高无上。后寝为紫禁城之阴，宫殿小于对应的前朝殿堂。作为日常生活起居的场所，这里空间组合紧凑，建筑相应低小，与实际使用的要求一致，使人感到舒适、安宁，比较三大殿，此处更具阴柔之美。

中路两侧东西各六宫，则体现出两两相对、对称和谐、完整统一的审美思想。再如御花园绛雪轩与养性斋，平面构图一凸一凹，立体形象一低一高，东西相对，体现阴阳配合的原理。堆秀山与延晖阁，一山一阁，一为石质，一为木构，刚柔相济，统一中体现变化。

由于事物的复杂性，阴阳中又可再分阴阳，形成阳中之阳、阳中之阴与阴中之阳、阴中之阴。太和殿为阳中之阳，从高度、面阔、进深，到结构、装修，一切规格均达极限，至大至刚，集天地间浩然正气于一身，沛乎充塞苍冥。"太和"本身就代表了阴阳会合、冲和的元气。在这光辉的殿堂里，金銮宝座高高地耸立于紫禁城、北京城的中轴线上，皇权高于一切，皇权至尊的主题表现得淋漓尽致。乾清宫为阴中之阳，规制仿于太和殿，高于后廷各宫殿，为后廷之冠，名之为"乾清"，为皇帝寝宫。太和殿与乾清宫一朝一寝，作为皇帝最重要的临御场所，表现了它们在全城的中心地位。而保和殿为阳中之阴，在明代只作皇帝御朝前更衣之所，因此规格远不及太和殿。坤宁宫为阴中之阴，明代作皇后寝宫，规格低于乾清宫。如此一来，主次分明，乾坤位定。为了体现这种和谐关系，明万历时特在两宫之间建交泰殿，用意是阴阳和谐、天地交感、天下太平。至清代，坤宁宫又主要作祭祀萨满教的神堂，祭祀鬼神，正与此宫阴中之阴的地位相符。

五　太和殿的前世今生

在紫禁城所有宫殿中，以太和殿为首的三大殿最为著名。因为太和殿是治国理政的"正衙"，所以成为紫禁城规划、设计和营建的核心。作为核心，它的定位决定着紫禁城地理位置的最终确定。太和殿又是紫禁城中遭受火灾和重建次数最多的宫殿，现在见到的是清代康熙三十四年（1695）重建的，这是第四次重建。最后一次重建较前三次重建不同，具有特殊的历史意义。保存至今的这座太和殿是康熙时期中国多民族国家统一历程的见证。太和殿的建筑装修、陈设用具寓意神圣，反映了中国悠久历史的文明积累。太和殿是皇权和皇帝法统的象征，在形制上尽可能保持历史继承性，在命题上则力争表现各自的政治特色。

国家统一丰碑

太和殿在永乐帝初建时名"奉天殿"，就是明太祖朱元璋最喜欢的"奉天承运"之意。永乐十五年（1417）十一月开工兴建，十八年十一月初四（1420年12月8日）竣工。之后四次毁于火灾，四次重建。

第一次火灾发生在永乐十九年四月初八（1421年5月9日），

距竣工不到半年。过了19年，到永乐帝的曾孙明英宗正统五年（1440）三月才兴工重建，六年（1441）九月完工。

第二次火灾在重建后117年，嘉靖三十六年四月十三日（1557年5月11日）。三十八年十月十日（1559年11月8日）重建，四十一年（1562）完工，更名皇极殿。

第三次火灾在第二次重建后38年，万历二十五年六月十九日（1597年8月1日）。由于国力衰微，28年后的天启五年二月二十三日（1625年3月31日）重建，七年八月初二（1627年9月10日）竣工。

太和殿在清代只发生过一次火灾，也是该殿的第四次火灾，在康熙十八年十二月初三（1680年1月4日）。15年后的三十四年二月二十五日（1695年4月8日）动工重建，三十六年七月十八日（1697年9月3日）完工。

在这几次建设工程中，永乐初建和康熙最后的重建，最具历史意义。

图1 故宫太和殿

落实"天子守边"

　　永乐皇帝以燕王身份起兵夺了他的侄子建文帝的皇位。如前文所述，北京地区在元朝是处于全国中心的，但明朝建立后，北方蒙古高原上的元朝余部时常攻击北京，以夺取北方，北京成为边塞要镇。永乐帝力排众议，将首都由南京迁至北京，目的就是为了抵御来自北方的割据势力，以维护祖国统一，保持社会安定。明朝中后期蒙古人军队四次围困北京，举国上下全民动员保卫京师，进而有效地抵制了分离趋势。可以断定，若永乐帝继续以南京为首都，明朝后来就会像宋金时代一样，呈南北分裂状态。因此永乐帝迁都北京，实行"天子守边"战略。从这个意义上讲，奉天殿的营造就不仅仅是一座宫殿的土木工程，而是维护国家统一的伟大历史工程。

图2　徐皇后与明太宗（永乐皇帝）半身像　　　　　　台北故宫博物院藏

见证国家统一

清代康熙年间太和殿火灾前后，全国正处于战争状态。西南，平定三藩；东南，收复台湾；东北，抗击沙俄入侵；西北，平定准噶尔部。火灾后康熙帝对大臣们说："但得海宇清晏，置斯民于衽席之上，则朕所居较诸前代茅茨土阶，尚或过矣！"康熙十九年（1680）十一月，康熙帝在批发工科的"题本"上写道："各路大兵现在进剿，军需浩繁，这所奏应修殿工，着候旨行该部知道。"反映了当时军事繁忙的实际情况。但作为中央政府，一座大朝正衙确是必需的，因此复建工作随着战争形势的变化，在缓慢地进行着。在山东临清烧砖是火灾后第二年开始的。客居临清的江南文士袁启旭作诗吟咏烧砖情形："秋槐月落银河晓，清渊土里飞枯草。劫灰劚尽林泉空，官窑万垛青烟袅。"称砖的精工："朱花钤印体制精，陶模范埴觚棱好。"还有"监窑使者上都来，小队牙旌挤不开"。描述成砖由运河运输的情形："玉河秋水流涓涓，舳舻运转如丝连。"康熙二十年（1681），三藩平定，台湾也成功收复。于是，康熙帝在二十一年（1682）九月指示采木："命刑部郎中洪尼喀往江南、江西，吏部郎中昆笃伦往浙江、福建，工部郎中龚爱往广东、广西，工部郎中图萧往湖广，户部郎中齐穑往四川，采办楠木。"

由于明朝连年大量开采，各地楠木材源已近枯竭，结果是不论已经伐倒或生长山中的材木，不分长短巨细，甚至官署拆卸的旧楠木梁栋，尽行登册具报，还责成南方土司和民间捐献。

就这样用了6年时间，到二十七年（1688），各省运到京城的楠木才基本攒足，还是"割剩兼用，约估以足建造太和殿之用"。有鉴于此，康熙帝决定以后再建宫殿改用东北松木。

图3 《康熙帝戎装像》，表现少年康熙帝与心腹近臣习武备战 故宫博物院藏

图4 康熙十五年（1676）造"神威无敌大将军"铜炮，二十四年（1685）参加收复被沙俄侵占的雅克萨城战役 黑龙江省博物馆藏

二十四年（1685），清朝取得雅克萨战役的胜利，与沙俄签订了《中俄尼布楚条约》。二十九年（1690）八月，乌兰布通之役告捷，与准部战争取得决定性胜利。

图5 清宫旧藏康熙皇帝中年朝服像，相当于康熙二十二年（1683）收复台湾到二十八年（1689）签订《中俄尼布楚条约》时期 故宫博物院藏

图6 晚清民间绘画《康熙帝私访月明楼图》，表现三十六年（1697）御驾亲征蒙古准噶尔部噶尔丹期间，在归化城（今内蒙古呼和浩特）微服（图中着红袍者）外出月明楼　　　　　　　　　　　　　　　　　　　内蒙古博物馆藏

　　这时的形势，略有秦始皇时"六王毕，四海一"这种海宇初平、天下恢复一统的时代特征，大殿再建，适逢其会。于是康熙三十四年（1695）二月二十四日，遣官祭告天地、太庙、社稷，二十五日大工开始。在工程进行中，三十五年（1696）二月至六月、三十六年（1697）二月至五月，康熙帝两次御驾亲征塞外，宜将剩勇追穷寇，准噶尔部首领、叛乱分子头目噶尔丹在逃亡途中因病而亡，清军大获全胜。

　　三十六年（1697）七月十八日，太和殿也大功告成。十九日，康熙帝登上太和殿宝座，庆祝胜利。应该说，太和殿的重建过程，是康熙时期祖国统一进程的体现；重建的太和殿，是清大一统中央王朝的象征。从这个意义上讲，太和殿的一次初建、四次重建中，永乐初建和这一次重建，最具深远的历史意义。

复建后更名"太和殿"，追求社会和谐。清朝统治者实现了与蒙古各部落的和睦相处。康熙帝说，漠北蒙古族兄弟，就是北方活的长城："昔秦兴土石之工，修筑长城；我朝施恩于喀尔喀（漠北蒙古），使之防备朔方，较长城更为完固矣。"（《清文献通考·王礼考》）

清朝地位确定

太和殿重建还标志着清朝入关后，作为全国统治者的地位确定下来，这是以往不被关注的。明末李自成农民军撤离北京皇宫时，曾纵火和破坏，顺治入关后紫禁城宫殿残缺不全，但直到康熙初期，一直未进行大修。这与清初统治者怀有临时观念不无关系。康熙前期，平定"三藩之乱"、收复台湾、平定准噶尔部叛乱等相继进行，同时京师反复地震。当这些事件爆发时期，朝臣主和者众、主战者寡，康熙帝力排众议坚决主战、削藩，但是否做过最坏打算、设想过后路？正史没有提及。明清每朝实录都是新皇帝即位后修撰，除为尊者讳之外，事成之后和事态发展过程中想法也不尽相同。朝鲜官修正史《李朝实录》，肃宗八年（康熙二十一年，1682）十一月丁卯，出使北京的副使尹以济汇报说："沈阳则城郭完全，人民富盛。而山海关以北（内），抚宁、永平、通州等处，则城郭邑舍之颓毁者，全然抛弃；北京城门及太和殿亦皆颓破而不为修葺。盖将有退守之计，故关内诸处，置诸度外；

专意于沈阳、宁古塔，以为根本之地。"研究过这段工程历史可知，康熙十八年十二月初三（1680年1月4日）太和殿火灾后，四川采木一是无木可采，二是明末张献忠屠川、三藩战乱，川省也无人采木，"合一府之人而不能拽一木"，后来是康熙帝决定在东北采松木。太和殿复建工程直到康熙三十四年（1695）才进行，除客观的困难之外，《李朝实录》反映的不无道理。清代皇帝直到溥仪，思想深处都有"不行就回东北老家"的传统想法。这在《我的前半生》《紫禁城的黄昏》中都有表露。而且清初确实人心不稳，一有风吹草动，便流言四起。康熙前期清朝统治地位还是很不稳固，也因此影响到营造工程开展与否。太和殿重修完成，也代表着清朝统治者已不再做回东北老家的"退守之计"。

火灾重建经过

奉天殿第一次遭受火灾颇具戏剧性。传说三大殿工程刚完工，永乐帝召漏刻博士胡奫占卜吉凶，胡氏占卜算毕，奏称明年某月某日午时当毁。永乐帝大怒，将其下狱，以观后效。到了这一天过午正（12点）时刻，狱卒报称尚无火发，胡畏罪服毒自杀。过了45分钟即午正三刻，奉天殿突然火起，三大殿很快化为灰烬。这次火灾原因，《明实录》等正史文献记载不详，后世研究推测一般是雷击起火。

"大雨震电"起火

后来笔者发现朝鲜《李朝实录》记录颇详。永乐十九年

（1421）五月，"通事林密回自京师，言以三月二十八日至北京，帝以风痹，不视事已久，太子受朝。四月初八日夜大雨震电，至翌日晓，奉天、华盖、谨身等殿灾，须臾而尽。即日大赦"。他说，这年正月初一御新殿庆祝新年之后，永乐帝健康出现"风痹"状况，由太子署理日常朝政。风痹，中医学指因风寒湿气侵入人体，而引起肢节疼痛或麻木病症，在西医看来是脑出血、脑栓塞的先兆，或许也是永乐帝在三年后于永乐二十二年（1424）七月十八日北征途中暴亡的先兆。四月初八夜"大雨震电"，当时尚未发明避雷针，暴雨中雷电交加，约百米高的奉天殿遭雷击起火，根本无法施救，三大殿如火烧连营，直至烧光为止。

第二次火灾也是遭雷击起火。《明实录》记载：嘉靖三十六年（1557）四月十三日，"雷雨大作，戌刻，火光骤起，由奉天殿延烧华盖、谨身二殿、文武楼（即体仁阁、弘义阁）、左顺（协和）、右顺（熙和）及午门外左右廊，尽毁"。火灾后，打扫火场首先成为一项大工程，当时调用了3万军士服役。朝中有个叫郑晓时的官员参与指挥，他改变了以往将劫余物料全数运出的做法，将可用的砖瓦石头留下备用，将烧焦的汉白玉作石灰用，又在午门两阙门外挖土备用，而将渣土填坑；对烧毁的大木，外表焦炭劈下烤火，内里木芯仍盖小房使用。这些措施避免了原拟动用民间小车5000辆等扰民举动。

第三次火灾由皇极门西庑的归极门（即现熙和门）着火引起，顺着廊庑把三大殿区域的殿、阁、门、廊全部烧光。这次火灾后的重建，首先在木料上遇到困难，当时派官员到川、贵采办，处处告困，还是在天津海边葭苇洼里，发现了以往海运时漂没的大楠木1 000多根，其中周长在合围以上的，可做柱材者有157根，算是意外收获。

"火药烧殿字、诸门"

从明清史料看，明末李自成农民军撤离北京时，三大殿可能经历过兵火之灾，但并未被毁灭。例如至今保和殿梁架上，仍有明天启重建留下的"建极殿"字样。顺治帝进京时皇极殿已不堪使用，所以十月初一在皇极门受朝贺，顺治二年（1645）元旦"出御皇极殿旧址张御幄"受朝贺。这一年对皇极殿修缮后更名"太和殿"，以后康熙八年（1669）又做过大修。

经历了万历时期"抗倭援朝"，朝鲜王朝视明朝皇帝"名为君臣、恩同父子"。明末李自成在撤离北京宫殿时纵火与否，正史记载缺略。此时朝鲜世子李澄正被清人作为人质置于九王多尔衮军中，随军进入北京城和武英殿，把一路亲见、亲闻汇报给国内，记录在朝鲜《李朝实录》里，有很高参考价值。

朝鲜仁宗二十三年（崇祯十七年、顺治元年，1644）庚戌，"世子手书驰启"中说：五月初二日进武英殿，"臣与九王（多尔衮）幕官列坐东西，（多尔衮）招宦者问贼中形势、皇城失守之由"，明宫宦官回答时，有李自成称帝42天，起初"禁止侵掠"，但"及山海关败归之后，尽括城中财宝而去，以火药烧殿字、诸门，但不害人"等语。世子还报告在京见闻："宫殿悉皆烧烬，唯武英殿岿然独存，内外禁川玉石桥亦宛然无缺。烧屋之燕，差池上下，蔽天而飞，'春燕巢林'之说，信不虚也"。农民军离开皇宫时纵火殆无疑问，但并不意味着皇极殿已化为一堆瓦砾。多尔衮不进皇极殿的原因，还有避僭越的考量。后来朝鲜在北京的另一身为"辅德"的官员徐祥履"驰启曰"："十一月初一日，皇帝率诸王祭天坛告登极，还御皇极殿，受贺颁诏，世子、大君亦随参。"这也是亲见亲闻。皇极殿受过兵火，并未毁掉，还可凑合使用。

奉天远超太和

永乐时的初建，是该殿营建历史上规模最大的一次。如上所述，它决定着紫禁城的选址和总体格局的规划，是创一代之典制，而且是平地起楼台的奠基工程。但奉天殿却并不是在白纸上绘蓝图，而是充分参考甚至照摹了元大内大明殿的设计蓝图。

永乐大殿阔百米

据《南村辍耕录》收录的元代工部档案记载，大明殿"十一间，东西二百尺，深一百二十尺，高九十尺"，分别合62、37.2、27.9米；《故宫遗录》记三台高十尺，合3.1米（元代一尺合今0.31米）。它的殿高、长度、宽度都与现存的太和殿相同，但三台的高度却比现存太和殿三台低得多，后者约8米。细心的人会发觉太和殿高大的三台与大殿的比例有些不相协调，即台大屋小。原来，永乐建奉天殿时，将大明殿及其三台按比例放大了，当时所建奉天殿"广三十丈，深十五丈"，分别合今95.10米和47.55米

（明代一尺合今0.317米）。这样，它的东西两面檐头的雨水可以泄到三台最上面一层东西两侧的栏杆之外，像现在见到的太庙（劳动人民文化宫）大殿和十三陵长陵祾恩殿的情形。这三座大殿形制相同，均为永乐所建，其中后二者与元代大明殿尺度也相同或相近。

永乐年间营造奉天殿工程的领头者是泰宁侯陈珪、工部尚书宋礼及王通、柳升等人，建筑师是陆祥、蒯祥、蔡信等人。正统年间重建奉天三殿的工程技术人员，除永乐初建时的首领人物外，还有在工程实践中成长起来的瓦工杨青、冯春以及太监阮安等人。

嘉靖旧台建新殿

第二次火灾重建耗时很长，首先在复原方案上出现了困难。三大殿自正统重建后的100多年里再未动过，大火一烧，谁也不知个中如何构造。后来还是木匠徐杲"意料量比"，即根据大殿构造的基本原理，再对比火灾后的遗材估计推算，总算复原了原图纸。接着又在殿材备料上发生了问题。明代殿材大木，长要六七丈以上，干围要一丈六七尺。采伐这种大木原本十分不易，加之连年征调，这时已凑不足一殿之材。嘉靖帝只好因材而异，决定缩小大殿的规模。他对内阁说："我思旧制固不可违，因变少减，亦不害事。"提出了殿的形制依旧，而尺度缩小。

作为皇帝，嘉靖帝提出这个方案可说是比较面对现实了，但落实到具体工程上仍有困难。因为照皇帝之意，大殿连同台基都要相应缩小。但重建三台，工程将不亚于再建大殿。所以当时大臣严嵩说："旧制因变减少，固不为害，但臣伏思，作室，筑基为难，其费数倍于木石等。若旧基丈尺稍一移动，则一动百动。从新更改，俱用筑打。重费财力，久稽岁月，完愈难矣。"因此他建议："基址深广似合仍旧；若木石围圆，比旧量减。"也就是说，原有三台不动，大殿减小。明清木结构建筑用材共有十一等，但并无一等材的实例存世。现存太和殿为七等材，可能是康熙重建时再减的结果。倒是紫禁城四隅的角楼保留了明代旧制，为三四等材。可知嘉靖时将奉天殿改用二三等材，而永乐初建时当是一等材。但即使减料，嘉靖时所建奉天殿，有一些大木也还要再七拼八凑，有的柱子"中心一根，外辏八瓣，共成一柱，明梁或三辏、四辏为一根"。古建筑中木材"包镶"的做法自此形成。另外，殿内的柱子也由楠木变杉木，材质较明初大为逊色。

康熙太和殿纪事

康熙重建太和殿工程，由工部侍郎李贞、孟元振、营缮司郎中江藻等人主持。殿工完成，江藻编《太和殿纪事》一书，对形制、材分、物料、施工、经费、匠作等各项内容记载十分详细，还请当时著名画师禹之鼎绘《太和殿图》并配殿顶天花板图于卷首，传世至今。书中记工程进度为：

康熙三十四年（1695）二月二十五日辰时，动土开工，清理旧基础，瓦土码磋，为时五个月零九天。

八月初四日辰时，安磶（柱础）。石工安柱础，瓦工随工，大木工进料，为时二十天。

二十四日辰时，竖柱。大木工安装柱木梁枋，为时三个月零二十三天。

十二月十七日辰时，上梁。大木工安檩木，钉椽望、安装修，石工安石活，瓦工砌墙、苫背、宽瓦、铺墁地面，为时六个月零十天。

三十五年（1696）六月二十一日辰时，迎吻。

六天后即六月二十七日，安吻、插剑、合龙门，主体工程土木结构完成，然后晾干半年余。

三十六年（1697）一月起，油漆彩画，历时七个月。

七月十七日卯时，悬"太和殿"匾。

十九日，告成。

这次重建工程的设计师和工程技术负责人是梁九，现场具体施工人员包括：领班有"掌尺寸匠头"17人；工匠共263人，头等匠役马天禄等79人，二等匠役李保等120人，三等匠役宋奇奎等64人；另外还有拔什库白黑等4人，作头张键等3人，打造匠郑大等17人，窑户徐珍芳等22人。参与工程的各类人员总计326人，基本符合修建一座大殿工程的实际需要，可在故宫博物院古建工程中得到印证。

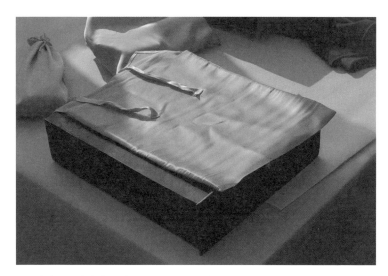

图7 清康熙重建太和殿时"龙口"里安放的"宝匣"

图9 乾隆时期维修太和殿时"宝匣"里保存的金币

图8 乾隆时期维修太和殿时"宝匣"里保存的金银铜铁锡元宝

"天子·明堂"古制

太和殿俗称"金銮殿"。皇帝既然身为天子,而且"天下惟予一人",也就是说,皇帝是天帝的独生子,那么他坐的明堂自然非世间其他处所可比,他模仿的是天帝所居紫微宫的"天堂"。皇帝的宝座,是金龙缠绕;宝座周围,是世间罕有的珍禽异兽造型陈设;六根金柱上,是扶摇升转的飞龙;宝座上方,是仿天上轩辕星的轩辕镜,就连地上铺的,都是"金砖"。

图10 故宫太和殿内"江山万代升转云龙"金柱、地坪、金銮宝座、藻井

金銮宝座

太和殿内的宝座，明代称"金台"，清代称"御座"，民间则称为"金銮宝座"。它坐落在太和殿正中的须弥座式平台上。平台为楠木制作，外罩金漆，四周为宫殿基座形式，雕刻有精美的仰、覆莲花纹，并镶嵌大量宝石。平台正面三出陛（即三道阶梯），裹有地毯，供皇帝升降登陛使用；左右各一出陛，供执事及侍卫等上下时使用。台陛之间有香几，几上有三足香炉；台面之上，有香筒、角端、仙鹤等。皇帝升殿时，香炉内焚檀香，香筒内焚藏香，仙鹤引颈长鸣，把殿内烘托得烟雾缭绕、云蒸霞蔚。金漆平台之上，后部为金漆屏风，从上到下，布满了金龙。

屏风前面正中，是雕龙金漆大椅，即金銮宝座。它有一个"圈椅"式的椅背，四根圆柱上承四条长龙，围成弧形，正面高，两头扶手渐低；正面两立柱各盘一龙；座面与底座相连。底座是一个宽约5尺、深2尺余的"须弥座"，没有采用通常座椅的四条腿形式，显得庄重肃穆。宝座从底部到靠背顶部通高4尺多，安放在高大的平台上，衬以高大的屏风，显得无比崇高，表现了政权巩固、江山底定的主题。它宽度大于高度的特殊比例，造成视觉上稳定、沉雄之感。与西式大椅后背奇高，令坐者无法昂首挺胸不同，宝座的高大不靠拔高椅背，而是依靠座后屏风烘托。

据朱家溍等故宫前辈文物专家们鉴定，现存宝座是明代遗物。清朝皇帝进住紫禁城后，继承沿用。到清朝灭亡，袁世凯复辟帝制时，在太和殿登基，把宝座搬了出去，在原处安放了一个中西结合、不伦不类的沙发座靠大椅。大椅的靠背上，用白缎子做成一个"中华帝国"国徽。后来天长日久，白缎开裂，里面露出的竟是稻草。20世纪50年代，故宫对原陈列进行科学化改造，力求文物陈列符合历史实际。专家们经考证史料，察看库房，在一堆破旧家具中，找出破烂不堪的宝座，经专家、技师一年多修复，终于恢复了宝座的原貌，把它重新放到原来的位置。鲁迅先生参加过点查清宫文物的工作，也多次在保和殿点查古物陈列所从沈阳文溯阁运回的《四库全书》，宫殿里的宝座启发了他的灵感。他在《上海文艺之一瞥》中说："至今为止的统治阶级的革命，不过是争夺一把旧椅子。去推的时候，好象这椅子很可恨，一夺到手，就又觉得是宝贝了，而同时也自觉得自己正和这'旧的'一气。"

太平有象

宝座两侧为宝象、角端、仙鹤、香筒四种陈设，每种都成双成对。根据明清之际学者、官员孙承泽《春明梦余录》记载，这些陈设都属"镇器"。

象在古人心目中是一种吉祥动物，皇帝将其作为基本陈设。它高大威严，身强力壮，又性情温和，通晓人性。特别是它那粗壮的四蹄直立地上，稳如泰山，可以象征社会安定，政权稳固。太和殿宝座旁的两匹象为铜胎珐琅镶嵌宝石质地，背驮宝瓶，名为"太平有象"。象本是佛教法物，身驮宝瓶而来，给国家带来年景丰裕、天下太平。

明清皇帝的卤簿（仪仗）中都有大象，在午门外。当时大臣记载说：今朝廷午门立仗及乘舆卤簿皆用象，不独取以壮观，还取其性驯警，不类他兽也。象以先后为序，皆有位号、食几品料。每当朝会，则立午门之左右。驾未出时，纵游吃草。及午门钟鸣和大殿前鸣鞭，则肃然翼侍。俟百官入午门完毕，大象便两两相对，以鼻相交而立，无一人敢越而进矣。朝毕则复如常。若有疾不能站班，则驾象人牵着该象到别的大象面前，当面请求人家给它替班，然后别的大象才肯代行，否则别的大象不干。大象有过失或伤了人，管理人员则宣布对其杖责。当即有两只大象伸出大鼻子拉住其足，将其扳倒，伏地受过。到杖责完毕，该象还爬起来谢恩，表示心服口服。如果一只大象被贬了品级，再站班时，它会主动站到被贬的较次要位置，不会发犟脾气非要站到原位不可。每年夏天驯象所在宣武门外给大象洗澡，这些庞然大物竟在水中仰面朝天浮着，如同人游泳中的仰泳，憨态可掬。如今南亚国家，还有以象为运输劳动力的，地震救灾，也出动吃苦耐劳的大象。

"甪端""角端"

"太平有象"之前为一对独角兽，一度作"甪（lù）端"，说是古代传说中的一种神兽。它日行一万八千里，还兼通四夷语言。宝座旁放置它，表示皇帝圣德英明，甪端捧书来朝，甘愿护卫御前。笔者考证，应叫"角端"。这个动物造型，实际上就是角长在脑门正中的犀牛。

图11 明代青玉角端熏炉　　　故宫博物院藏

关于"角"，清康熙时官修《康熙字典》的注解旁征博引，考据翔实，分量不下一篇学术论文。首先，字典引《说文解字》对其形训："角，兽角也，从刀、从肉。"接着引《尔雅·释兽》："犀，似豕。"并引其注："犀三角，一在顶、一在额、一在鼻。鼻上者食角也。"说明当时"角"字的意思就是兽角，而兽角里首先是犀牛角。在此基础上，以"按"语指出："角端，即角颛（duān），谓一角正立，不斜，故名角端。角，古音禄。《字林》《正韵》伪作甪，非。"其理由包括，角从刀、从肉，甪（lù）则失其义。至于所谓"古音禄"，字典引了《唐韵》《集韵》《通雅》等古字书所注音。那么，在什么情况下读古禄音？字典列举了《广韵》"汉'四皓'有角里先生"、《通雅》中《诗·召南》"谁谓雀无角,何用穿我屋"(是说角、屋押韵)。再引汉《史记》中"天雨粟,马生禄"、东方朔传"臣以为龙又无角,谓之为蛇又有足"、杜甫诗"孔雀未知牛有角,渴饮寒泉逢抵触",说明自汉至唐都读作或起码又读作"禄"。字典又指出,"角里先生,角音禄,今多以角音呼,误也;至于读角为觉,而角里之音禄者,辄改作甪,则益谬也。"同时引《唐韵》:"角音禄,又音觉,其实字无二形。"这是明确指出,角,古代读音为禄,但不能写作"甪"。我们现在称呼清代名物,对于清人非常有道理的考据训读理应尊重。"角端"的"角"不能读作"禄"音,更不可写作"甪"。

机械仙鹤

太和殿的这对仙鹤是铜胎珐琅制品,有一人多高,鲜为人知的是,这对仙鹤的腹内各有一个长12.5、宽8.0、高16厘米的机器盒。上足了发条,仙鹤的上喙便上下掀动,同时发出有规律的鸣叫,这是乾隆前期采用西方近代简单机械原理制造的。上朝时有了这对仙鹤引颈长鸣,殿内庄严的气氛中又添了几分生动和神奇。

盘龙金柱

太和殿殿内空间开阔高敞,共有72根巨大的楠柱支撑着沉重的屋顶。大殿内外装修、油饰是以朱红、蓝绿为基调的,古代匠师们根据这座大殿的重要用途,把殿中央宝座周围的6根大柱做成盘龙金柱,使之光彩夺目,把金殿的重心集中到御座周围。

这6根金柱都有10米多高,每根周长3米多,与天安门前后四支汉白玉的华表体量相当，蟠龙图案也很接近。每根上面都塑有一条巨龙，龙身缠绕金柱，龙首东西相向，神采飞动，腾云驾雾。龙柱基部，塑有海水江崖图案。汹涌的波浪拍打着礁崖，激起层层浪花，烘托着巨龙扶摇直上的磅礴气势。根据清代维修工程档案，当时称这种图案为"江山万代升转云龙"。这些金柱并不是由黄金铸成的，而是和那些红柱一样，都是以木材为核心的。不同的是，红柱是在木柱施"地仗"（保护层）后，直接用红漆油饰，而金柱又在地仗之上，经过一道更为复杂的"沥粉贴金"工艺。

　　沥粉贴金的基本方法是，先用石粉加水胶，调合成一种膏状材料。然后将这种膏状材料灌注在一个特制的皮囊里。皮囊的一端安装一个金属导管，用手挤压皮囊，囊中膏质便从导管的小孔中挤出，工艺师们根据事先打好的稿子，将膏质黏附在地仗上，塑造出流畅的线条，构成精美的图案。沥粉晾干后，经修整加工，再进行贴金。贴金用的金箔是特制的，越薄质量越高，贴上后就越贴切，据说1两（16两1斤）黄金要锤成1.3亩（866平方米）的金箔。贴金时，在沥粉表面涂上一层桐油，最后将金箔一张一张地排贴上去。这就算完成了沥粉贴金的基本工艺，一条栩栩如生的巨龙便活灵活现了。乾隆四十年（1775）七月修缮金龙柱，柱上做钻生漆一道，漆灰七道，夏布二道，才算完成地仗；然后上糙漆、垫光漆、沥粉；再画"江山万代升转云龙"；最后使漆戳扫红黄金罩漆，才算完活，工料银用了2 408两8钱3分6厘。

藻井、轩辕镜

在6根金柱上方，即金銮宝座前的天花中央，是大型蟠龙藻井。在紫禁城里，不是所有宫殿都有藻井，只有像太和殿、乾清宫、养心殿这样的皇帝御朝理政的主座宫殿中才有。"藻"，即水藻等水中植物，代表水；"井"，即天文上所称"东井"，为贮水之所。藻井的最初含义是克火的，像殿脊上的大吻一样。这口藻井上圆下方，是典型的宫殿藻井。金井分上、中、下三层，以斗拱承托，层层递收。最下层称"方井"，井口直径约6米；中层为八角井，满布云龙雕饰；上部为圆井，中央顶部为圆形盖板。三层通高1.80米。穹隆圆顶内，盘卧巨龙，俯首下视，口衔宝珠，庄严生动。龙口所衔宝珠称为"轩辕镜"，它是用玻璃制成的圆球，内涂水银，其原理与今天的镜子相同。

"轩辕镜"一名，据笔者考证，取自"轩辕星"。《晋书·天文志》记载，轩辕十七星，在北斗七星之北，为轩辕黄帝之神，系黄龙之体。《春秋合诚图》称，轩辕星是主雷雨之神。综合这两处记载可知，轩辕星高悬在宝座上空，一方面是皇帝标榜自己继承了中华民族的始祖黄帝以来的法统；另一方面是表示雷雨之神坐镇此处，保证大殿安全，两种含义都很恰当。

金砖墁地

太和殿墁地的"金砖"，既非金的，也非玉的，而是用一种特殊的泥土经复杂工艺加工而成的地面用砖。它的名字确实叫"金砖"。从前有两种提法，一说这种砖颗粒细腻、质地密实，敲击时有金石之声，故称"金砖"；另一说此砖只运到北京的"京仓"，供皇宫专用，称"京砖"，生产金砖的江南地区前鼻尾音、后鼻尾音不分，即金、京分不清，久而久之演化为"金砖"。这些说法都说得通，也都说不通。总的说来，这些砖质地优良、价格昂贵，只有宫殿使用，就像"金殿""金銮宝座"一样，人们称其为"金砖"，只是表明其贵重，未必非要认真追究。

紫禁城中使用的金砖均产于江苏苏州，土料采用太湖底沉积多年的故土。金砖的加工程序，明代科学家宋应星在《天工开物》和明代工部郎中张向之在《造砖图说》中，记载得很清楚，大致分为选土、练泥、澄浆、制坯、阴干、入窑烧制等六道工序。

选土工序又分为捶、晒、舂、磨，务使原料"黏而不散、粉而不沙"。练泥时，以水和土，驱逐群牛入内践踏，踏成稠泥。澄泥时，又反复淘、晾、揉、踏。制坯时，将泥料填满模具，上盖平板，两人立于板上，反复挤压，使其中空气释出，泥料结合紧密。然后阴干，入窑烧制。关于在窑中烧制的时间，明代张向之说是130天，清代督造官、江苏巡抚则记载从出土到出窑需两年。从130天的烧制期看，大体是先以糠草熏一个月，再用片柴烧一个月，用稞柴烧一个月，用松枝柴烧40天。130天期满，灌水出窑。

烧造金砖属钦工物料，质量要求十分苛刻，只有颜色纯青、声音响亮、端正完满的，才算合格。但是，由于金砖体量重大，工序复杂，成品率不高，一般是五六块中才得以挑选一块。正品入贡，副品却不准民间使用，只好任其毁弃。烧砖的火候至关重要，有时灌水不到，成色便参差不齐，成品率更低，乃至全窑报废。但主管机关工部的官员们不管这么多，只分别按照砖的不同规格，每块报销白银四钱八厘、四钱九厘、九钱一厘不等，并且从当地上缴国家财政税收中扣除，其余则摊派给地方官，让他们从当地财政中支出。

金砖的尺寸根据宫殿的等级确定，分别有一尺七寸、二尺、二尺二寸见方等规格。太和殿的金砖就是二尺二寸见方的，质量又最精良，因此至今仍光亮如鉴、平坦如砥，非常气派。

图12 乾清宫金砖墁地情形

龙橱鼎彝

皇宫正殿是君权的象征和法统的表现，是行使相当于现代社会立法、司法、行政等最高权力的地方，作用有如现代美国国会和白宫、最高法院的总和，所以一些决定国家根本大政的设施设于此处。

　　元朝最先进的计时器，郭守敬设计制造的"七宝灯漏"设置在大明殿，表示标准的"大都时间"。明清两朝，该殿丹陛上除设置传统计时器日晷外，还设有嘉量，作为校正全国度量衡的标准器。元代大明殿举行朝会时，皇帝宝座后陈玉斧，谓之"劈正斧"，取古天子负"斧扆"（音yǐ，画有斧的屏风）之意，此玉斧为商代传世之物。明代该殿内列大龙橱八件，里面放满了三代鼎彝，沿袭历代以鼎象征最高政权和法统的观念，并以为镇国之宝。这些宝物多系宋宣和殿旧藏，北宋亡后归金，金亡归元，元亡后由徐达运至南京明皇宫，永乐帝迁都北京，复迁至北京紫禁城，明朝灭亡之后，上述珍宝尽归清朝。现在太和殿里有乾隆时期制造的大龙橱两件，作用应与明代相同。

图13 "新朝"王莽"嘉量"是封建时代最规范的量器，历朝递藏至清宫
台北故宫博物院藏

六 宫苑一体化格局

元大都宫殿在辽金大宁宫、琼华岛近郊园林基础上兴建，实际上是把宫殿建筑放在园林缔构大局中通盘考虑的，结果就是围绕太液池布局宫殿。太液池东畔为皇宫大内，太液池西畔，南为皇太子宫殿隆福宫，北为皇太后宫苑兴圣宫。如果放眼整个元大都城，以海子为规划中心依据，通惠河由城市中心而东南斜下，金水河由城西北入宫，东下汇入通惠河。这样的规划设计，实际上就是如今追求的园林城市。明代营建的北京宫殿，从永乐皇帝开始，就是在继承元大都皇城宫苑一体化思路基础上展开，历经正统、嘉靖、万历等主要节点，而最终定局为大内、西内、南内"三内"并立的局面，也就是宫苑一体化的格局。

"九重宫阙"若"景框"

明清皇城宫苑一体化的基本表现之一，是把园林设计的艺术手法运用于宫殿建筑规划设计，或者说在宫殿建筑规划设计中，融入造园艺术的一些手法。比如造园上最讲究的"主景"，是一座园林的核心景观。元代皇城即以"后靠山"琼华岛及山上广寒殿为主景。明清皇城以"后靠山"万岁山（景山）及其主峰之上的万春亭为主景，在三台、东西六宫许多地方，都可以遥望景山万春亭。在三台等处还可以遥望琼华岛白塔，还可以极目远眺北京城的"祖山"玉泉山以及"后龙"西山山脉。这可以说是造园艺术讲究的"对景""借景"。从太和门南望午门，也是这样的"对景"。

故宫建筑的"景框"效果，在城门洞、随墙券门处最多。前者如由神武门中门门洞取景顺贞门三门，在前进移动过程中，御花园钦安殿盝顶及其花罩、蓝天白云背景，逐步呈现眼前。而透过正阳门、大清门、天安门、端门、午门、太和门，遥望太和殿下三台，这长达千余米的幽邃景深，园林"景框"经常引用的《庄子·齐物论》"得其环中"，在此就不足以概括，而唐宋以来所称"九重宫阙"，就颇为写实了。唐代元和年间进士卢宗回《长安慈恩寺塔诗》"九重宫阙参差见"；宋代翰林杨亿《次韵和席衢州忆洛阳春游十四韵》"九重宫阙是天家"；宋儒"九重宫阙，都于天地之中央"；明代洪武进士欧阳贞《题赠一轩》，"十载追随鸳鹭班，九重宫阙拜龙颜"。"九重"形容天高，指天庭。朱元璋制定祭天初献歌辞："眇眇微躬，何敢请于九重。"清乾隆皇帝《高宗实录》也称："朕高居九重之上，端拱无为。"（《清高宗实录》卷六十七）九重城门、宫门环环相套的建筑艺术效果，与园林"景框"的构思原理是一致的。

河湖一体护城河

　　紫禁城的四周，是人们熟悉的护城河。波光粼粼的河水，整齐的花岗岩石岸，以及岸边郁郁葱葱的槐树、飘忽柔长的垂柳，使人赏心悦目。当然，顾名思义，人们都知道它是紫禁城的防御工事。但是，若真有敌人兵临城下，一道护城河是起不了多少作用的。明末李自成起义军攻入京城，崇祯帝也并未在紫禁城里负隅顽抗。护城河与其说是军事上的防御工事，不如说是对火灾、水灾等自然灾害的防御工事。

图1　紫禁城角楼

追溯来龙去脉

护城河内沿距离城墙20米，河宽52米，周长3 840米，水深5米，平均蓄水量54万多立方米。这个尺度，是经科学计算后确定的。护城河水来自以西山昆明湖为水源的什刹海，由什刹海东南角地安门外西步梁桥向南，经西板桥、景山西门，进入护城河西北角即西北角楼对面，将护城河灌满。西护城河南端有暗沟一道，将水引入社稷坛（中山公园）南墙外（现织女桥等地名即当时遗迹），向东流过天安门外金水桥，至太庙南墙外注入御河（故址即今南河沿）。西护城河南端东折至午门西侧，由暗沟穿过午门西、东阙门，沿太庙西墙外南流东折，进入太庙戟门外的玉带河，向东南仍合入御河。在东华门外的护城河里，也有一道暗沟，河水由此流经东安门（今南北皇城根之间）外望恩桥，注入御河。由上可以看出，护城河是什刹海通向御河进而连通通州（今通州区）张家湾大运河的一段分支，正是："问渠那得清如许，为有源头活水来。"

图2 紫禁城角楼及护城河

护城河对于紫禁城的作用，主要是通过内金水河来发挥的。当然，内金水河的功能又是通过宫中排水管网的协助来健全的。内金水河的河水是由西北角楼下的暗沟引入的，经城隍庙、西河沿南行，东转后经武英门、断虹桥，穿过太和门西庑下地沟，进入太和门外宽阔的玉带河，又重新进入太和门东庑地沟，经文渊阁庭院，到前星门，穿过清史馆大库和东华门内石桥，由紫禁城巽方即东南角楼下注入护城河。这是按古代"水来自乾方（西北），出自巽方（东南）"的路线设计的。而这样的流向正是黄河、长江等大江大河的流向。以上可以看出，内金水河流经的主要是西、南区域，其意义在于给水和排水两方面。

图3 内金水河蜿蜒流经断虹桥，从太和门西庑地下暗沟进入太和门前金水桥

图4 内金水河文华殿、文渊阁西墙外一段 　　　　　黄希明供图

科学排水体系

　　紫禁城北、东区域的排水，则是由两条暗沟承担的。神武门内横贯东西的暗沟是宫中北部的大纬沟，它的西端与城隍庙东侧内金水河上游相接，东端在东城墙下沿十三排胡同南行，注入清史馆院内内金水河下游。它与内金水河配合，构成环绕紫禁城内环的河沟主干线。与内金水河不同的是，它只排水，不给水，所以二者一明一暗，不同处理。

　　在紫禁城东半部还有三条南北向的暗沟，承担将其所在区域雨水送入南边金水河的任务。一条在东筒子胡同，它北通神武门里大纬沟,南行至东筒子南端对面的御茶膳房后身,到达文华殿东墙外,注入三座桥下内金水河。东筒子大约是元大内东城墙故址,沟网处理受元代影响很大。元大内沟网主要是南北走向,都在南端输入贯穿大内东西的金水河,其设计者是著名水利专家郭守敬。另一条经向暗沟是同一条暗沟在奉先殿东墙外分岔,向西穿过奉先殿神橱、神库即所谓南群房,在其西南角穿出,南行,自箭亭东侧一直往南,由文华殿西墙外接入内金水河。还有一条经向暗沟由乾清宫庭院西南角发起,向西穿过西一长街入养心殿南库,出隆宗门南行,至断虹桥入内金水河。

紫禁城西半部主要是由众多纬沟直接通入西河沿内金水河,如西六宫的长春宫南墙外向西有暗沟一道,直通长庚门外至西河沿。紫禁城内所有河、沟构成地下排水的科学体系,保证雨水迅速、通畅地排入内金水河,流向护城河。护城河总面积约20万平方米,为紫禁城总面积的四分之一。紫禁城内72万平方米,若降100毫米大雨,即有7.2万立方米雨水全部排入护城河,即使护城河不向御河宣泄,水位不过增加36厘米;若以近300毫米特大暴雨计算,也只是增加1米左右的水位,远不至于漫上河岸。即使地势最低的东南河段,最多也就是与河畔地面持平。北京地区年降水量一般400毫米左右,一次连降300毫米降水的情况绝少。由于河面与陆地比例是这样特殊,所以护城河既是给水、排水的河道,也是一座调节水量的"水库"。有了这座有足够容量的"水库",暴雨时节,宫中雨水得以宣泄;遇有火灾,消防用水取自金水河,而护城河为其提供足够的水源。

这就是护城河不大不小，非要采取宽52米、周长3840米这个尺度的原因。

河面种荷收租

护城河作为一个河湖一体的水利设施，历来有实用和美观两方面的功能。明朝天启时的文献，已经记载了河中栽种荷花，时人有诗咏道："河流细绕禁墙边，疏凿清流胜昔年。好是南风吹薄暮，荷花香拂白鸥眠。"清朝皇帝很讲经济效益，康熙十六年（1677），内务府奏请皇帝批准在护城河里栽种荷花，所得莲子和藕实一部分交宫中食用，其余拿到市面上卖掉，所得款项充作内务府园林管理机构奉宸苑购买零用物资。后来，乾隆皇帝发现自己脚下这块水面是一笔不小的外财，所以就要求收取租银。嘉庆时进一步核算，说护城河里的荷花地有2顷88亩7分，要求每年征租银129两9钱1分5厘。对于皇家来说，这点银子真算不了什么，可这父子两代都这么认真。晚清光绪时宫中水道管理不善，发生内金水河"河身节节壅塞，沟水不通"的现象。有关人员勘察后建议全面大修，包括"挑挖暗沟，宣畅河身"等。从光绪十一年（1885）到十三年（1887），工料银用了18万多两，终于恢复了原有排水经纬网络的通畅。这个科学的给水、排水体系，至今相沿不替，并常常为今日市政规划设计提供借鉴。

神奇缥缈四角楼

紫禁城城上四隅的角楼，以造型奇异，并与城墙、城楼相映成趣而为人推崇。角楼的最佳欣赏角度，是护城河以外的远处，或是护城河里的倒影。碧水、绿树、灰墙、蓝天、白云，衬托着它雄壮的身躯，有一种可望而不可即、似幻非幻、神奇缥缈的感触。造成这种效果的原因，很大程度在它艺术处理上的"似与不似"之间的手法。

奇正相倚造型

角楼在造型上似楼非楼、似阁非阁，是由多种建筑造型组合成的一座复合建筑。它建在城墙拐角处的方形城台上，建筑平面呈十字形，十字中心是深广各三间（8.73米）的正方形亭子。方亭四面的中部，各加一间抱厦，于是构成十字形。但四面抱厦的进深不同。沿着城墙的两面，进深较大，为3.98米；朝城墙外侧的两面进深较小，为1.60米。貌似对称，而实际上不对称。这样处理，不单单是为适应城墙上空间的特点，更重要的是要造成角楼在立面上向紫禁城内部瞻顾、在视觉上稳定平衡的效果，并且与四门城楼遥相呼应，有如王羲之书法中的"势如斜而反正"的道理。角楼的立面构造为三重檐。在这样一种不对称的十字平面上建造三重檐屋顶，工程难度很大。大师们匠心独运，采取了抹角梁相叠，逐层收缩加高的手法，无论是在平面布局与立面造型结合上，还是在建筑结构承重分配上，都非常科学，反映了我国古代建筑炉火纯青的工艺水平。

图5 三重檐的故官角楼

　　角楼屋顶的三重檐，上层檐平面呈方形，覆盖着十字中心的方亭。这个平面呈方形的上层檐是由十字交叉的两个歇山屋顶组成的，两条正脊的两端各置大吻，中心交叉处置铜鎏金宝顶；四处檐角相交处建垂脊，宝顶同时又是两两相对的四条垂脊的会合点。上檐屋顶实际上就是这么一个四角攒尖式方亭并和两个歇山式屋顶组合在一起，处理艺术巧妙，因而二者结合得天衣无缝。在一般宫殿建筑上，歇山位于建筑两侧，正面展示给人的是坡顶；而角楼上檐却把歇山顶两侧的山花摆在看面上，独具一格。

　　二层檐的主体是四个抱厦的上檐，仍覆以歇山式屋顶。与上层不同的是，它又以坡顶的正面形象展示给人，二者形成对照，显得丰富多彩。四个抱厦的上檐之间，则为中心方亭的二层檐，当角处为四条垂脊。抱厦与方亭严密结合，形成多脊多角搭接、相互勾连的形式，杜牧《阿房宫赋》所谓"钩心斗角"，可用来描述这种形式。下层檐四面采用半坡腰檐的格局，四个窝角各出一条垂脊，四周用博脊与中心方亭连接相围，由二十条折线围成。

"九梁十八柱七十二脊"

角楼是紫禁城里构造最为复杂的建筑，民间有"九梁十八柱七十二脊"之说。角楼的形体构造，在两宋之际皇室大画家赵伯驹创作的《仙山楼阁图》等绘画里有不少反映。画中重檐的主楼，是十字交叉歇山顶，交会处置宝顶。下檐是四个抱厦的坡顶与中心方亭下檐折叠相交，只比故宫角楼少一重檐。元代宫殿参考中都宫殿成式，城墙上有十字脊二重檐的角楼，午门上有十字脊三重檐的"垛楼"。明代建筑就是在这个基础上发展完善的。故宫现存角楼为明代建造紫禁城时营建的，全部采用优质楠木材料。

明嘉靖时在景山西侧建大高玄殿，正门外的习礼亭，形制与角楼相同，与紫禁城西北角楼隔河相望，一直保存到20世纪50年代。据我国古代建筑史研究开拓者朱启钤先生说，这座习礼亭实际上是明初保留的元代建构。拓宽景山前街拆除这座建筑时，朱启钤先生曾亲往探查，见梁架上写着元代某处建筑名字。当时故宫专家单士元先生欲将其移建本院所属景山内，因拿不出5万元费用，最终还是被拆毁。如今紫禁城的四个角楼，成了这种建筑形制的仅有遗存。这四座角楼以西北角楼构造法式最为古朴，最完整保存了明永乐初建时状态，也反映了元代"垛楼"古风。其次是东北角楼，东南、西南角楼后世维修时略有改动。

匠心独运金水桥

当我们迈步进入午门，展现在我们面前的，就是美丽的金水桥、高大的太和门，以及昭德门、贞度门两座精巧的角门。金水桥的奥秘，就在这步进景移之中。

虹梁飞渡银河

明王三聘辑录古籍《古今事物考》称："帝王阙内置金水河，表天河银汉之义也，自周有之。"太和门前弯弯的金水河，在古建筑上称作玉带河，它像一张巨大的弯弓，把午门与太和门之间分成南北两部；又似九天银河，把这宽阔洁净的广场装扮得如同遥远的夜空。横跨在河上的五道虹梁，仿佛飞渡银河的星桥，把分开的广场连成一片，使宁静的空间变得生动而富于变化。这五座虹梁都由汉白玉砌成，栏板和望柱雕刻得十分精美。桥下为单孔桥洞，桥面宽广，坡度平缓，两端桥头呈八字展开，形象端庄富丽、雍容华贵。其中中间一座桥面最宽、最长，也最高，望柱头上雕刻着云龙图案，因为它是御道通过的御桥。其余四道虹梁望柱头上为火焰图案，说明它们的身份低于中桥，是供大臣们行走的。

图6 太和门前金水桥

图7 由太和门南眺金水河、午门

"天下唯予一人"

从昭德门、贞度门东西两个外侧，到金水桥最外两道虹梁的两个外侧，再到午门中门北口，这两条直线的交角为60度；从昭德门、贞度门两个内侧，到金水桥中桥北端，这两条直线的交角也是60度。这正是人类的最佳水平视域。也就是说，当人们走到午门中门北口，举目望去，呈现在眼前的，正好是太和门及陪衬其两侧的昭德门与贞度门，而金水河上这五座桥梁，恰好置于这个夹角之中，纳入最佳视角，位置不逼不散，十分得体。当人们走过金水桥，昭德、贞度二门即从最佳视域中退出，留在眼前的只有主体建筑太和门，重点突出太和殿正门的庄严。这些处理方法绝不是意外的巧合，而是古代匠师们在总结前代经验的基础上，有意地规划设计出来的。这个最佳视域，显然是为皇帝准备的，因为只有他可以通过中门、中桥。可以想象，当他祭祀天坛、太庙或南巡江南归来，从正阳门、大清门、天安门、端门走过，进入午门，见到眼前的景象，一种庄严神圣、高大雄伟的感觉便会油然而生，真正会感到"天下唯予一人"。从大清门（故址在今毛主席纪念堂处）外透过大清门门洞，望天安门前金水桥和两侧华表，也有类似效果。现在大清门已不存在，华表也分别向外移动，这种效果就不会再出现了。

宫中之园御花园

紫禁城里的许多园林，如御花园、宁寿宫花园、建福宫花园，都是宫中之园。慈宁宫花园与慈宁宫则是园中之宫，宫殿与园林的比例基本上是1：1，为的就是让太后太妃们有个游览休闲的场所,有点如今"休闲度假"的意思。

御花园之花

御花园是宫中最大的花园。史书说,"御花园内珍石罗布,嘉木郁葱。又有古柏藤萝,皆数百年物"。御花园作为宫中最主要的花园,最能代表皇家花园的特色,"移天缩地在君怀",仿佛世外阆苑,天下奇花异葩,荟萃一园。当时的花卉多为盆栽,如梅、兰、菊、荷、桂、山茶、茉莉、葡萄之类,春、夏、秋三季陈列,冬天入"南花园"花洞收养。随着王朝灭亡,当年由天南海北移来的盆景、盆栽,都渐渐地消失了,唯有奇石古树尚存园中。

太湖石与"花石纲"

奇石是中国古典园林的重要内容,从一般的湖石,到以尺寸论价的珍贵观赏石,御花园中都拥有。御花园堆秀山和西南部假山、绛雪轩前花坛里的山石,都是太湖石。太湖石本出自西洞庭,即苏州洞庭东山、西山一带。在水中者,"多为波涛激湍而为嵌空,浸濯而为光莹。或缜润为圭瓒,廉列如剑戟,蟲如峰峦,列如屏障。或滑如肪,或黝如漆,或如人、如兽、如禽鸟。好事者取之以充苑囿庭除之玩设,此所谓'太湖石'也"。在山中者为旱石,"枯而不润,赝作弹窝,若历年岁久,斧痕已尽,亦为雅观。吴中所尚假山,皆用此石"。太湖石属于石灰岩,由于风吹雨刷和水浸,受二氧化碳的溶蚀,冲去山石表面可溶部分,形成湖石外观柔曲圆润、玲珑剔透、皱纹疏密、涡洞相套的特点。

图8 御花园堆秀山

图9 御花园千秋亭

图10 御花园太湖石特置石

后来，类似太湖石的山石在各地被发现和利用，因而又分成南太湖石和北太湖石两大支。江南各地所产通称南太湖石，其中一种是青灰色、多皱纹的，俗呼"象皮青"，还有的青灰中夹杂细白纹。《水浒传》描写的宋徽宗命"六贼"之一苏州人朱勔办

"花石纲"，是历史事实。宋徽宗喜欢琴棋书画和山水园林，命朱勔在苏州设立应奉局，花费大量公家财物，搜求花石，用船从淮河、汴河运到汴京（今开封），在汴京城东北即八卦中"艮"方建"艮岳"，造皇家园林，所用的就是南太湖石。当时对其中"大峰特秀者"，有的封侯，有的赐金带，数典命名，绘图立谱，有所谓"宣和六十五石"。如今传世还有宋徽宗画的《祥龙石图》卷。北宋灭亡，金人将艮岳中上好的太湖石运至中都城，点缀在琼华岛上，元、明相沿不改，这就是今日北京北海白塔山下永安寺里的湖石，有一些至今还保持着原名，如"庆云"峰。清代乾隆皇帝少年时，曾作诗咏北海的艮岳石："木凤曾同燕用来，一拳独立劫余灰。月明仿佛广寒殿，勃窣嫦娥白玉台。"原先琼华岛所置艮岳太湖石很多，乾隆时营造南海瀛台苑囿，一部分运至瀛台。

故宫御花园及宁寿宫花园、慈宁宫花园、建福宫花园等处的假山多属"北太湖石"，因其产于长江以北，故名。北京郊区房山、河北易县、河南张郭、山东泰山和崂山，还有太行山以东一带均出产。御花园中假山所用多为房山石，又称土太湖石，因被当地红土所渍，故呈赤黄色。其形体较南太湖石浑厚，多密布小孔穴而少玲珑嵌空者。绛雪轩前花坛中山石与别处假山用石不同，为南太湖石。

陨石、奇石、道场

除堆筑假山的太湖石外，御花园还有不少设置于台座之上的特别观赏石，其中以陨石最为特殊，天一门外金麒麟前的一对山石立峰，就是陨石。其中东侧一块为含砾瑛砂岩石，因其状若海参，俗称"海参石"；西侧一块为著名的"诸葛拜斗石"。此石下部为石雕托座，此托座与天坛里明代嘉靖年间所置的"七星石"风格相似，推测它是明嘉靖年间所置。此石半黑半白，白色一边，有褐色图案呈人体形象；黑色一边，有白色杂质，呈星斗状。透过海参石中间的洞孔望此石，只见一身着紫色道袍的长者，仰望天空点点星斗，躬身下拜。道长的长袖款款下垂，头上道巾棱角分明，一副飘逸超俗、仙风道骨的形象，于是人们把它与诸葛亮祭北斗联系起来。

图11 御花园天一门前陨石"海参石"和"诸葛拜斗石"

御花园经常祭祀自然神，如仲春朔日（阴历二月初一）祭日，仲秋望日（阴历八月十五）祭月，七夕祭牛女等，陈设些自然界的奇石很有必要。明永乐帝崇奉道教玄武大帝。天一门里的钦安殿，就是在南建武当山宫观的同时在北京大内建立的宫观，奉祀真武大帝，作为北京城和皇宫的保护神。到嘉靖皇帝笃信道教，钦安殿被大加修整，重造殿宇、再塑金身，在此设斋醮、献青词，奉祀玄天上帝，歌颂皇帝至诚格天。万历时，乾清、坤宁二宫火灾后重修告成，庭中需石陈设，云南官员贡滇石四十匣，每石都有命名，如"春云出谷""泰山乔岳""神龙云雨""天地交泰"等。清代皇帝崇奉喇嘛教，但对道教神灵也不敢怠慢。康熙、雍正两朝先后都在此为太后办过道场，祈求长生不老、福寿无疆。各代都在年节时办道场，有时用外间道长、道士，有时用太监做道士。直到道光时，钦安殿道场才停止。

灵璧石和木化石

钦安殿庭院东西两侧门外为山石影壁，园林学上称为"立峰"或"特置石"，这两块山石都是珍贵的灵璧石，叩击时会发出清脆的金石声。灵璧石出自安徽灵璧县，因其量少质高，为世珍重。如今出土战国曾侯乙墓编磬等古代编磬，多是灵璧石制作。延晖阁前铜栏杆基座中的特置石，如风扫刀削，凌厉峻峭，为"英石"，出自广东英德，为岭南造园所重视。珠三角四大名园：东莞可园、顺德清晖园、佛山梁园、南海余荫山房，都有不少英石陈设。堆秀山白皮松旁、延晖阁旁花坛中，都植立着一些

"白果笋"，松、竹与绿白相间的石笋配合，富于文人雅趣。白果笋又称"子母剑"，在灰色或青绿的砂石中夹杂白色或其他颜色的小卵石，极富韵味。绛雪轩前的木化石，皮肉分明，年轮清晰，来自黑龙江，是乾隆年间黑龙江将军福僧阿进贡的。据《黑龙江外纪》记载："松入黑龙江，岁久化为青石，号'安石'，俗呼'木变石'。"乾隆皇帝在石上题诗说："不记投河日，宛逢变石年。硿敲自铿尔，节理尚依然。旁侧枝都谢，直长本自坚。康干虽岁贡，逊此一峰全。"赞赏它节理保持树干原形，能反映出木变石的原貌。"康干石"出自东北发源于大兴安岭的康干河，山上松柏被冲入河底，千百年后变成木化石。《新唐书》：仆骨东"有川曰康干河，断松投之，三年辄化为石，色苍致，然节理犹在，世谓'康干石'者"。乾隆御制诗"投河"即出此处。此外，御花园中还有钟乳石、珊瑚石等各种奇石。

图12 御花园灵璧石

图13 御花园英石

从"玉堂富贵"到"富贵太平"

世上奇花异葩实在多，但御花园里牡丹最多，因为它是富贵的象征。另外还有一种罕见的太平花，二者合起来就构成了御花园富贵太平花的品种主体。牡丹又名"帝王花""富贵花"，因其花冠硕大且雍容华贵、富丽堂皇，为帝王所喜爱，尤为唐代以后各朝宫中所必备。相传唐朝女皇武则天家乡西河（今山西文水一带）的屋宇前有一株牡丹，花样俊美奇特，女皇下令移至唐东都洛阳苑囿中，后来此种繁育增殖，为天下崇尚，尤以安徽亳州、山东曹州品种为佳。清乾隆时，皇帝命人采选新异种类移植御花园及皇家各园林，办事人员每发现优秀者，须先画图呈览，然后再移其树株入内廷养植。现在御花园的牡丹，是前些年从山东菏泽（即古曹州）精选的良种，除传统花色外，有黑、绿等品种，花期都在四月中旬前后。

　　御花园绛雪轩前原有古海棠数株，花开时节，满树绛雪，故以绛雪取名。乾隆皇帝曾在海棠开花时节，与群臣在轩前赏花，留下"稚春何处归来早，堆秀山前绛雪轩"诗句。玉兰连同西府海棠、牡丹，反映的是这时御花园的花卉主题——"玉堂富贵"。嘉庆时，此处海棠尚在，后来枯死，大约到光绪年间植上了太平花，于是变成"富贵太平"。现在北京城里太平花不为罕见，但直至新中国成立前，皇宫之外尚鲜见此花。太平花花朵白色，状如桃花，香清而甜，原生蜀中。清人《十朝诗乘》记载，传闻是乾隆时期平定金川后所进，由此在北京扎根。平定金川指的是乾隆初中期，对大渡河上游大、小金川藏族聚居区上层统治者相互争战的征讨。金川平定，既解决了川西的社会安定问题，也为清廷有效地管理西藏打下了基础。

图14 御花园绛雪轩前花坛及木化石

清朝皇帝常将各地花木移植园中,如避暑山庄"金莲映日"景区的金莲,就是从蒙古草原移植的。太平花当时可能先在圆明园种植,英法联军火烧圆明园时未免浩劫。光绪甲午年(1894),圆明园旧殿基上忽然生出一树,劫火之后,树根未死,多少年后复又长成。光绪帝曾因此专门侍奉慈禧太后前往观赏,南书房翰林们还赋诗纪念,以为国运将要复兴。

御花园的太平花还有慈禧太后命人从河南开封、清东陵等处移来之说,但都证据不足。清宫太监回忆,慈禧太后最喜欢插戴太平花和白兰花等素雅的花朵,把太平花插在头髻钗间,白兰花掇在衣襟上。

古柏"遮荫侯"

御花园东北角摛藻堂西山墙外的古柏,相传被乾隆皇帝封为"遮荫侯"。传说乾隆帝一次南巡出发前,发现这棵古柏无疾而终。后来他在南巡途中,每当烈日当空,头上便有一棵柏树,像伞盖一样为他投下清荫,使他感到舒心的凉爽。南巡回宫不久,人们发现御花园那棵已枯死许久的古柏又复活了,乾隆一想,这不正是为自己护驾的那棵柏树吗?于是,赐封它为"遮荫侯"。

这只是一个传说,但古树死而复生的事情并不罕见。乾隆帝在《御花园古柏行》中确实称赞其为神仙,这首诗摹刻上石,镶嵌在摛藻堂西山墙上,至今保存。乾隆帝认为它植于永乐初建紫禁城时,洪熙、宣德的承平岁月经历了,甲申李自成攻入北京城的战火也经历了,岁久成仙。

图15 御花园摛藻堂西山墙外的古柏　　图16 御花园集福门与钦安殿后檐之间的古柏

御花园集福门里、延晖阁与钦安阁后檐之间路口上的古柏也很古老，很可能是元大内后宫延春阁庭中遗物。因为此树正当出入园门路中央，明代建造此园时不应在路中央植树。名园易得，古树难求。原本生长于此处的柏树，正宜点缀新建园林。元代延春阁（后廷主座）庭中广植柏树，柏枝与"百子"谐音取义，以求宗室繁衍兴盛。

万春亭北的连理柏，树干早已枯死，柏上缠绕着繁茂的藤萝。两百多年前乾隆皇帝称道："禁松三百余年久，女萝施之因亦寿。"如此古老的柏树，虽已死去，但若易以幼松，与环境不协调。园艺师于是在树下种上藤萝，任其攀附枯树之上，使枯木逢春，别有情趣。乾隆帝知道其中奥秘，所以评论道："或苍或艳虽不伦，齐年恰比列仙真。"如今，这株藤萝又已经历了两百余年，也是苍干古颜，人们便很难辨别孰柏孰萝，二者完全融为一体。而园中石子小路，也精心拼制出形形色色的历史故事图案。

图17 御花园石子路图案"渔樵耕读"

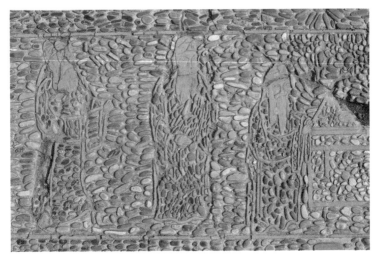

图18 御花园石子路图案"桃园三结义"（局部）

七 华夏建筑科技范

　　总结中华民族对人类文明发展的贡献，传统的说法是中国古代有"四大发明"（造纸术、指南针、火药及印刷术）。随着学术研究深入，对古代中国人为人类文明所做的贡献有了新的认识。中华文明辉煌灿烂，回顾历史美不胜收，难以取舍。英国著名世界科技史学家李约瑟提出中国传入西方的主要科学技术成就有26项；美国学者坦普尔《中国——发明与发现的国度》，提出"中国领先世界""西方受惠于中国"的古代科技发明100项；前些年中科院自然科学史研究所编撰《中国古代重要科技发明创造》，总结科学发现与创造、技术发明、工程成就三大类86项。不论哪种提法，中国传统建筑都是不亚于"四大发明"的发明创造。

　　在世界古代建筑史上，西方建筑和以中国为代表的东亚建筑，是突出的两大类型。西方古代建筑主要经历了古希腊建筑、古罗马建筑、拜占庭建筑、哥特式建筑、巴洛克建筑、洛可可建筑等不同风格。东亚建筑在中国影响下形成，主要分布在中国、日本、朝鲜半岛、古琉球和中南半岛的越南等地，建筑技术表现出极大传承性，建筑风格表现出相对稳定性。

斗拱：巧夺天工

斗拱，是中国传统建筑的灵魂，也是最突出的标志。中国传统建筑之有斗拱，犹如中国传统文化之有龙凤，它们既最普遍、最重要，又为别国建筑、别国文化所没有，因而最具中华文明特色，也是中国传统建筑科技发达的标志。伫立在宫殿之前，仰望飞檐，人们无不为那精美绝伦、巧夺天工的斗拱所吸引。

图1 太和殿外檐下斗拱及金龙和玺彩画

图2 太和门内檐斗拱

科技与美观的结晶

斗拱是古代建筑的基本构件之一，利用悬挑梁的杠杆原理，以方形坐斗为垫，承托横木，上再置方斗，逐层迭挑，将远处的重量传送至承重点上，其原理与现在汽车轮轴上的钢板弹簧弓相同。此外，它还增强了木构架的弹性，提高了建筑物的抗震能力，使中国传统建筑成为世界上最具抗震性能的建筑。

图3 东六宫之钟粹宫"彻上明造"可见明代内檐斗拱   黄希明供图

宫殿上的斗拱既具有这种实用功能，又具有艺术装饰作用。根据所处宫殿建筑的规模，每间房屋檐下斗拱的组数（古建术语称"攒"）、每组斗拱的层数（古建术语称"出跳"）、斗拱材料的尺寸（古建术语称"材分"），都有一定的规格。太和殿是最大的宫殿，正中一间斗拱达八攒，每组四出跳，斗口为七等材，即斗口为三寸。

斗拱还有更深一层的意义。它是我国古代建筑模数制的基础，建筑物各构件的尺度，都与斗拱有关，甚至是由斗拱的材分决定的。譬如房屋檐柱的高度，一般是六十个斗口，明间面阔为柱高的六分之七即七十个斗口。因此，认识中国传统建筑，必须了解斗拱。

斗拱的构件与作用

紫禁城内现存木结构建筑，基本是明清两朝所建。明清时代的斗拱由四大类构件组成，它们是斗、拱、昂、枋。

斗，是方形木块，形状像民间使用的木斗，上大下小。在整个斗拱构造中，斗起着上下承替、连接的作用，放在拱、昂、枋、柱的交接点或端点。根据所处位置不同，斗又有不同的称呼。在柱子或额枋上面的叫坐斗或大斗，它位于一攒斗拱底部，是一攒斗拱重量集中的地方。不管斗拱挑出有多远，最后重量都落在坐斗或大斗上。在昂或翘两端托着上一层拱与翘、昂相交点的，叫十八斗。在横拱两端托着上一层拱或枋的，叫三才升。在角科（屋檐转角处的斗拱）承托两个方向拱子或宝瓶的斗，称平盘斗。每个斗一般分斗耳、斗腰、斗底三段，三者高度比例是二比一比二。

拱，是长条形木材，由于长条两端底面砍削成曲线，拱的整体微呈弓形，在斗拱结构中具有伸展挑出的作用。根据方向、位置不同，也有不同称呼。前后挑出的拱叫翘，每向里或向外挑出一层谓之出一踩或出一跳。左右伸出的拱有瓜拱、万拱、厢拱等称呼，如在柱头上，从坐斗左右伸出，便称正心瓜拱，其上再出较长的横拱，则称正心万拱；如在翘头上，从十八斗左右伸出的，称为瓜拱，其上再出较长的横拱叫万拱；安在最上层翘（或昂）最外（或最里）端上的横拱，便是厢拱。

图4 中正殿落架维修时斗拱铺装中　　　　　　　　黄希明供图

昂，是一种特殊的翘，它向外的一端特别长，并将底皮微斜向下。

枋，是各攒斗拱之间相联系的条形方木，其功能是把分散的各攒斗拱联成一个整体。在柱头中线上的叫正心枋，在前后挑出的万拱上面的叫拽枋，在里拽厢拱之上，承托天花的叫井口枋。

斗拱的构件还有很多，如耍头和撑头。耍头，在最上层的翘或昂之上，有两层与之平行，长短也约略相同的条形方木，下一层叫耍头，上一层叫撑头。耍头前后端露明在外，分别砍作蚂蚱头和六分头两种雕饰。撑头外端不露，只将挑檐枋撑住，里后尾雕作麻叶头。

对于单层建筑来说，根据斗拱是在室内还是在檐下，分为内檐斗拱和外檐斗拱两大类。外檐斗拱依其分布位置主要又分三种：柱头科、平身科、角科。

柱头科位于檐柱头上，它前面挑出屋檐，后面承托梁架，负担比平身科斗拱大，所以翘、昂的尺寸较后者大。

平身科位置在额枋上面，帮助柱头科传递和承受屋顶的重量。平身科与平身科之间一般距离相等，为十一斗口。

角科位置在房屋四角的柱头上，功用与柱头科相近，但因为它要承担两面屋檐和梁架的重量，故结构比柱头科更庞大和复杂。

图5 保和殿外檐柱头科斗拱及相邻平身科斗拱　　　　　　　　黄希明供图

斗拱的发展历程

古代建筑上的斗拱是根据建筑结构的需要而产生和发展的，经历了从无到有和逐步演化的过程。最早的斗拱结构是在建筑物檐头上用一根未加工的曲木或直木挑出来，以增加屋檐挑出的长度，抵御风雨和日照。这是斗拱的雏形，在战国时代的文物上隐约可以见到，在现今少数民族建筑中也可找到佐证。随着建筑规模的扩大和水平的提高，汉代建筑中斗拱已普遍采用。留存至今的汉代石阙，是模拟当时木结构建筑的，可以看出当时的斗拱已初具规模，一般在柱头上安大斗，大斗上出横拱，拱头上安三才升，拱心以方块形梁头支持梁架。这就是最一般的"一斗三升"式斗拱。南北朝时期仍用汉代的一斗三升，但额枋中间增加了人字形构件。

图6 保和殿角科斗拱　　　　　　　黄希明供图

　　隋唐时期斗拱发展成熟。唐代木结构建筑现有存世者，如山西五台县南禅寺大殿和佛光殿东大殿，前者外檐斗拱为"双抄五铺作"（"抄"即"翘"，五铺作即出二跳），后者外檐斗拱为"双抄双下昂七铺作"（七铺作即出四跳），构造十分复杂。但那时的斗拱基本都是柱头科，很少平身科。也就是说，只在非用斗拱不可时才使用。所以，它的功能只在实用，比起元、明、清的斗拱来，更为朴素。辽代建筑在额枋中央使用斜拱的平身科，至金代，斜拱愈益华丽，柱头科反倒显得简单起来。

　　在中国古代建筑史上，宋代建筑具有特别重要的地位。这与宋代在科学技术方面出现突破是一致的。从斗拱看，以往研究者认为它在宋代是最完善的。从宋到清，斗拱形制基本相同，做法制度也大体类似，甚至名词术语都相沿使用，但仍有变化。一是斗拱总高度与柱高的比例，呈逐渐缩小之势。也就是说，宋和宋以前的斗拱十分高大，一般为檐柱高的一半左右；到清代，斗拱不到檐柱高度的五分之一。这种变化的主要原因是宋代及其以前出檐长，而明清出檐较短，故檐下斗拱尺寸减小。二是斗拱攒数由少而多。宋代规定平身科每间只一攒、明间两攒；而清代平身科间距十一斗口，所以太和殿明间达八攒之多，其他大殿明间也可达六攒之多，为宋代三倍。这种变化的原因，以往研究者认为，宋代及宋以前斗拱是实用的，明清时代斗拱则变成檐下装饰物了。这种看法失之片面，明清平身科斗拱还是要承重的，但攒数多，故每攒受力相应减小了。

斗拱在唐朝传至日本，在现存日本古建筑中，斗拱基本属唐宋风格。奈良的唐招提寺是中国鉴真大师所建，为唐代建筑风格；法隆寺是当时日本人自己建造的，也与中国唐代建筑相同。他们称斗拱为"组物"，斗还是称为"斗"，而拱称"肘木"。朝鲜王朝于明洪武二十七年（1394）建立，两年后建造的汉城景福宫，具有元明之际建筑的特色。

有些西方学者不懂中国建筑的奥妙，因中国古代不是每设计一座房子，都来一遍数据推算，就误以为中国传统建筑不讲究结构力学。最简单的比如五间大殿，正中一间面阔很大，两支抬梁承重自然很大，于是相邻的两个次间面阔缩小，以减轻这两支抬梁的负担。然后两个稍间适中，如此，整个五间大殿的六支抬梁，承重基本均衡。官式建筑的梁柱等木构件尺寸，从唐宋到明清，呈现逐渐递减的趋势，就是在保证建筑坚固的同时，尽量节省材料。比如北京紫禁城，永乐初建的西北角楼使用三等材，两百多年后康熙重建的太和殿才七等材，至今分别是600年和300多年，均安然无恙。

发展千年的模数制

对斗拱的科学价值表现得最系统的，是宋代李诫《营造法式》，此书是宋朝官方颁布的一部关于工程方法和工料定额的专著，也是我国最早的建筑工程系统规范。在这部著作中，正式记录和规定了以斗拱为基础的材分制度的科学体系。

20世纪早期，在国际建筑工程业界，为了规划、设计、施工等方面的需要，出现了统一的模数制。但早在这之前一千多年的唐宋时代，我国的匠师们已总结出了一整套成熟的、我们民族独特的模数制，即材分制度。我国古代建筑主要采用木结构，构件繁多、规格多种，大多是分件加工预制，然后到现场组合安装。组合安装的基本方法是采用榫卯连接，组成一个整体。这就要求规格严谨，尺寸准确，需要做到"闭门造车，出门合辙"。这样，在总结以往经验的基础上，一整套严密科学的材分制度便在唐宋时代最终形成。它有统一的模数来衡量建筑构件的尺寸，但不同于现代国际上以数据规定模数概念的做法，而是用结构构件的局部即拱的断面，作为标准衡量单位。《营造法式》规定：凡构屋之制，皆以材为祖。材有八等，度屋之大小，因而用之。

图7 午门正楼角科、平身科、柱头科斗拱（自右至左）　　　　黄希明供图

　　这里所谓"材"，就是拱的断面，它本身高与宽的比例规定为三比二，高为十五份、宽为十份，这个比例在承重上是最科学的。"份"在古文中即"分"，用材的"分"可以确定所有木构件的尺寸，这就是材分制度名称的起源。材之外，有时还用"栔"作为衡量构件的补充。栔是比材高、宽都稍小一些的方木，位于拱与拱之间或拱与枋之间，实际上就是除大斗之外的各种斗。为使材、栔标准一致，栔高作六分，宽作四分，仍为三比二。《营造法式》中高叫"广"，宽叫"厚"。一个拱若只有材，称"单材"，材上加栔，称"足材"，如华拱为足材拱，其断面广为材的十五分加栔的六分等于二十一分。与此同时，檐柱直径规定为"两材

两契"，则为四十二分。

材有八等。一等材尺寸为九寸高、六寸宽，二等材八寸四分五高、五寸五宽，三等材七寸五高、五寸宽，四等材七寸二分高、四寸八分宽，五等材六寸六分高、四寸四分宽，六等材六寸高、四寸宽，七等材五寸二分五高、三寸五宽，八等材四寸四分高、三寸宽。若一座大殿决定使用一等材，则每"分"零点六寸，如上述华拱为足材拱，则其断面广为十二寸六分，檐柱直径为二十五寸二分。总而言之，凡建筑各部权衡比例，构件大小尺寸，割截卷杀分数，各有规定，利用材栔高分作为度量标准单位。设计时按照标定要求分数逐一换算，便可求出全部建筑具体应用尺寸，准一律百，纲举目张。如此统一建筑规格，使之基本趋于定型化，简化了设计施工程序，提高了工作效率，并且使用材始终做到结构力学上的科学合理。这是我国古代建筑工程技术高度发达的标志。

明清时代改材分为斗口，数字更为简明，但标准是一样的，清代在宋代"材有八等"基础上，进一步划为十一等。所谓"斗口"，指的是平身科坐斗（大斗）之上的十字卯口，它是用以承受瓜拱和头层的翘与昂的。斗口尺寸是有斗拱的建筑上各木构件权衡的基本单位，清代对建筑工程制度有更为系统的官方规定。国家法典《钦定大清会典》及《钦定大清会典事例》中有原则规定，《钦定工部工程做法》《钦定工部工程做法则例》中则有详细规定和案例。关于斗口问题，后书规定："凡算斗科上升、斗、拱、翘等件长短，高厚尺寸，俱以平身科，迎面安翘、昂斗口宽尺寸，为法核算。斗口有头等材、二等材，以至十一等材之分。头等材，迎面安翘昂斗口宽六寸；二等材，斗口宽五寸五分；自三等材以至十一等材，各递减五分，即得斗口尺寸。"

这十一等材斗口尺寸依次为：六寸、五寸五、五寸、四寸五、四寸、三寸五、三寸、二寸五、二寸、一寸五、一寸。在紫禁城的清代建筑实践中，最大的用到四、五等材，主要用于角楼等处在高地而人又不易到达其檐下的建筑。太和殿庭院各建筑斗口材分运用得十分有规律：太和殿七等材即三寸；廊庑八等材即二寸五；太和门为晚清重盖，变通为二寸八分，介于七、八等之间。这就是所谓"度屋之大小，因而用之"。用几等材接下去是正脊两端用几"样"龙吻、屋面用几"样"瓦件，这都有相应规格。太和殿用的是二样吻，板瓦、筒瓦也都是二样。按规定，板瓦长一尺三寸五分，口宽一尺二寸，重二十斤，筒瓦长一尺二寸五分，口宽六寸五分，重八斤五两，如此构成一个完美而严肃的建筑结构体系。

西方古代建筑也有"模数制"，但主要是想在人体、几何形体和数字之间找到某种联系。比如将多立克柱式的柱高，假定为与男性身体比例相应的六倍柱径；将爱奥尼柱式的柱高，设定为与女性身体比例相近的八倍柱径。科学的模数制至20世纪初才最终确立。

屋顶：等级分明，造型多样

高耸的"大屋顶"，是中国古代建筑的又一特征，也是技术含量最高的一部分。这种大屋顶的屋面曲线柔和，人字形的斜坡中间稍向下凹，为反抛物线形，数学上叫"旋轮线"，用于建筑屋面设计，既便于排水又很美观。远在2 700年前《管子》及2 000多年前《周礼·考工记》称其："上尊而宇（屋檐）卑，则吐水疾而溜远。"这就如同现在水库泄洪闸口"水簸箕"，在曲线的斜坡上，水流速度比在直线斜坡上要快，而且冲出得更远。从宋代《营造法式》起，将屋面曲线定名为"举折"，从檐柱向里，屋面逐步举高，并有严密的计算方式，而不是直线斜坡。

故宫宫殿房屋有一个基本优点，就是从来不漏雨。这主要得益于这种大屋顶的科学性，另外还得益于它的精工制作，每座屋顶里面都有一层完整的锡背——那时的防水层。

在旋轮线大屋顶的基本形式下，故宫的各处宫殿根据各自的地位，其造型又各不相同，遵循着严格的等级制度。

庑殿顶

"庑殿顶"，其屋顶的基本形式是"四面坡"，前后两坡在屋顶最高处相交，上立正脊，左右两坡与前后两坡在垂脊处相合。这种形式典雅大方，适用于大型建筑，因此用于主要宫殿。太和殿、乾清宫的屋顶为两层檐，称"重檐庑殿顶"。太和殿屋顶构造没有角楼那么复杂多变、绚丽多姿，也没有景山万春亭那样高峻挺拔、巍峨壮观，但毫无疑问，其屋顶形式是古建筑中最尊贵的。乾清宫为皇帝正寝，理所当然也使用这种屋顶。太和殿、乾清宫屋顶都是单一色的黄琉璃瓦，屋脊也不使用雕饰繁缛的琉璃构件，室内也无奇巧陈设，表现了大一统国家君主雍容典雅的气度。

图8 明代建筑太庙大殿，"大屋顶"为最高规格的重檐四面坡"庑殿顶"

重檐庑殿顶之下，依次为重檐歇山顶、单檐庑殿顶、单檐歇山顶、悬山顶、硬山顶、四角攒尖顶、盝顶、卷棚顶、圆顶等。

图9 乾清宫的重檐庑殿顶

硬山顶

即两面坡，两面山墙到顶，把檩木头封住在山墙里。内阁大堂、神武门东西长连房，都是这种形式。悬山顶与硬山顶类似，但两山上方檩木伸出山墙之外，檩头上钉上博风板，保护檩头不受风雨侵蚀。神武门里黑琉璃瓦的东西大房，都是这种形式。

图10 御花园绛雪轩南山墙硬山顶

歇山顶

这种屋顶是综合了庑殿和悬山两种形式。上檐的上半部是悬山，山花外露，垂脊垂直下降；上檐的下半部则为庑殿式，四条垂脊向两侧斜着插入上半部的悬山垂脊的下端，形成一个转折。下层檐则与庑殿顶下层檐相同。重檐歇山顶仅次于重檐庑殿顶，所以为保和殿、坤宁宫等稍次一级的宫殿使用。太和殿两厢体仁阁、弘义阁地位低于保和殿，则降为单檐庑殿顶；太和门是大朝正门，所以用重檐歇山顶；而太和门两侧的昭德门、贞度门是角门，供大臣们行走，故再降两格，成为单檐歇山顶。午门是紫禁城正门，实际上也是一座特殊的大殿，故用重檐庑殿顶；端门、天安门次于午门，故均降一等，为重檐歇山顶；正阳门为京城正门，从瓦色上已降为布瓦加绿琉璃瓦剪边，虽也为重檐歇山顶，但与天安门又不可同日而语。

图11 重檐庑殿顶的午门正楼

图12 重檐歇山顶的太和门

攒尖顶

分四角攒尖、六角攒尖及更多角攒尖和圆形攒尖。四角攒尖多用于宫殿中，其建筑平面呈方形，四面坡面积相同，四条垂脊直通屋顶最高处，攒集在尖顶处，故称攒尖。攒尖处安装宝顶，以覆盖这个组合部位。中和殿、交泰殿是单檐四角攒尖顶，午门城台上四个方亭是重檐四角攒尖顶，景山万春亭则为三重檐四角攒尖顶。景山万春亭两侧的观妙亭、辑芳亭则为重檐六角攒尖，最外两侧周赏亭、富览亭则为重檐圆形攒尖。

圆形攒尖实际上应单列为圆顶，因为它没有垂脊，不存在四条或六条、八条垂脊攒集在顶端。它的屋顶上的每垄瓦都直通尖部，上下宽度差别甚大，故须做成"竹节瓦"，上小下大。最奇特的是御花园万春亭、千秋亭，亭的主体是一个四方形亭子，四面各加抱厦，屋顶处理匠心独运。它的上层檐不覆盖方亭全部，而只覆盖方亭内部的一个圆亭，因此成为圆形攒尖。下层檐既将方亭盖在四面坡之下，抱厦却又做成庑殿顶，四面坡的四角戗脊与四座庑殿顶相连，便成为一个个折角，幽雅别致。因为表现皇权神圣的需要，这种形式只能使用在后花园里，却不可能搬上庄严的三大殿或后三宫。

图13 单檐四角攒尖顶的中和殿

盝顶

盝顶也是一种比较奇特的屋顶形式，如御花园里钦安殿就是，但大家往往不知道。因为盝顶的文章在屋顶之上，非专业工作者不可能到屋顶去看一看，所以观察不到。从建筑正面看，这种建筑仿佛庑殿顶，但到侧面看就露馅了，原来还有一道圈脊。这种屋顶中央是个四边形中心微微隆起的平顶，四周圈上围脊，下面四面坡，仿佛重檐大殿上檐被去掉了上半部。这种形式在唐代就有，元代皇宫里使用尤其多，明清宫殿中只有钦安殿一处。但小型盝顶房却不少，御花园及东西六宫院中的许多井亭，都是这种屋顶。与宫殿所用盝顶不同，它们都不封顶，即围脊中间是空着的，从檐下往上看，是露天的，故又称"露顶"。宫殿是不能露天的，所以围脊下的瓦垄上端是留有开口的，与平顶上的瓦垄相通，以便将平顶上的雨水排泄下来。

图14 御花园井亭的"盝顶"

盝顶房实际上是中华先民最古老的房屋建筑形式之一，像6000多年前"仰韶文化"西安半坡遗址的房屋，就属于盝顶房，茅草圆顶中心露天，称为"窗"，既采光通风，也用以排烟。所以说紫禁城给我们留下了6000多年来各时期的文明遗产。

卷棚顶

它不是一种独立的屋顶形式，而是对歇山顶、悬山顶、硬山顶加以变换，不设正脊，前后两面坡在屋顶最高处曲线交会，瓦垄直通过去，就像用席子卷在棚顶一样。转折部分的板瓦、筒瓦都特制成罗锅形。卷棚屋顶式样轻松活泼，舒展自如，没有压抑感，适用于园林建筑和次要房屋，御花园延晖阁是歇山式卷棚顶，神武门内东西长连房是硬山式卷棚顶，圆明园、承德避暑山庄绝大多数宫殿、建筑都是卷棚顶。

图15 御花园延晖阁的歇山卷棚顶

明清古代建筑的屋顶造型，例如角楼、御花园万春亭、千秋亭，不少是在汉唐建筑里没有的。有人谈古建筑言必称唐宋，其实科学技术和文化艺术都是在进步的，明清建筑绝对是中国古代建筑的最高峰。例如唐宋宫殿屋顶都是陶瓦，元明清才采用琉璃瓦。琉璃瓦技术其实就是唐三彩的技术，在唐代产量还有限。唐宋宫殿也没有大量使用金碧辉煌的彩画。汉唐宋元，京城城墙基本上都是夯土墙，只有明清是城砖砌成的城墙，这都反映了当时的国力水平。

完美的统一体

从哲学角度观察分析故宫宫殿建筑，它是具有完整建筑科学体系的完美统一体。具体到它的每一个构件，又是身兼实用、美观双重价值的统一体，例如屋脊、宝顶。紫禁城的建设者还充分利用当时的生产力水平，尽可能采用了科学的辅助材料，如木炭、江米等，筑就出不朽杰作。

神奇宝顶

宝顶安装在四角攒尖和多角攒尖以至圆形屋顶的中央。凡是攒尖顶的建筑，整个木构架都是向上逐步收缩，最后聚集在屋架顶端一根垂直的木桩上，这根孤零零的立柱高举在屋顶最高处，最易着雷，于是古代匠师们给它取了个避凶趋吉的名字——雷公柱。雷公柱就如同一把大伞伞柄的顶端，它把所有角梁后尾的戗木固定在一起。如果这根柱子糟朽，那整个屋顶的木构件就会散架，所以，就在柱子顶端特别安装一件特制的宝顶，保证雨水绝对无从渗入。基于这种实际需要，并考虑到审美效果，宝顶都被赋予了很美观的造型。一般说来，宝顶的体量、风格是与该建筑的体量、风格一致的。

图16 御花园千秋亭的宝顶

故宫里有30处建筑安装宝顶，宝顶质地有琉璃的，有铜鎏金的。御花园万春亭、千秋亭的宝顶都是在一个琉璃宝塔上加铜鎏金花罩，花罩下横插固定的相风。花罩刻铸的精细自不必说，琉璃宝塔装饰也颇具匠心。万春亭是在绿色琉璃底上，浮雕两组栩栩如生的黄色龙凤牡丹图案，而千秋亭则是在绿色琉璃底上浮雕黄色龙凤戏荷花图案。宝塔底座则死死扣住瓦垄上端，不让雨水渗入。中和殿、交泰殿地处正朝和正寝重地，追求中正典雅，与规矩朴实的屋顶相协调，宝顶只做成铜鎏金的大圆球。中和殿宝顶通高3.16米，直径1.5米，体量很大。虽说它朴实无华，却金光闪闪，光芒万丈。据说旧时在北京灯市口有一座坐东朝西的二郎神庙，每当朝日初升，昏暗的庙内都有金光照射。开始人们大惑不解，后来才搞明白，原来是紫禁城中和殿宝顶反射的光芒。角楼体态高大、造型玲珑，宝顶做成葫芦宝瓶形，高2米多，单是鎏金一次，就要用去30多两黄金。

木炭调湿

在现代建筑中，为了防潮的需要，常设置化学制品的自动湿度调节材料。如上所述，宫殿屋脊、宝顶等处都是木结构的关键部位，又恰处在瓦顶接合的薄弱环节。为了防水，人们设计了屋脊和宝顶；为了减轻重量，人们将脊筒和宝顶都做成空心的。而为了防潮，人们又在它们的空心里放置了木炭。这可谓是古人的重重设防，用心良苦。木炭质轻、性燥、绝缘性能好，有良好的吸水性能又不导电。将木炭装在脊筒和宝顶里，天气潮湿的夏天，它便不断吸收水分，以防下面的木构件受潮腐朽；天气干燥时，它又慢慢将自身水分释放出去，以备来年再用。应该说，木炭是古代最好的自动湿度调节材料，即使在现代同类建材中，它也应占一席之地。

图17 慈宁宫正脊脊筒及龙口处宝匣

镇殿宝匣

宝匣是宫殿上的镇物，放在正脊正中处的脊筒里。它原本是保佑大殿平安无事的，但因它装有金银等导电金属物，高踞殿顶最高处，由于古人未认识电磁现象，不知这样有时会引来雷击，使木结构起火。

古代营造宫殿，挑大脊时由两端大吻开始向中间砌筑，砌到最中间时，正中的一块脊筒要待全部工程完工时再安装，然后在脊筒里放置宝匣。脊筒正中的位置叫"龙口"，安装宝匣的工序就称为"合龙"。宝匣是一种方形扁盒子，有铜制的，也有锡和木制的。铜制宝匣用于大殿龙口上，表面镀金并刻龙凤双喜图案。宝匣内装金、银、铜、铁、锡五种元宝和铜钱、宝石、绸缎、丝绒、药材、五谷等镇物，有时还装经卷、如意、珠子、云母等宝物。现存太和殿是康熙三十四年（1695）重建的，关于宝匣有明确记载，内盛金锞一锭、牌一个，共重三两四钱五分；银锞一锭、牌一个，共重一两八钱五分；金钱八个，每个重一两七钱，共重十三两六钱；铜锞一锭、牌一个，共重四两；铁锞一锭、牌一个，共重三两；锡锞一锭、牌一个，共重三两；五色宝石五块，五经五卷，五色缎五块，五色线五绺，五香各三钱，五药各三钱，还有五谷。五经系忏咒。五香即红绛香、黄芸香、紫沉香、黑乳香、白檀香；五药为生地黄、木香、诃子、人参、茯苓；五谷为高粱、黄米、粳米、麦、黄豆。

主要宫殿合龙时要举行隆重的典礼。康熙时太和殿合龙，由一名大臣致祭，文武百官在午门外集合，内大臣在太和门外集合。致祭大臣、主持工程的匠师头领，都头插大红花，在殿前行礼，这相当于今天的竣工典礼。

因为宝匣如此贵重，便有人产生觊觎之心。光绪七年（1881），发现紫禁城三门宝匣均已失盗，只有神武门的未动，而东华门的只剩下一件不值钱的布画佛像。大臣们会上商议一番，建议补装，但由于经济拮据，只补了一部分，而且宝匣体积缩小、内容减少。1985年承乾宫遭雷击，宝匣被击落于殿内，原来就是这件金属宝匣引雷。

图18 太和殿屋顶正脊龙口里安放的宝匣

图19 太和殿殿内藻井上安放的符版

殿脊大吻

大吻和走兽是紫禁城宫殿屋面采用最普遍的雕塑物。大吻，是宫殿屋顶正脊两端的构件，做成龙的形象。龙尾朝外，盘踞上翘，卷于头顶；龙吻朝里，怒目圆睁，张口吞脊，形象威猛。龙尾背部一把宝剑直插下去，气冲霄汉，威风凛凛。

按照清代建筑材制十一等，与材分相应，龙吻有九样即九个型号。太和殿是大朝殿，用的是七等材，龙吻则为二样。这两件龙吻各由13块琉璃构件构成，通高3.4米，将近两位中等身材的人加起来的高度；宽2.68米，相当于民房一间的面阔；厚32厘米，即清代1营造尺；重4吨余。大吻所在部位，是屋面前、后、侧三面交会的接合点，屋顶正中的大脊与前后两坡的垂脊三者交接，出现了薄弱环节，很容易漏雨。大吻既克服了建筑本身的薄弱环节，又有良好的艺术效果。龙脊上的宝剑，将龙吻各构件穿插在一起，剑首直插至梁架中立柱之上，使其坚不可摧。为了增强龙吻的稳定性，剑背两侧又增加两条铜带，铜带连接长长的铜链，铜链下端为钢钎，钢钎直插屋顶木结构内。1976年，唐山至丰南一带大地震，对北京城影响很大，但雄踞太和殿顶的这一对龙吻安然无恙。

大吻既然如此重要，从制造到安装都非常严谨认真，甚至要举行隆重的仪式。在琉璃窑烧造时，有关官员现场监制。大吻烧成，遣官祭窑神。成品要经午门入宫，工部官员举行迎吻礼。安装上殿，工部尚书到现场行礼致敬。

图20 太和殿屋顶正脊两端的"龙吻"

　　我国古代建筑的龙吻历史十分悠久。早在两千多年前的汉代建筑中，正脊两端采用的是凤凰形象的饰件。隋、唐初期变而采用鸱尾。鸱相传是东海的一种鱼，可以激浪作雨，消防灭火。可见此物起初在实用上是防止屋顶漏雨，在意念上是为灭火避灾。鸱尾的重点在突出鱼尾，长长的尾巴高高竖起，仿佛真能行云布雨。中唐起，鱼尾下部出现夸张的大口，吞住大脊，仿佛鸱尾卷起海浪，大口喷出海水，兴风作浪，势不可挡。至今日本、朝鲜等国家的古建筑中，还保持着这种鸱尾、鸱吻构件，这是唐代建筑技术流传四方的结果。大概在元代建筑中，龙吻基本确定，于是明清建筑中不再使用鸱尾、鸱吻。晚清宫中怪事迭出,据翁同龢日记记载,同治十一年(1872)三月十三日上午九点到下午两三点钟,太和殿、太和门、神武门、东华门、西华门的大吻同时冒烟,持续不断,当时宫中莫知何故如此。猜测可能因为春季天干风燥,大脊、大吻膛中木炭生烟。

"五脊六兽"

紫禁城古代建筑屋顶,基本形式多是横向一条正脊、纵向四条垂脊。正脊两端安装大吻,垂脊下端安装小兽,俗称"五脊六兽"。它们都是屋面装饰物,但实际上具有不可或缺的实用功能。正脊两端大吻挡雨防漏自不必说,那一插到底的剑把,把多个部件构成的大吻,固定在顶风冒雨的第一线,比江南建筑"马头墙"美观多了。垂脊小兽所在位置,正是檐角上两面或几面瓦垄的会合点,为封住交接点的上口,必须加盖脊瓦,小兽和脊瓦塑在一起,既起到防漏作用,又钉在屋顶下面的角梁上,护住垂脊砖瓦构件以免下滑脱落。其实连每道瓦垄至檐角处,也都有琉璃帽钉钉住在檐头望板上,绝非装点门面。

宫殿屋顶垂脊上的饰件,根据建筑规格、体量的不同,走兽的体量、数量也各不相同,从1个到10个不等。按光绪《大清会典事例》记载,故宫檐角饰物最多的太和殿有11个,由近及远即由下而上依次为:骑凤仙人、龙、凤、狮子、天马、海马、狻猊、押鱼、獬豸、斗牛、行什。以往的解释,除龙、狮子之外,都不够确切或完满。笔者考证的结果是:

图21 太和殿檐角走兽

骑凤仙人 会典称之"仙人",业界常作"骑凤仙人"或"仙人骑凤",造型是凤与人。唐朝诗人常建抒写吴王宫殿的《古意》诗云:"仙人骑凤披彩霞,挽上银瓶照天阁。黄金作身双飞龙,口衔明月喷芙蓉。"这仙人骑凤、银瓶、飞龙是三国吴王宫殿的饰物(根据上下文,芙蓉指芙蓉池),具体形象不好随意想象,但可以断定这种饰物至迟在隋唐已有。《旧唐书·礼仪志》:证圣元年(695),佛堂灾,延烧明堂,武则天寻令依旧规制重造明堂,上施"宝凤"。可见明堂上有凤为饰物。从考古资料看,汉代建筑正脊两端已有凤凰纹样的饰件。从那时起,宫殿上一直以凤为饰物之一,笔者以为,是继承了《诗经·大雅·卷阿·凤凰》以来以凤凰喻贤人这一传统,而不是什么龙代表皇帝、凤代表皇后。后代以至明清的骑凤仙人、凤，寓意天子圣明，天下人才集于朝堂为国家效力。

天马、海马　都是神马。《史记·乐书》记载，武帝时"又尝得神马渥洼水中，复次以为《太一之歌》，曲曰：'太乙贡兮天马下，沾赤汗兮沫流赭。骋容与兮跇万里，今安匹兮龙为友。'"太一、太乙，是一回事，都指天帝；而太和殿对应紫微垣天极星，按《史记·天官书》，天极星是太一的常居。那么天子的太和殿出现天马是合理的，因为天马是天帝赐给汉天子的神马。天马出水中，与龙为友，以之为饰物，又寓意吉祥及畅行无阻。天马也有四夷来服的寓意。汉武帝后来得到西域汗血马，也命名天马，并作歌："天马来兮从西极，经万里兮归有德。承灵威兮降外国，涉流沙兮四夷服。"天马还代表天子的车驾，《晋书·天文志》："天驷为天马，主车驾。"海马出处难考，可能指泽马。汉代王充《论衡》有"山出车，泽出马"，综合晋王嘉《拾遗记》《宋书·符瑞志》，这件饰物应是寓意天子圣明而泽马效力。

狻猊　狻，《广韵》《集韵》《韵会》《正韵》标明"音酸"，罗竹风主编《汉语大词典》注音suān。猊，《集韵》称"音倪"，《汉语大词典》注音ní。狻猊的含义，《尔雅·释兽》："如虦（zhàn）猫，食虎豹。"晋郭璞注："即狮子也，出西域。"《集韵》："狻猊，狮子属，一日走五百里。"可见狻猊就是狮子。对照故宫实物，二者的确相似。正因为这些小兽品貌相当，所以容易混淆。有时会颠倒天马与海马的位置、狻猊与押鱼的位置。唐宋时狻猊已被用作香炉造型及文饰图案，如宋周必大诗"香袅狻猊杂瑞烟"。

押鱼 檐角小兽中，押鱼、行什似乎不是专名，而是代表一类事物。《康熙字典》引《集韵》：押，"按也，一曰管拘也"。押鱼即鱼类总管。唐宋的鸱尾至明清被龙吻所取代，押鱼盖其孑遗，鸱为水精，能辟火灾，二者是相通的。

獬豸 《现代汉语大词典》注音为xiè zhì。《集韵》称："獬豸，兽名。"《后汉书·舆服志下》：法冠，"或谓之獬豸冠。獬豸，神羊，能别曲直，楚王尝获之，故以为冠"。原来獬豸是一种神羊，则獬豸的形象为羊。汉杨孚《异物志》记神话传说："东北荒中有兽，名獬豸，一角，性忠，见人斗，则触不直者；闻人论，则咋不正者。"郭璞称："獬豸，似鹿而一角。人君刑罚得中，则生于朝廷，主触不直者。"则形象又似鹿似羊，其象征意义是君臣能秉公执正，代表法治。

斗牛 《晋书·张华传》：斗牛之间，常有紫气，乃邀雷焕往观。焕曰："宝剑之精上彻于天耳。"斗牛津，指文官。唐颜真卿诗："文聚斗牛津。"唐代韩偓（wò）诗："棹寻闻犬洞，槎入饮牛津。"皮日休《寒夜文宴联句》诗："文星今夜聚，应在斗牛间。"由此可见，斗牛、行什相邻，分指文官、武将。我们现在解释屋顶饰件，只从防火方面联想，其实未必尽然。

行什 造型为人物，应读háng shí。考证其义颇难，《说文》释"行"为"人之步趋也"，即行走。晋杜预在《左传·隐十一年》注云："百人为卒，二十五人为行。行亦卒之行列。"这里是讲每行由25人组成，4行即100人为一卒。因此可将行解释成队伍，犹如保留至今的"行伍"。什，《唐韵》《韵会》称："十人为什。又，古者师行，二五为什。"因此什也可解释为队伍。"行什"象征武士、武将，甚至代表军队。

图22 太和殿檐角"行什"为该殿独有

宫门铺首

　　紫禁城另一种常见的神兽形象，是宫门上的铺首。宫中各门的铺首多是兽面铺首，质地为铜面叶贴金。其兽面形象类似熊，在卷发中有一对犄角，凶猛而威武。门铺本是实用的，它既可作拉手，又可直接拨动门扇里的关键。但宫门高大，门铺重在装饰性，兽面口中所衔门环固定在门板上，不能拨动。门环之下的月牙形铺垫，本义是遮垫门环，以免其磨损门板，但门环既不活动，铺垫便也成为装饰。清宫铺首中这种兽面形象，可以远溯商代青铜器中的饕餮纹，后人直称其为兽面纹。清光绪时官员李慈铭诗称铺首为"铜龙"："九闾（午门）曙色启铜龙"，在他眼里，午门铺首纹饰是龙。

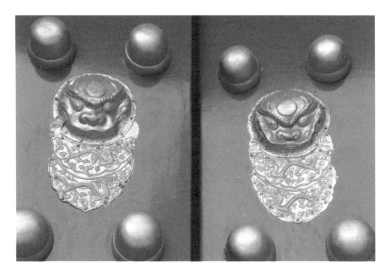

图23 午门右掖门门扇上的铺首

雕塑陈设

紫禁城宫殿前的雕塑作品，与雍容典雅、金碧辉煌的宫殿建筑相辅相成。有美术评论者将此地的石狮、铜狮，与汉代霍去病墓前石雕、唐太宗昭陵六骏相比较，忽略了环境要素。故宫各主要宫殿大门口都有铜狮一类的动物形象。除铜狮外，还有几处特殊的，其中外西路慈宁门和御花园天一门前为麒麟。麒麟和凤凰一样，是一种实际上不存在的动物，传说它是一种仁兽，雄性曰"麒"，雌性曰"麟"。其状为麋身、牛尾、狼蹄、一角。把它立在门前，主要是祈求吉祥的，故在太后宫门外很合适。

御花园后牌楼门承光门里是一对鎏金铜象，不过在门里、东西相向，而不是门外、向前。象的作用当然是保护人的，但为什么此处放在门里呢？这可能主要是由此处建筑格局决定的。承光门前为一东西长仅32米（10丈）、南北宽仅9米（3丈）的小天井，对面是三座随墙琉璃门组成的顺贞门，东西两端又各立一座牌楼门，形成三座牌楼门加三座琉璃门围起来的天井。在这种格局中没法再设蹲象。相反从承光门里看，却只有一门独立，将象立于门内，完全符合建筑设计规律，而且与午门外大朝时宝象相呼应。

最特殊的是内东路景仁宫和永寿宫大门里大理石影壁旁的蹲兽。景仁宫为东六宫之首，清初康熙皇帝诞生于此宫。景仁门内的影壁推测是元代遗物。明代紫禁城是在拆除元大内之后建成，元代宫中建筑、物品所遗甚少。据笔者考证，故宫内断虹桥是元代崇天门（午门）外周桥（金水桥），桥头两端的四只石兽，无论造型还是刻凿风格，均与景仁门大理石影壁旁的四只石兽相同。这种石兽名"霸下"，它头长独角，嘴、尾似龙，有两长须，身披鳞甲，四爪锋利。据考证，这两座石影壁的大理石壁心，都是云南大理石精品，它们虽然面积很大，但厚度却仅有2厘米。但就在这两厘米厚度之中，正反两面却呈现不同画面，正面仿佛云雾出海，背面仿佛深山幽谷，意境迥异。这可能与"渎山大玉海"一样，是忽必烈灭大理后开采的。

图24 东六宫之景仁宫大理石影壁

门钉无考

宫门上的门钉，本来是将门板钉在后面的穿带门楅上的。但故宫门钉已经摆脱了最初的作用，将铜钉帽贴金，其功能主要在于装饰性，像宫殿隔扇门窗的"金扉""金琐窗"等装饰一样。有人将其追溯到春秋战国时"涿弋"，说那时为了守战的需要，将门扇涂上泥土，用以防备火攻，有些复杂化了。

明太祖朱元璋曾让礼部员外郎张筹考证古代门钉，结论是"门钉无考"，即无从考证。因此，明代规定了王城正门涂红漆加金漆铜钉。从现存明代建筑看，当时门钉显然有一整套使用规定。清代《大清会典》规定，门钉只用在皇宫、坛庙和皇室成员"入八分公"以上封爵的府第上。皇宫、坛庙大门上，每扇门板门钉9行，每行9枚；亲王9行，每行7枚；郡王、贝勒、贝子、镇国公、辅国公9行，每行5枚；公7行，每行7枚；侯以下至男，减至5行，每行5枚，铁制。其余外官，即使位列九卿，也不能用门钉。紫禁城所有门钉都是9行，每行9枚；只有东华门是9行，每行8枚。

图25 故宫太和门门钉

为什么东华门特殊，目前没有满意答案。有一种观点认为，清代帝后死后，嫔宫（灵柩）都由东华门抬到景山观德殿，门钉杀一等，以示哀悼。还有一种观点认为，东华门为清初重建，沿用了在关外时用阴数的习惯。其实，皇帝生前也常出入此门，文武大臣入朝办事，都由东华门出入。清史资料记载，乾隆时，刘统勋入朝，至东华门，座轿忽然歪向一边，仆夫启帘一看，已暝目。乾隆帝派尚书福隆安带着御药赶往现场抢救，已来不及。乾隆帝深为感动，称："统勋乃不愧真宰相！"

笔者倒以为不一定要穿凿附会，从明初建皇宫时，东华门内为皇太子宫殿文华殿和端本宫，东华门也可视作皇太子宫殿的大门，用9行、每行8颗钉，少于皇帝、多于亲王。另外，从1913年到1947年，古物陈列所掌管故宫"前朝"三大殿、文华殿、武英殿、东西华门34年。当时古建筑并未严格按文物保护，文华殿、武英殿都在前后殿之间添建了工字廊，历史博物馆把午门正楼与方亭之间放置钟、鼓的敞廊，添加门窗成了展厅，至今如此。东华门很可能在维修时，因门钉钉帽损坏不全，限于当时条件困难，只好减少18颗，也有可能。

辉煌锦绣衣

中国传统建筑材料主体是木材，即所谓木结构建筑。木结构防腐、防火就至关重要。参观故宫，人们无不为宫殿红漆楹柱、门窗和金碧辉煌的内外檐彩画所吸引、震撼。它们不但是为了制造艺术效果，更重要的是为木结构的防腐和防火。这也是中国本土传统建筑，与日本、越南、朝鲜半岛等地中式传统建筑的不同之处。

彩画三大类

古建筑的彩画经历了悠久的发展历史，清代发展至顶峰，种类繁多，花色多样。根据绘画方法或做法，结合绘画主题而定，清代宫殿上的彩画可归纳成四大类：琢墨彩画、五墨彩画、碾玉彩画、苏式彩画。这是传统划分法，现今古建界通常分为和玺彩画、旋子彩画、苏式彩画三大类。这种划分强调了彩画所施对象，即建筑的等级区别。和玺彩画只用在重要宫殿上，如太和殿、乾清宫、太庙大殿、天坛祈年殿；旋子彩画用在一般宫殿上，如东西六宫、紫禁城四门；苏式彩画则用在园林及文化娱乐场所，如外东路乾隆花园、重华宫区漱芳斋。彩画施加的部位有梁枋大木彩画、天花彩画、椽子彩画、斗科彩画和杂项名件彩画等。本节主要以梁枋大木彩画为例。

和玺彩画　是宫殿彩画中最高一级，又分金龙和玺彩画、龙凤和玺彩画、龙草和玺彩画等名目。太和殿、乾清宫、养心殿内外檐梁枋大木间都是金龙和玺彩画，坤宁宫、交泰殿、慈宁宫则为龙凤和玺彩画，体仁阁、弘义阁则为龙草和玺彩画。

这种彩画由枋心和两侧对称的藻头、箍头三段五部分组成。箍头在两端，各用两道竖线相隔，中间画面为圆形盒子。藻头靠近箍头，用两道锯齿形弧线相隔，中间置画面。枋心在两边藻头之间，居于中心，画面最大，位置突出。和玺彩画的主要特点是用各种不同姿态的龙或凤图案组成整个画面，其间缀以祥云、花卉，大面积沥粉贴金，产生金碧辉煌的效果。梁枋檩桁的用色规制，明间采用上青下绿，次间则上绿下青，依次互相调换，构成谐调匀称的画面。

图26 慈宁宫龙凤和玺彩画

旋子彩画 级别低于和玺彩画，如三大殿正殿、四崇楼、体仁阁、弘义阁用和玺彩画，中左、中右、后左、后右各门及四围廊庑，则用旋子彩画。明代宫中施用的都是旋子彩画，清代由此发展出和玺彩画。旋子彩画画面的区划和色彩的搭配，跟和玺彩画大体相同。旋子彩画与和玺彩画的主要区别在于藻头。旋子彩画藻头图案的中心叫花心，即旋眼，花心的外圈环以两三层重叠的花瓣，最外绕以一圈涡状花纹，称"旋子"。旋花的位置以一整两坡（一整团旋花、两枚半个旋花）为基本构图。旋子彩画枋心的画法有多种：大小额枋一画龙、一画锦纹的，称龙锦枋心；只画一条墨道的，称一字枋心；刷青绿退晕（色彩呈不同深浅的层次变化）而未旋花纹的，称空枋心；画锦纹和花卉的，称花锦枋心。

旋子彩画的名目大大多于和玺彩画。根据各部位用金多少及颜色搭配不同，主要分为8种：（一）浑金旋子彩画：藻类、枋心、箍头全部满贴金，像太庙大殿、奉先殿内檐，就是这种彩画。（二）金琢墨石碾玉：其花瓣用青绿色退晕，花心、菱地点金，一切线路轮廓都用金线，慈宁门内檐使用的是这种彩画。（三）烟琢墨石碾玉：其花瓣用青绿退晕，化心、菱地点金，线路用金线，花瓣轮廓用墨线，保和殿西后右门梁架属于这种彩画。（四）金线大点金：其花心、菱地点金，线路用金线，花瓣轮廓用墨线，奉先殿外檐属于这种彩画。（五）墨线大点金：其花心、菱地点金，线路、花瓣用墨线，神武门城楼外檐属于这种彩画。（六）墨线小点金：线路、花瓣用墨线，仅在花心点金，内左门里值房属于这种彩画。（七）雅伍墨：不用金，神武门内东西大房及东西连房属于这种彩画。（八）雄黄玉：以黄色为主，旋花青绿色退晕，奉先殿南群房属于这种彩画。

图27 慈宁门内檐金琢墨石碾玉旋子彩画

苏式彩画　　宫中苏式彩画是清代中后期出现的，因其最初使用于苏州园林，故名苏式彩画。引入皇宫后，也多用在花园中，后来也用在生活区。这种彩画的枋心主要有两种式样，一种与和玺、旋子一样，做成狭长的枋心，分别在不同的枋心中画上龙凤、花卉、鸟虫等图案；另一种则是在较大的梁枋上，或者干脆将檐檩、檐垫板、檐枋三者枋心连成一体，做成一个大大的半圆形，称为"包袱"。包袱边缘翻转折叠，富有立体感，包袱心里画上亭台楼阁、山水人物等完整的画面；而藻头常呈扇面、斗方、桃形、葫芦形等形状，内画山水、花鸟、博古等图案。这些彩画在宫中各花园、西六宫的储秀宫、体和殿、外东路后半部随处可见。据说慈禧太后十分喜欢这种彩画，故晚清彩画装銮中广泛采用。颐和园一里长的长廊全为苏式彩画。应该说，这种彩画的艺术性更高了，更加接近于绘画艺术，而且富于书卷气和温文尔雅的生活气息，颇受知识分子欢迎。

图28 建福宫花园游廊额枋上的苏式彩画

油饰三大项

比起彩画来，油饰简单得多，但工程量却仍很大。一般油活要经过打地仗、油皮、贴金三个项目和多道工序。

打地仗是油饰工程的基础工序，其作用在于保护柱子等木结构免受风吹日晒雨淋雪打之苦，并使其表面平滑美观，也一定程度上降低易燃性。宫中工程油饰之前，往往要将木柱等砍上刀荐，然后在上面施加桐油，以便下一步使油灰时胶着。打地仗分捉灰缝、糙灰、使麻、压麻灰、中灰、细灰、钻生油等工序。

图29 太和门彩画下的地仗

油皮涂刷，先在地仗上攒细泥子，然后依次上糙油、垫光油、光油。朱红楹柱的油饰要求更为严格，有更复杂的工序。

贴金是在油皮完成后，在门窗的棱角间加上黄金线条，贴金多数用金箔，少数用泥金涂刷。

当油饰、彩画工程都完成，整个营造程式就算结束了，一座宏伟壮丽的宫殿就建造完成了。

紫禁城建筑彩画多以青绿等冷色调为基调，这是因为它位于屋檐之下，冷色调沉稳宁静，与所在位置适应。油饰彩画所用油漆、颜料十分贵重，有些从永乐初建紫禁城时就依赖国外进口。永乐十九年（1421）三大殿火灾后，有一位叫邹缉的御史上书说："如前岁买办颜料，本非土产，动科千百（动辄征用千百斤），民相率敛钞购之他所。大青一斤，价至（一）万六千贯。及进纳，又多留难，往复辗转，当须二万贯钞，而不足供一柱之用。"这种叫作大青的颜料是用来漆柱子的，油漆一根柱子材料费就要两万贯，用量大而又如此昂贵。现在修复古建筑时多用化学颜料，效果、寿命都不如天然颜料。

牌匾联额

牌、匾、联、额，是附属于宫殿建筑的室内外装修或布置在宫殿建筑内外的艺术观赏品。牌、匾、联、额出现的时代不同，内容、形式各具特色，是各代帝王政治思想的体现。

图30 "太和殿"牌

秦宫始有专名 中国古代的宫殿，在夏商时代之前遗迹尚属简陋，《三辅黄图》："黄帝曰合宫，尧曰衢室，舜曰总章，夏后曰世室。"《周礼·考工记》谓"殷人重屋"，其屋顶结构较一般建筑为复杂。周朝宫殿建筑日益辉煌，"周人明堂"是一个多功能的礼堂，凡朝会、祭天、祀祖均在此举行，明堂是一个普通名词。宫殿之有专名，自秦始。《史记·秦本纪》："德公元年（前677）初居大郑宫"，又有穆公造"蕲年宫"，而至今仍见到"年宫"文字的瓦当。秦始皇统一六国后，在渭北造咸阳宫、兰池宫，在渭南造阿房宫、兴乐宫。阿房宫为此区一座建筑的专名。《三辅黄图》说："阿房宫未成，成，欲更择令名名之。"说明此时宫殿命名已成惯例。秦朝的主要建筑有专名，而次要建筑似无专名。

汉代萧何题额　汉朝宫殿建筑大多都有专名，如"未央宫"是正殿名，又以之称呼此宫区，此区内还有石渠阁、麒麟阁等个体建筑。既然建筑有专名，书额以为标志是理所当然的。东晋书法家羊欣（370—442，学书于王献之）所著《笔阵图》称："前汉萧何善篆籀，为前殿成，覃思三月，以题其额，观者如流。"汉长安未央、长乐两区宫殿是萧何营造，萧何所造前殿即此二宫前殿。从这时起以至明清，人们往往用"额"为通用名词，以其位于建筑檐下相当于人的额头位置。这期间，"牌额"、"扁额"（"扁"通"匾"）、"牓额"乃至"殿额""楼额"之名纷见。

以书写规则的演变而论，汉字最初是上下书写的，如甲骨文、金文、汉简以至晋、隋、唐法帖均如此。人们左手持简，右手举笔书写或刻镂，自上而下是自然而然的；后来纸发明，左手持纸卷，则自上而下书写，自右至左逐步展开。可以肯定的是，额最初应是上下书写，而由于自右向左书写的出现，才有"扁额"的概念。汉许慎《说文解字》："扁，署也，从户、册。户册者，署门户之文也。会意，其余均借义。"这基本可以说明汉代尚无"扁额"之说。但"扁"的借义早已有之，《诗经·小雅·白华》："有扁斯石"，扁即指扁平的石头。额之称"扁"最晚至宋代已出现。宋岳珂《桯史》："吴山有吴员祠，有富民捐赀为扁额，金碧甚侈。"由于匾额出现，竖额便被称为"牌额"。宋陈善《扪虱新话》："前世牌额，必先挂而后书，今则先书而后挂。"此处除提到"牌额"之外，还告诉我们一个书写牌匾的问题，即原先是先挂后书，也即作为建筑不可分割的一个构成，后来才先书后挂，即逐渐具备相对独立性，宋李诫《营造法式》记载了牌而不提及匾，可证明当时建筑外檐通常悬牌而不悬匾。

唐宋帝王书额　唐宋时代题额之风甚盛。《唐会要》称：官赐额为寺，私造为招提、兰若。现存宋代古建筑牌额甚为讲究，许多大书法家书写牌匾。宋杨万里《诚斋集·真州重建壮观亭记》记叙米元章为壮观亭"大书其匾"。这时皇帝赐额之风大炽，如唐王建《题应圣观诗》云："赐额御书金字贵，行香天乐羽衣新。"宋陆游《庐山东林记》记载，宋太宗赵光义遣中使往太平兴国宫送泥金绛罗云鹤帔，及赐涂金殿额。《宋史·范杲传》还记载，"宋太宗飞白书'玉堂'额以赐翰林"。由于牌匾的盛行及书法家们参与牌匾书写，有关评论随之出现。宋米芾《海岳名言》评论名人书法，说："葛洪'天台之观'，飞白为大字之冠，古今第一；欧阳询'道林之寺'，寒俭无精神；柳公权'国清寺'，大小不相称，费尽筋骨；裴休率意写牌，乃有真趣，不陷丑怪。"宋马永卿《懒真子录》还对牌匾文字方面的习惯做了记录，说："今印文、榜额有'之'字者，其由来久矣。太初元年（前104）夏五月正历，以正月为岁首，色上黄，数用五……若丞相曰'丞相之印章'……不足五字者以'之'字足也。后世不然，印文、榜额有三字者足成四字，有五字者足成六字，但取其端正，非'之'字本意。"现存宋、辽、金建筑三字、四字的情况都有，如河北正定宋代隆兴寺有"摩尼殿""慈氏阁""转轮藏阁"，天津蓟州区辽代独乐寺有"观音之阁"，山西大同金代善化寺有"大雄宝殿""威德护世"山门。凡四字，均作两行。元代寺庙多四字牌和六字牌，但宫殿基本三字。天安门在明代称"承天之门"，属沿袭古制。

宋代牌额定制　宋代牌额的制作已形成定制，《营造法式》卷第八，"小木作制度三"，牌：

造殿、堂、楼、阁、门、亭等牌之制，长二尺至八尺。其牌首（牌上横出者）、牌带（牌两旁下垂者）、牌舌（牌面下两带之内横施者），每广一尺，即上边绰四寸向外；牌面每长一尺，则首、带随其长外，各加长四寸二分，舌加长四分。（谓牌长五尺，即首长六尺一寸，带长七尺一寸，舌长四尺二寸之类。尺寸不等，依此加减。下同。）其广、厚，皆取牌每尺之长，积而为法。

牌面每长一尺，则广八寸，其下又加一分。（令牌面下广，谓牌长五尺，即上广四尺、下广四尺五分之类。尺寸不等，依此加减。下同。）

首广三寸，厚四分带广二寸八分，厚同上。

舌广二寸，厚同上。

凡牌面之后，四周皆用楅，其身内七尺以上者，用三楅；四尺以上者，用二楅；三尺以上者，用一楅。其楅之广厚，皆量其所宜而为之。

该书"小木作制度图样"中，还绘制了牌的图样，分"华带牌"和"风字牌"两种。宋代华带牌实物如太原晋祠"圣母殿"牌，明清宫殿牌均为此种形式。从现存山西五台县唐代佛光寺东大殿"佛光真容禅寺"牌看，华带牌在唐代已定型。

关于牌匾上的文字制作，如上述唐代"金字"、宋代"涂金"，大抵是在木质刻字上涂抹泥金，与明清铜字鎏金不同，宋代牌匾漆饰与明清时一样。《宋史·舆服志》："宁宗践祚，有司言安奉皇帝藩邸旌节，宜有推饰，今用朱漆、青地、金字牌二：其一题曰'太上皇帝藩邸旌节'，其一题曰'今上皇帝藩邸旌节'。"这种"朱漆、青地、金字牌"，就是现在我们见到的明清宫殿上的殿牌。朱漆指牌首、牌带、牌舌，青地指牌面，金字指文字。

元大都宫殿兴建时，牌额多为刘秉忠草拟，元世祖忽必烈确定。元西宫隆福宫区的"光天殿"是大书法家赵孟頫拟定和题写的。元代建筑上承宋金，下启明清，但殿额基本与明清的一致，以三字牌为主。

明朱孔阳书牌 明代奉天殿、华盖殿、谨身殿为明太祖朱元璋命名。永乐建北京紫禁城时，宫殿牌额皆朱孔阳书写。《四友斋丛说》："成祖迁都北平，其宫殿牌额皆朱孔阳笔。孔阳，松江（今上海松江区）人，兼善画。"明代后来的皇帝也常自拟殿额，如嘉靖四十三年（1564）将三大殿更名皇极殿、中极殿、建极殿。明代宫殿室内匾增多，如文华殿悬万历帝御笔匾"学二帝三王治天下大经大法"，后殿东室斋居处悬嘉靖帝御笔匾"正心诚意"。

明代也有大臣拟定殿名的，如嘉靖十四年（1535）秋，帝命礼部尚书夏言拟乾清宫左右小殿额为"端凝""懋勤"，此二殿名至清相沿不改。文华殿"绳衍纠谬"为"小臣杜诗"书写。明代也有太后书额的，且悬于外朝，比晚清慈禧太后在内廷书额尤甚。如文华殿后殿匾即慈圣太后（即泰昌帝懿安张皇后）书，字"六行，嵌以丹朱"。

明末清初孙承泽《春明梦余录》中对牌匾分别甚明，如："'养心殿'牌，'养心门'牌，前东配殿'履仁斋'匾，前西配殿'一德轩'匾；后殿'涵春室'匾，东'隆禧馆'匾，西'臻祥馆'扁。巳（以）上前东配殿起，万历二十二年（1594）十二月初九日添额。"由此可知，明代牌匾统称"额"，"牌"即竖额，"匾"即横额，主要建筑的外檐基本用牌。另外还可看出，养心殿现存格局起码从万历二十二年（1594）十二月初九日就存在了，甚至后殿东西耳房悬匾都是那时以来的做法。

研究者认为，对联出现于晚明。明宫中对联不多，见于记载的最主要的是崇祯帝在崇祯元年（1628）所书乾清宫楹联："人心惟危，道心惟微；惟精惟一，允执厥中。"联上悬匾"敬天法祖"，这与清宫匾、联的格局相同。

清宫匾联形式 现存紫禁城的殿牌比较单一。从字数上看，绝大多数为三字。从制作形式看，绝大多数是《营造法式》上所称华带牌。《营造法式》规定牌面高与上宽比例为10：8，而下宽增加高的十分之一。从太和殿牌看，基本符合这一规定。清代材分制度对宋代略有修正，对一些数据的尾数予以取整，殿牌制作也如此。太和殿、神武门大牌一眼便可看出上下广度不同，即上小下大，而一些小牌则上下广度相同。外东路各殿牌在华带牌基本形式的基础上，又在牌首、两侧牌带、牌舌上增加了云龙纹浮雕装饰。其中皇极殿、宁寿宫、养性殿、乐寿堂、颐和轩为九龙，其牌首为一对行龙，两牌带各两条升龙，牌舌中央为一坐龙，两侧各一行龙。景祺阁、倦勤斋等小型建筑为七龙，牌首只一坐龙，牌舌无坐龙。所有殿牌的文字都是铜制鎏金。现存清宫内务府营造司修缮档案，有光绪二十八年（1902）修整武英殿时，制作殿牌、门牌的记载，是厂商的报告。内容有："宫门挂'武英门'、正殿挂'武英殿'陛字匾各一面。（匾）心子板高五尺二寸、宽四尺，外四边云牙大宽一尺二寸，俱用黄松木成做。签锭黄铜镀金满汉字各三个。熟铁挺钩拉扯。油饰，使灰七道、满麻二道、布一道，糙油、垫光油，内四边云牙并背面光朱红油。字堂筛扫大青。边线使油贴金。挺钩拉扯，一搓烟子油。"记录了牌制作的工艺、工序。其中有些术语是当时行业用语，与官书称谓不尽相同。"陛字匾"即牌，"心子板"即牌面，"云牙"是牌首、牌带、牌舌的总称。牌面基本仍是

图31 「乾清门」牌

10:8的比例，只是上下广度的差别未做记录，也可能是清末的简化处理。

清康熙时，宫殿修缮较多，书牌者为励杜讷。《藤荫杂记》载："励杜讷，静海（今天津静海区）岁贡，年六十，选授州同。会三殿、三门禁匾书未工整，人荐书匾合式，遂授（翰林院）编修。"太和殿为康熙三十四年（1695）二月二十五日至三十六年（1697）七月十九日重建，书牌即在此时。三大殿牌原为满、汉两种文字书写，1915年袁世凯复辟登极前，去掉了满文。从《光绪大婚图》等图像资料看，现存汉字仍为原稿。乾隆时期大规模进行宫殿营缮，牌匾多由皇帝亲笔题写，现存皇极殿等外东路的殿牌，多为乾隆御笔。在经历了嘉

图32 外东路"养性门"牌

庆时期的停顿和道光时期的紧缩之后，紫禁城东西六宫约有60年没有全面维修，因此，咸丰时期对东西六宫进行了修缮，景阳宫后殿御书房及其东配殿静观斋、西配殿古鉴斋，长春宫等殿牌及养心殿前殿的联、匾，都换上咸丰御笔。所有殿牌均为楷书。

故宫的匾形式繁多。从字数上看，凡在外檐的，大多四字，也有三字的；在室内的，也以四字居多，三字、二字的也有，其中三字的基本上是一个室名，与牌相同。在制作形式上，则百花齐放。门匾因与殿牌作用相当，因而与华带牌相似，只是横向加长，如"大成左门""大成右门"。殿外匾有四周为边框、中间镶木板的，如养心殿后殿西耳殿"燕禧堂"匾；有木板后加穿带连接、四周不加边框的，如养心殿后殿东耳殿"体顺堂"匾及畅音阁大戏台上的三块匾；还有做成镜框，框上加以华丽纹饰的，如漱芳斋后殿"高云情"匾。镜框是花梨木雕夔龙纹，框成三格，中间一格高于两侧两格，框内装板漆成深绿色，字用金粉，高雅而不失华丽。储秀宫等配殿的外檐匾做成舒卷波折的画卷形式，上白漆，写绿字。至于西六宫室内的匾，一部分为内里木架外加纸裱的纸匾，一部分以各种花色的贴落直接贴在墙上。外东路养性殿、乐寿堂、颐和轩里的大匾，都是云龙金匾。它是在楠木的木匾之上浮雕九龙祥云，上方中心为坐龙，其余为行龙，字迹则为浮雕罩黑漆。

匾的书写以皇帝为主，如乾清宫"正大光明"匾、交泰殿"无为"匾、养心殿"中正仁和"匾、"三希堂"匾、"日监在兹"匾、"积学储宝"匾，分别为顺治、康熙、雍正、乾隆、咸丰、光绪各代皇帝所书。晚清慈禧太后书写了许多牌、匾、联，储秀宫一区，皇极殿一区，比比皆是。其间也有大臣书写的，如养心殿后殿东耳殿"祥开麟趾"匾，为潘祖荫书写。书写殿名的匾一般为楷书，与殿牌一样规范，其余多为行楷。

故宫的对联有楹联、挂屏联和一般对联三种。楹联又有抱柱楹联、一般楹联和云龙金联三种，前者多在外檐柱上，后两者多在内檐柱上。西六宫的抱柱楹联多为黑漆，四周边框上加金漆回纹。皇极殿抱柱楹联为金漆云龙浮雕边框、扫青联面、金漆文字，做工逊云龙华带殿牌一等，似光绪时添设。三大殿、乾清宫、交泰殿内的楹联为一般联，四周设边框，以锦、绫等装裱；联面上裱纸，墨书黑字于其上，庄重大方。外东路养性殿、乐寿堂、颐和轩云龙金匾之下的对联都是云龙金联，每联十一龙，其中外侧六龙、内侧五龙。所谓挂屏联是把对联做成挂屏的形式。如养心殿后殿东稍间的对联实际上是一对长条形挂屏，它是珍贵的景泰蓝制品。一般对联则又色彩纷呈，各色纸裱制、各色墨书写。漱芳斋小戏台两侧抱柱小楹联竟是两张古琴，琴上黑漆、金轸、雕绿字，造型别致，格调高雅。倦勤斋小戏台的对联漆成竹色，字用黑墨书写，韵味清逸。养心殿后殿西稍间门外两侧一对大钟，门上用玉石琢成字句，在对联中也属少见。

现存清宫对联，乾隆时为一高峰，三大殿、交泰殿等处均出自当时御笔，多为行楷，用墨浓重，用笔舒缓，书写规整，总体稳定感很强。虽无晋唐大书法家那种独树一帜的特殊风韵，但却与殿廷庄严神圣的环境十分协调。漱芳斋小戏台古琴对联为隶书，无款，但与乾隆题砚铭文等字迹相同，应为乾隆御笔。光绪时为又一高峰，养心殿、皇极殿的对联许多出自光绪帝、慈禧太后和大臣之手。慈禧太后书画代笔人为云南昆明人缪嘉惠。缪女士于光绪中叶入宫，在慈禧太后死后出宫，供职期间月俸白银二百两。她善小楷，工花卉、翎毛，技艺娴熟，但鲜有创建。光绪帝的书法用墨饱满，结体工整，用笔稳重，感觉朴实大方，但缺乏生动的灵感，与咸丰帝所书匾额风格极为相近。

图33 重华宫漱芳斋室内"风雅存"小戏台匾额、对联

图34 漱芳斋"风雅存"小戏台对面"高云情"坐席

图35 漱芳斋庭中"升平叶庆"大戏台

清宫匾联内容 三大殿是大内正衙，其命名代表着一个朝代的政治理念基础或理想追求。元世祖忽必烈接受了汉族传统文化和西藏藏传佛教特别是八思巴萨迦教派两种文化的影响，后者崇尚日月、光明，故大内正衙命名为"大明殿"。"大明"，即日月"重明"，又与《周易·离》所言"日月丽乎天，百谷草木丽乎土，重明以丽乎正，乃化成天下"相同，二者巧妙地结合。明太祖朱元璋以推翻元顺帝登上皇位，以武王伐纣自况，取《尚书·泰誓中》"惟天惠民，惟辟（辟，即天子）奉天"，大内正衙号称"奉天三殿"，后来嘉靖帝以外藩入继大统，遇到以"祖制"抵制皇权的势力的抗争，于是以"复古"来更改祖制，进而建立当今皇上的权威。他以"奉天殿"无典且"奉"压"天"上为由，取《尚书·洪范》"皇建其有极"，更名"皇极殿"，宣示皇帝代天立言，为民立极，皇权是神圣的，其余二殿更名"建极""中极"。但正如明人沈德符《万历野获编》批评的，"若皇极、建极，本属一义，而中极尤为无出"。更张祖制并非真要复古。清初民族矛盾尖锐，汉族士大夫并不承认清代皇帝是"奉天承运"或"建其有极"的天子，朝廷以"和"为号召，希望化乱为治，各族共存共处，故顺治二年（1645）改皇极殿为"太和殿"。

三大殿、后三宫、养心殿等理政场所的匾、联，大多是"十三经"中《周易》《尚书》《诗经》的语句，有选择地摘录和集合，作为自己的行动规范。如太和殿内匾额"建极绥猷"，"建极"，出自《尚书·洪范》："皇建其有极。""绥猷"，出自《尚书·汤诰》："惟皇上帝，降衷于下民，若有恒性，克绥厥猷惟后。"此匾说的是两方面的内容，一方面要承天立极，一方面要顺民体性。皇帝身为天子，以沟通天帝与生民之间的联系为己任。这里就是要昭示皇帝对上对下的双重神圣使命，同时暗示二者并重，既不能因下犯上，也不能脱离人民而仅迎合上天。太和殿内对联，上联"帝命式于九围"，见《诗经·商颂·长发》，说上帝命汤做九州的典范。"兹惟难哉"，见《尚书·伊训》，说商汤敬天爱民，英明贤哲，才得以成为天子，说明自立之难。"奈何弗敬"的"弗敬"，见于《礼记·哀公问》："弗爱不亲，弗敬不正。爱与敬，其政之本欤。"说为政之道在于敬。下联"天心佑夫一德"，出自《尚书·咸有一德》："惟尹躬暨汤，咸有一德，克享天心，受天明命。"说商汤及其辅臣伊尹，都有纯一之德，故能承当天地之心，受天帝之命。"永言保之"，见《诗经·周颂·载见》："永言保之，思皇多祜。"说先帝永远保佑子孙，赐之以多福。"遹求厥宁"，见《诗经·大雅·文王有声》："文王有声，遹骏有声，遹求厥宁，遹观厥成。文王烝哉！"原诗歌颂文王迁都丰京，武王迁都镐京，有利于周朝王业发展。从此对联可以看出，集句时力求与清朝实际相符，古为今用。乾清宫"正大光明"，"正大"出自《周易·大壮》象曰："正大，而天地之情可见矣。"说天地之情，正大为其主旨。"光明"出自《周易·谦》象曰："天道下济而光明。"说天降下济生万物，天空有日、月、星三光重耀而显明，使天下充满光明。"正大光明"是以天和地的这种德性来要求皇帝的思想、行为和道德规范。"中正仁和"匾关键在"中正"，见《周易·履》象曰："刚中正，履帝位而不疚，光明也。"是说国君有正中之德，处帝王之位而无疚灾，其事业才得光明亨通，这是把"中正"提到关系到治乱成败的高度来认识。

由于用经典表述当代思想有一定限制，所以有必要加工化用。清宫对联往往是上联尽量用原句，下联有时适当化用。如中和殿对联，上联"时乘六龙以御天，所其无逸"，是《周易·乾》和《尚书·无逸》中的原句；而下联"用敷五福而锡极"，见《尚书·洪范》："敛时五福，用敷锡厥庶民。惟时厥庶民于汝极，锡汝保极。"由此重拟语句。"彰厥有常"则又是用《尚书·皋陶谟》原句。

康熙、雍正、乾隆、光绪诸帝所撰对联或匾额个性鲜明。紫禁城建筑上现存康熙对联不多，但却很突出地反映出他宽厚、温和的性格，如乾清宫对联："表正万邦，慎厥身修思永；弘敷五典，无轻民事惟难。"虽是集经句，但仍能感到是一位忠厚长者在谆谆教诲。雍正帝则不然，养心殿西次间对联："惟以一人治天下，岂为天下奉一人！"此对联出自唐张蕴古《大宝箴》"圣人受命，拯溺亨屯，归罪于己，推恩于民，大明无偏照，至公无私亲。故以一人治天下，不以天下奉一人。"原文为陈述句，语气平缓。雍正帝改为反问句，语气凌厉，不容置疑，反映出他刚毅决断的性格。辅以他洒脱自然、神情飘逸的书法，其个性特色呼之欲出。

乾隆帝由于早年良好的教育和优裕的环境，性格中有浓厚的汉族士大夫气质，许多对联文质彬彬、清逸淡远。如"自喜轩窗无俗韵，聊将山水寄清音""怀抱观古今，深心托豪素""金掌露浮盘影动，莲壶风送漏声迟""座右图书娱画景，庭前松竹蔼春风"如阳春白雪，如行云流水。

从现存联匾看，晚清宫中笼罩着一种迷信蒙昧的气氛。光绪帝、慈禧太后、有关大臣在养心殿帝后寝宫、储秀宫等处撰写了许多以《易林》为内容的联匾。《四库全书总目提要》谓：《易林》十六卷，汉焦延寿撰。延寿字赣。易于象数之中，别为占候一派者，实自赣始。其书以一卦变六十四卦，六十四之变，共四千九十有六。各系以词，皆四言韵语。《易林》是地道的卦书。光绪帝在养心殿后殿东耳殿体顺堂西稍间床上有一匾"与福相迎"，出《易林·离之第三十·蒙》："开户下堂，与福相迎。禄于公室，曾孙以昌。"同屋还有大臣潘祖荫书对联"乾坤征和德，日月耀重光"。"和德"出《易林·咸之第三十一·大壮》："尧舜在国，阴阳和德。"大臣徐郙写的匾"尧饮舜舞"，见《易林》中语"尧饮舜舞，禹拜上酒"。还有慈禧太后所书匾"绥德安家"，也见《易林·大畜之二十六·蹇》："绥德安家，周公勤劳。"慈禧太后在翊坤宫题匾"履禄绥厚"，见《易林·坎之第二十九·萃》："履禄绥厚，载受福祉。衰微复起，继世长久。

疾病无危，晋人赴告。"寓意中兴，希求福祉，这反映出宫中常以《易林》卜吉凶与未来。由于《易林》不是经书，所以内容有荒诞不经者，诸如"尧饮舜舞，禹拜上酒"，在康、雍、乾，乃至嘉、道、咸时代，是决不会以之入联匾的。

八　紫禁城营造往事

600年前展开的紫禁城营造事业，经过了数代人初建、续建、改建、重建、修建，建设者以他们的勤劳、智慧和创造力，造就了这处华夏建筑瑰宝，令我们衷心景仰。

图1 《明代北京宫城图》 反映了明中期北京皇城概貌
中国国家博物馆藏

图2 《万国来朝图》反映清中期北京宫殿总体面貌　　故宫博物院藏

宫殿多少间

　　紫禁城到底有多少间房屋？人们不禁想到一种流行的说法：九千九百九十九间半。这并不是统计数字，而是一种想象和估计，其出发点是把宫殿当成看的而不是居住和使用的。在古代，阳数为尊，宫殿建筑数据多用阳数。一为阳数之始，九为阳数之极，五为阳数之中，九九九九又五，正符合皇帝"九五之尊"的理想。天帝是万物的主宰，他居住的紫微宫"流精生一"，含元吐气，故建筑传为一万间，天子用九千九百九十九间半，也是自我克制，不能超越天帝。这些都是民间根据古人对世界的认识，附会一些理念的推测。实际上天坛从来没有过一万间房屋，因为用不了。那里只是把奉藏"皇天上帝之神主"的皇穹宇和皇乾殿（相当于天帝的寝宫），设计为单檐，以示"天一"。紫禁城宫殿建筑数量是各代皇帝根据当时实际需要建造的，是一个变化的数字。不能像解读扬州"二十四桥明月夜"，机械地视唐朝289年间，扬州城桥梁一成不变。比如永乐初建时没有太后，当时就不建太后宫院。当时急需的都不能完全满足，怎能盖闲置无用的房子？但总体布局规划时预留了未来发展的空间，而不是像近代天津、上海、台北等城市的建设，走一步看一步，漫无规划。

永乐8 350间

紫禁城从初建到清末，建筑数目一直处于变化之中，上万间房屋，每年都有修建、拆除，并不是固定在一个数字上，而且当时是将所有宫殿一同计算，不限于大内一处。首先可以肯定的是，永乐初建时为8 350间。《皇明大政纪》卷八："初，肇建北京，凡庙、社、郊祀坛场、宫、殿、门阙规制，悉如南京，而高敞壮丽过之。复于皇城东南建皇太孙宫，东安门外建十王邸——通为屋八千三百五十楹。自永乐十五年（1417）六月兴工，至是[十八年（1420）十二月]成。"这里明确记载当时大内、东华门外皇太孙宫、王府井"十王邸"，"通"即共计为屋8 350间。西苑是元代旧有建筑，不是明朝新建所以不提。因当时物力财力所限，承天门外朝廷各衙署房屋多未建造。永乐帝的孙子明英宗后来说："初，太宗皇帝营建宫阙，尚多未备。"十王邸推测也是就元代哈达王府改造、修缮而已。

明末786座

永乐建设紫禁城宫殿，是在拆除元大内后进行的。新建的紫禁城较元大内向东南移动，但东六宫仍建在元大内范围之内，元大内东城墙（原址约在今东筒子）之外新拓出来的地方，还是空着的。明代中期起增建宫殿，形成"三内"并列的局面：紫禁城为主体，称为"大内"；北、中、南三海（包括今府右街以西至西皇城根区域）为西苑，称"西内"；东华门外直至东皇城根为"南内"，或称"南城""小南城"（元明时期北京城西南的金中都尚存，称"南城"）。根据清康熙二十九年（1690）宫中发现的《明末宫殿楼亭门名折子》，明末全部宫殿为786座，为清初的三倍多，间数显然大于一万间。

今存8 707间

清代舍弃了南内，但宫殿建筑还是有一万间。康熙中后期至乾隆时期频兴土木，紫禁城本身建筑肯定是比一万多得多。道光之后，由于国家财政紧张，宫殿维修跟不上去，有一些次要建筑逐渐自然损毁，有一些则人为拆除。辛亥革命后溥仪居住宫中时，1923年建福宫花园发生火灾，德日新殿、延春阁、静怡轩、广生楼、中正殿、香云亭等园内全部建筑被焚毁，直到前些年才复建。古物陈列所（故宫前朝部分当时归其管理）和故宫博物院，分别于1914年和1925年成立之后，根据当时建筑状况，又对一些附属建筑如西华门外围房予以拆除。新中国成立后，又清除一部分无法修缮的附属建筑，如东华门内上驷院（御马圈）。保存到现在的建筑计980座8 707间，建筑面积16万多平方米，是世界上现存最大的古代建筑群。

始建于何时

紫禁城建造特别是始建年代，长期以来说法不一，有明代永乐四年（1406）、十四年（1416）、十五年（1417）等说法。这些说法主要来自对《明太宗实录》几处记载的不同理解，也因为研究历史的人，对建筑工程学、材料学不太了解。比如说要建宫殿，采木、烧砖、采石等一系列备料工作，都需要多年时间，根本不是说盖就能盖的。当初奉天殿殿柱都是一根根整木，比十三陵长陵祾恩殿的大柱粗得多，故宫古建工程专家吴家琛曾告诉笔者，这样的大材在传统技术条件下，没有十年八年根本干不透。新鲜的木材发到大殿上做梁柱，不久长出树杈来，岂不是笑话。木材没有脱水烘干处理，做成门窗也常常会走形、开裂等，都不是一朝一夕就能准备好的。

"十五年六月兴工"

说永乐四年（1406）开建，是根据《明太宗实录》记载的永乐四年（1406）闰七月十一日，"文武群臣、淇国公丘福等请建北京宫殿，以备巡幸"。永乐帝接受建议，接着做出两项安排。一是备料用于紫禁城大工，二是临时在元大内改建"奉天三殿"，以备来北京时使用。对于前者，是派遣工部尚书宋礼亲自挂帅赴木材大省四川，吏部右侍郎师逵到湖广（湖南、湖北），户部左侍郎古朴到江西，右副都御史刘观到浙江，右佥都御史仲成到山西，分头督军民采木，每人每月给米5斗、钞3锭；命泰宁侯陈珪、北京刑部侍郎张思恭，督军民夫匠、砖瓦窑作，每人每月给米5斗，在山东等地烧砖瓦。

说十四年（1416）的，是根据记载的永乐十四年（1416）十一月十五日，永乐帝复诏群臣议营建北京宫殿。这实际上是备工备料初步就绪，讨论何时兴工。

说十五年（1417）的，是根据记载的永乐十五年（1417），永乐帝至北京，御奉天殿接受群臣朝贺，有人因此以为竣工了。其实永乐帝去世后编纂的《明太宗实录》、嘉靖时雷礼主修的《皇明大政纪》，都表述得很清楚：永乐十五年（1417）六月正式兴工，十八年（1420）十一月初四，永乐帝以明年御新殿受朝诏告天下，宣布紫禁城宫殿落成。特别是雷礼主持过嘉靖时期三大殿重建等多项大型工程，曾任工部尚书，谙熟宫殿营建工程周期，所记可靠。

从永乐元年宣布升北京为"京"，"实录"等官方资料有多次关于"作西宫""作奉天三殿"的记载。永乐年间北京宫殿，特别是"奉天三殿"的建造共有三次。实际上那跟今天我们见到的紫禁城宫殿，不完全是一回事。全面考察有关资料可见，永乐建北京宫殿，也是一个动态的发展过程，最后落成的是我们今天见到的紫禁城。

明初利用元宫殿

元世祖忽必烈建造的大都皇城宫殿群，太液池东为皇帝居住的大内，西为西宫；西宫又分南北两组宫殿，即南为皇太子居住的隆福宫，北为皇太后居住的兴圣宫。元代灭亡后，明洪武时期以南京为首都，大都更名北平，大都城仍旧保存。明太祖朱元璋对元朝宫殿采取了保护和改造利用的政策，并一度曾想在北平建都，利用元代宫城作为皇宫。洪武三年（1370），朱元璋分封诸王，以四子朱棣为燕王，次年，下令将元西宫改作燕王府。小燕王朱棣此时年仅十一二岁，还不能到封国去，因此这次修燕王府只不过是对元代宫殿略加修改而已。洪武七年（1374），朱元璋派朱棣的姑舅表兄李文忠到北平，对元西宫改作的燕王府大加修建，洪武十二年（1379）完工，次年朱棣住进此府。这个地方就是现在的中海和北海西岸及其临近地区。

改作“奉天三殿”

朱棣当皇帝后，永乐元年（1403）升北平为北京，作为与南京并列的都城之一。作为都城之一，皇帝常来常往，没有皇宫是不行的。因此，如上文所述，永乐四年（1406）闰七月十一日做出的第二项安排，就是“命工部征天下诸色匠作（各工种匠人）”，指令“明年五月俱赴北京听役”，每半年轮班。这些工匠、民夫到北京，利用太液池东岸的元大内改建奉天殿营造，到永乐七年（1409）二月永乐皇帝到北京前完工。这时改建的奉天殿，就是元大内大明殿，谨身殿就是元大内大明殿后殿，并不是今天见到的紫禁城。永乐五年（1407）徐皇后病故，又增加建造永乐帝长陵工程。

永乐皇帝既然在元大内改建了奉天三殿，为什么后来还要建紫禁城呢？这要从明初的历史和元代宫殿的实际情况进行分析。永乐皇帝有意迁都北京、营建宫殿，首先考虑的是像他父亲当初设想的利用元故宫而加以改造，这就是改建元大内。同时，永乐初年国力不足，也迫使他不得不先因陋就简，从长计议。但是，不论元大内还是元西宫，都是元朝统治者根据自己的特殊意图规划的，与汉族皇帝的要求有相当大的距离。元大内前朝大明殿与后殿及中间工字廊，可改作奉天三殿，后寝延春阁却很难改成理想的乾清宫，至于东、西六宫则根本没有。另外，还存在朝寝相间、内外无别等问题。因此，要建造符合汉族传统礼制和生活方式，表现奉天承运、敬天法祖思想的皇宫，必须对元代原有宫殿进行彻底改造。朱棣在建设北京宫殿时，就是经历了这样一个过程。重建紫禁城规划最终确定的标志，是永乐十二年（1414）西苑南海的开挖，因为开挖南海是为皇宫南移而进行的，二者有必然联系。

开六百年鸿基

经过十年多时间，筹工、备料等准备工作基本完成。在此期间，奉命赴四川采木的工部尚书宋礼报告说，有大批大木在大雨中自动由马湖山中浮出，流到江中，不劳而获。永乐帝认为这是山神帮助，命名此山为"神木山"，并遣官致祭。十四年（1416）

十一月十五日，朱棣又让大臣议论建造北京宫殿事，大臣们夸口说，有关方面选材川广，官吏百姓乐于驱使，良材大木，不费力气就集中到北京，现在只等皇上拍板开工了。说紫禁城于永乐十四年（1416）始建，就是简单地领会了这段记载。

这时，一些祥瑞征兆又出现了。有说十五年（1417）北京城曾有"瑞霭浮空"，还有"庆云呈采，团圆如日，正当御座（改建的奉天殿）中，且现五色天花"。有说十五年（1417）十一月一天夜里，金水河和太液池里结冰，冰上呈现出楼阁、龙凤、花卉等图案。这对于朝思暮想宫殿落成的永乐皇帝当然是喜事，于是召大臣们同去参观。

营建工程的第一步，就是拆除元大内，包括永乐初年改建的奉天三殿。可是作为"行在"（陪都），北京一刻也不能没有宫殿。所以十四年（1416）八月二十八日至十五年（1417）二月二十七日，又把元西宫即永乐登基前使用的燕王府，改建成临时皇宫，把皇帝的正衙奉天殿设到那里。到五月初一，永乐皇帝从南京驾临北京，在这里的奉天殿受朝。六月，紫禁城营建工程正式开始。永乐十八年九月初四（1420年10月10日），紫禁城宫殿基本完工。十一月初四（1420年12月8日），永乐皇帝宣布紫禁城宫殿"告成"，次年正月初一御新殿受朝贺，同时正式以北京为首都，南京为"留都"。

轴线相距150米

新建的紫禁城在元大内旧址上稍向东南移动，大部分重合，两条中轴线相距约150米。移动的原因,一是元大内城墙外无护城河,明紫禁城外环绕宽广的护城河,同时明代又把太液池单开作西苑,不与皇宫连接一起,因此紫禁城与西苑之间势必拉开一定距离。二是元大内地下玉泉水"潴流"呈西北—东南走向,大内正衙坐落在这条水脉上,既要东移,同时就得适当南移。

楠杉由来称栋梁

要建成如此宏大的紫禁城宫殿和皇城、北京城,再加上皇城西苑(北、中、南三海)、南内,明十三陵、清东西陵,清西郊"三山五园"(香山静宜园、玉泉山静明园、万寿山清漪园、圆明园、畅春园),以及天、地、日、月等坛庙,需要多少木材、石材、砖瓦,没有人算得清。总的说来,用量最大的城砖主要产自山东临清,以黄河故道淤泥烧制。琉璃砖瓦,明初在城南琉璃厂烧造,故址即今"琉璃厂",后来在陶然亭一带烧造。本书只简单介绍石材和木材的主要采运情况。

"蜀山兀,阿房出"

唐杜牧《阿房宫赋》开篇就说:"六王毕,四海一;蜀山兀,阿房出。"秦始皇灭掉六国,天下统一;蜀地山林剃了光头,咸阳城的阿房宫终于出现在地平线上。历代大兴土木营造宫室,往往使一个地区的山林受到严重损害,需要几百年后才能恢复原来的生态。以北京地区为例,辽建南京城、金建中都城及其宫殿,主要取材北京西山及永定河上游,元代名画《卢沟运筏图》,反映的就是从永定河上游放筏，在卢沟桥解散木材运回都城的情形。元大都城及其宫殿用材比辽金大得多，也主要取自西山，并溯河而上至山西、内蒙古一带。故至明代建北京城及其宫殿，北京周围乃至北方地区，已无大木可采，只好把目光重新投向四川、湖广、云贵、江西、浙江、山西等地。其中占比最大的楠木主要采自四川，湖广接近川东北（今重庆）处也有少量楠木。江西主要是杉木、樟木，浙江主要是杉木和硬木，山西主要是松柏类的"鹰架木"，今称"杉篙"。

明代北京宫殿，三内并峙。大内紫禁城，至今基本保持原貌；西内西苑，今只存北、中、南三海湖畔区域；南内除皇史宬外，其余多已不存。按清康熙二十九年（1690）发现的《明末宫殿楼亭门名折子》，明末建筑有786座，数量三倍于当时。建设规模如此宏大的宫殿，对木材需求难以数计。同时，明代宫殿火灾多发，如三大殿三次被焚、四次建造，额外增加了木材的需求。

根据史料记载和现存明代宫殿实物，明朝宫殿的木材基本纯用楠木，门楼的木材亦以楠木为主，间或使用杉木，还使用松柏、樟木等作为建筑基础及辅助材料。清代康熙年间修建太和殿，仍沿袭明制开采楠、杉，同时开始采用东北松木。雍正、乾隆等朝为建造陵寝殿宇、圆明园及承德避暑山庄，都曾大量采购楠木。可以说，明清两朝对楠、杉的开采从未停止过。明清在四川采木是历代最浩大的，现存资料完整，有典型意义。

荆有楩楠豫章

　　按现代植物学分类，楠为樟科，常绿乔木，产于我国四川、云南、贵州、湖北等地。其外观与樟树相似，但楠树表皮如同大象皮肤，不似樟树有裂纹。楠木不止一种，有紫楠、大叶楠、红楠、宜昌楠等。楠木不论保存多少年，都富有香气，不生虫，而且驱虫防蛀、抗腐，为建筑和制器具之良材。现在食用佐料"香叶"，其实就是楠木叶子。到四川大山中见到楠树，你会理解古人为何以之作栋梁之材。因为它那参天之干，极少弯曲，也极少有树杈。现今通常将楠木分为三种：香楠，木微紫而带清香，纹理很美观；金丝楠，在阳光下木纹里可见金丝状光泽，是上等佳品；水楠，木质较软，适宜作家具。

　　杉，亦称沙木，杉科，常绿乔木，高可达30米以上。木材色白或淡黄，木纹平直，结构细致，易加工，能耐朽，受白蚁蛀食的危害较少。李时珍《本草纲目》称：杉木，叶硬微扁如刺，结实如枫实。其木有赤、白二种。"赤杉"实而多油，"白杉"虚而干燥。采木文献上有"虎尾""保水"二种名目，当指赤杉和白杉。

　　四川出产楠木的历史由来已久。《战国策·宋卫策》："荆有长松文梓、楩楠豫樟。"这里荆地即包含四川与湖广交界一带。唐代蜀中古楠很多，中唐时巴州刺史严武曾为巴州光福寺古楠作诗，其幕客史俊和亦称："作字由来称栋梁。"杜甫爱楠，杜甫草堂多巨楠。但是，秦汉之后截至元代，蜀地楠、杉一直未被大量采伐作宫殿用材。明朝立国，始于蜀地采楠、杉。明代过量地开采不但劳民伤财，而且破坏了生态平衡，使蜀中楠、杉生产受到不利影响。

明代四川采木

明代在四川的大规模集中采木有三次，而一般规模的采木则持续不断。

第一次 永乐营造北京首次大规模采木，始自永乐四年（1406）闰七月壬戌（初五），宋礼以工部尚书身份亲至四川督军民采木。他在四川的采木分前、后两期，前期为永乐四至六年（1406—1408），后期为永乐十至十七年（1412—1419）。这是明朝朝廷首次在四川采木，森林大材近河者多，以致在马湖府山中采得围以寻尺、干逾寻丈者若干。这许多超级大材要运出山外需砍树开道，"庸万夫力乃可"，可能是遇上山洪暴发，"一夕，木忽自行达于坦途。有巨石巉然当其冲，夜闻吼声如雷，石划自开，木由中出，无所龃龉。度越险岩，肤寸不损。所经之处，一草不掩"。于是永乐帝特封此山为"神木山"，立祠祭祀，并命学士胡广撰写碑文。

木材运抵北京大约始于永乐六年（1408）。到十四年（1416），北京木厂里至少已聚齐了营建工程所需的大部分木材，故大臣们有"良材巨木，已集京师"之说。从《明世宗实录》嘉靖三十六年（1557）五月，工部筹备修复三大殿，嘉靖帝有旨："木料过半，方可兴工。"可知这是明代营造工程开工的基本条件。永乐十五年（1417）六月，宫殿开工，此时采木高峰已过。

第二次　第二次大规模采木为嘉靖二十至三十九年（1541—1560）。二十年（1541）四月初五夜，"宗庙灾"，"群庙一时俱烬"。火灾后"遣工部侍郎潘鉴、副都御史戴金，于湖广、四川采办大木"。嘉靖三十六年（1557）四月十三日，三大殿及其所有楼、门、廊庑全部烧光，并延烧到午门及午门外朝房，嘉靖帝只好到端门上朝。由于连年修建西苑、南内，木厂存料基本用尽。嘉靖帝要求先恢复奉天门，也好勉强在此受朝，"命工部右侍郎刘伯跃兼都察院左佥都御史，总督四川、湖广采办大木"。据《明史·食货志·采木》统计，此次采木在四川一省用银即达339万余两，历时3年，按归有光所记，最终采得木材数量为11 280根，四川巡抚乔璧星所录旧档为15 712根。采木的地方多集中在今重庆和川南宜宾至凉山彝族自治州一带，大江以南的深山之中，或是四川与湖北、贵州、云南等省交界处，多是少数民族聚居地区。但即使如此"深入穷搜"，不过得丈围以上楠、杉2 000余根，丈四五以上117根，仍比不上永乐建三大殿所用金柱的围、长。此时左副都御史、总督湖广川贵采办大木的李宪卿，上书要求工部根据实际需要提出木材体量尺寸标准，嘉靖帝"命求其次者"。

早在正德朝采木时，木材已匮乏，所采"不中栋梁"。此次派刘伯跃赴川采木之初，嘉靖帝已认识到要求永乐初建奉天殿那种"广三十丈（合今90米）、深十五丈（合今45米）"的良材已不可能，认为"旧制固不可违，因变少减，固不害事"，而同意"求其次"。木材的制约使奉天殿从此变成现存太和殿的面貌。

第三次　第三次大规模采木为万历二十四至四十一年（1596—1613）。二十四年（1596）三月初八，坤宁宫起火，延烧乾清宫及全部后二宫门、廊。四月，工部题请复建，请差官赴川、贵、湖广采办大木。这是万历时的第一次大规模用木，用银360多万两。工部当时有库存银250多万两，经费压力不大；北京厂库存料也不少，故复建工程用材未必要现采。此次采到楠、杉5 600根，分两批运抵北京。首运二十五年（1597）起解，二十六年（1598）到京；二运二十七年（1599）起解，二十九年（1601）到京。

真正对万历朝造成重大打击的是两宫火灾后第二年（1597）的三大殿火灾，全区建筑皆毁。《明神宗实录》称："宫（指两宫）、殿（指三大殿）俱灾，则国朝以来所未有。"从此便开始了旷日持久的采木。由此时至天启五年（1625）二月三大殿重建开工的28年间，明朝大内正衙阙如。这期间的万历三十五至四十一年（1607—1613），四川巡抚乔璧星兼督采木6年，是采木较集中的一段时间。

按工部的要求，此次采木数量为24 601根，分三批运京，其中第一批要在万历三十六年（1608）内运到，建皇极门的用材在三十六年（1608）春便须运齐。此次采木最大的困难是资金匮乏，其次是财源枯竭。采木需银400万两，而此时工部和四川省内均无银可支，川省收入一年不过四五万两，不足十分之一。乔壁星又绘采运图呈万历帝，备述采木艰辛。万历帝览疏感动，他本人与其母慈圣皇太后及宫中其他人员捐资5万两赐乔壁星等任事诸臣。乔又将这笔金钱"遍赐茕独"，都给了当地孤寡老人，在百姓中得到好评，有利于缓解人民的反抗情绪。

清代四川采木

顺治时期，全国尚未统一，因此未行采木工程。顺治帝去世后，因无木材建造陵墓大殿，清廷将位于北京北海西岸，明嘉靖三十五年（1556）建造的清馥殿一区建筑拆建，用在顺治帝孝陵上。康熙时为营建太和殿，曾下令在四川大规模采木，但实行规模很小。雍正、乾隆朝，为营造山陵，仍下令采购四川楠木，而且数量可观。但康熙中期之后，确实改变了明朝在采木工程方面一平二调、无偿劳役甚至加赋增税的做法，尽量发挥经济刺激的作用，物给其值，劳计其酬。雍正、乾隆采木，多系地方大员采购，其扰民程度远逊明朝。嘉庆以降，四川采木逐渐减少，最终停止。

康熙朝采木 太和殿于明清交替之际已很破败，顺治二年（1645）五月至三年（1646）十月进行了修葺。康熙六年（1667），工部议修建太和殿，需用大楠木，请敕下四川、湖广等处督抚，稽查现有采就木植或山中可采木植的长径尺寸、根数，确估采运木材所需钱粮，并限工部公文到后两月内，将上述情况报部酌议。因为明代连年采伐，离溪水、河流近处容易移运的木材已伐光，深山老林中虽有大木却难以运出，康熙八年（1669）三月，还是采得楠木80棵送到北京。康熙帝传旨："著停止采取"，殿材不足部分，"酌量以松木凑用"。

康熙十八年（1679）十二月初三，太和殿发生火灾。为兴修太和殿，二十一年（1682）九月，清廷向江南、江西、浙江、福建、广东、广西派出采木官员，这是鉴于四川、湖广采木困难，故加派南方各省。工部下达给四川的任务是：楠木4 503根，杉木4 055根。

四川查勘情形是："惟成都府境，左右稍称平衍，所产并无大楠"；"产木处所如沙坪、灌口、贾家山、何家山等处，俱属峻岭悬岩，运路自山抵江，或百余里，或七八十里，所经由者，俱系深涧幽壑"；"遵义、马湖等府之楠木大材，尤俱产诸高山穷谷、老箐密林之中，非独人迹不到，即鸟道亦稀"。非但采伐不易，即使踏勘也极为困难。"遥望一木所在，必牵拽始至其地。足胝履穿，攀藤骨战，侧身亦苦难立。"二十五年（1686），康熙帝终于决定停止四川采木，从此开始了清代采用东北松木的历史。

雍正、乾隆朝采木　康熙中期以后官殿用材始采用松木，但雍正帝认为山陵为万年吉地，仍要用楠木建造。雍正四年（1726），令四川巡抚宪德等遴员采办楠木。雍正六年至十一年（1728—1733），共采楠木1 738件半，"实用银一万七千四百四十两五钱六分零"。此外，四川巡抚将楠木"五次委员（派人）运送抵通（州）"，从山中到重庆，用脚价五千九百九十七两二钱五分一厘五毫；从重庆到通州运输，用银一万一千四百四十三两三钱九厘六毫。俱系招商包办，其采运似比明代容易些。

乾隆七年（1742），依雍正旧例办理乾隆帝万年吉地工料，费用由地丁银内动支。八至十四年（1743—1749），办回圆、方楠木2 028件。

乾、嘉时期还有几次采办天、地坛望灯杆等所用楠木，每次数根而已。每次采办楠木运京时，都有地方官押运。咸丰以降，宫中工程逐渐改由招募社会上的厂商承接，采木转由厂商到市场采购，实行了数百年的明清采木活动逐渐废止。

采木过程

明清北京宫殿采木虽然跨度500年，但基本过程差不多。

组织形式和途径　关于采木的形式，明万历之前，基本上是特派朝廷大员到地方督采，万历朝起，改由四川巡抚等封疆大吏兼督采木。清朝继续沿用万历的做法。

明代采木途径，亦以万历三十六年（1608）为转折，此前为"民采"，此后为"官采"。所谓"民采"，是将定额摊派给每户百姓，事实上，地主豪强控制了采木，钱落在他们手里，劳役却落在贫苦农民头上。改"官采"后，采木大员将定额派给各道，各府州"选委能官"，"招商采办"，采办完成，才"验木给银"，最后是"到江发运"。这种做法发挥经济杠杆的作用，具有灵活性。

清代康熙时欲沿袭明代旧法，但未行得通。雍正、乾隆实行的是政府包办，中央准许地方政府动用国家赋税，花钱招商承揽采运，实际上是"采买"，这减轻了当地人民的负担。

基本程序　官员们首先踏勘山林，木材确定后便进入开采阶段。按康熙六年（1667）四川巡抚张德地，咨询前明绥阳县木厂采木民夫吴之玺、梁维栋、任明有关选采木之法，当初绥阳县在叫作南宫北扫的地方设一木厂，有督木道一员驻涪州，督木同知一员专管钱粮。

采木工种和人员有架长、斧手、人夫等，都是从湖广辰州府招募的。架长看路、找厢。"找厢者，即垫低就高，用木搭架，将木置其上，以为拽运。"斧手伐树、取材、穿鼻、找筏，承担伐木、将木材凿眼穿成木筏等主要工作。人夫将木材拽运到河；石匠打当路石；篾匠做缆子；铁匠打斧头与一应使用器具。一个木厂用斧手100名，石匠20名，铁匠20名，篾匠50名，找厢架长20名。一株长七丈、周长一丈二三尺的楠木，用拽运夫500名，其余按尺度减用。

运路每十里安一塘，安一塘送一塘，直到大江。秋九月从山上起运，次年二月停止，因三月河水泛涨，难以找厢，所以放工。到七月，先动人夫50人寻茹缆皮，堆集于厢上，取其滑便于拽木。劳工报酬是：每夫日支米一升、雇工银六分，斧手、架长日支米一升、雇工银一钱。

运木过程　木材运出山之后，督木同知将其运赴督木道，交割验收，每80株扎一大筏，再找水手沿江放筏。每筏用水手10名、夫40名。当时川东马湖、遵义二府出山大木由小溪会合于重庆，然后沿江放筏，经由全楚、三吴以至扬州，再由运河北上，直到大运河北端通州张家湾。再经过30里陆路，送到北京城朝阳门外大木厂和崇文门外神木厂。明代文学家归有光称嘉靖三十六年（1557）运木情景，"自江淮至于京师，簰筏相接"。现在故宫旧存木材中，有的还留着当年扎筏时打的穿孔。

文献还记载了采木的艰难情况：楠木皆生于深山穷谷、大箐峻坂之间。当砍伐之时，非若平地易施斧斤。必须找厢搭架，使木有所倚，且便削其枝叶。多用人夫缆索维系，方无坠损之虞。有时竟需搭天桥长至三百六十余丈（合今1200米）。此砍木之难也。拽运之路，俱极险窄，空手尚苦难行，用力最不容易。必须垫低就高，用木搭架，非比平地可用车辆。上坡下坂，辗转数十里或百里，始至小溪。又苦水浅，且溪中皆怪石林立。必待大水泛涨，漫石浮木，始得放出大江。然木至小溪，以泛涨为利；木在山陆，又以泛涨为病。计木一株，山本仅十余金。而拽运辄至七八百人，耽延辄至八九月，盘费辄至一二千两。上之摩青天，下之窥黄泉，且殒多人之命。

神木厂、大木厂

明清采运到京的木材均放置于神木、大木两座木厂里。神木厂在崇文门外的外城广渠门外二里许，据考证其故址即现东三环南路双井附近。大木厂在朝阳门外，有关记述不详，大约在日坛以东今芳草地附近使馆区一带。明初发虎贲军等官兵管理木厂，最多时达一千多名。正德三年（1508）设神木厂千户所，镇、抚各一员，百户十员，吏目一员。万历二年（1574），神木厂木材"风雨浸淫，令委官搭棚苫盖"。

到清乾隆时，神木厂里仍有永乐时所采大木，有名号的如"樟扁头""王二姐""张点头""嫌河窄""混江龙"等。厂内设木神庙，春秋设祭。明清之际官员孙承泽《春明梦余录》称：京师神木厂所积大木，皆永乐时。其中最巨者，曰"樟扁头"，两人骑马分别从其两侧经过，竟互相看不见。可惜才干无匹，反而怀才不遇，岁久风雨淋漓，已渐朽矣。又过了一百多年后，乾隆四十九年（1784），令内务府官员金简前往勘察神木厂古木，测得其中有一巨楠长六丈（19.2米），头围二丈五尺五寸（8.16米）、尾围一丈六尺五（5.28米）；巨樟长五丈六尺（17.92米），头围七尺五寸（2.4米）、尾围五尺八寸（1.86米），俱永乐时物。乾隆帝御制《神木谣》《神木行》，赞叹它们当初在深山老林里，凌云蔽日，身怀异才，来到京畿，弹指将近四百年，"为想怀材昔奥区，凌云概日垂扶疏"。

明清营造工程所用木材的加工、构件预制，均在木厂进行，工程现场主要是组装，这在史料中有反映。由此可见，木厂既是库房，也是木工厂。

功成身退"鹰架木"

建筑工程所需大量脚手架，都是木材，明代称为"鹰架木"，现在香港等南方地区，仍有使用此名词的，北方则称为"杉篙"。脚手架存在于建筑工程进行期间，工程竣工，脚手架就功成身退。明夏尚朴《观拆鹰架有感》四首之一："欲扶栋宇资鹰架，栋宇成时却去之。好似韩（韩信）、彭（彭越）扶汉室，功成能不受诛夷？"根据已发现的故宫元明建筑遗址情况，许多大型殿座地下打了"桩基"，桩基之上是"排木筏"，最突出的代表，是1991年在慈宁宫东山墙外地下发现的明代甚至元代宫殿基础。从明代文献看，起码有一部分使用的是"打桩鹰架木"，即使如此，其用量也十分庞大。因为深埋地下，也是默默无闻，鲜为人知。

图3　1991年发现慈宁宫地下桩基情形　　　　　　　　　黄希明供图

明代"鹰架""平头"

明代采木过程中有时特别提到"鹰架木"。例如《大明会典》:"嘉靖三十六年(1557)重建朝门午楼……又题准川、贵、湖广三省采木,差大臣一员、郎中二员,添设川湖副使各一员。(北京房山)大石窝取石,差大臣一员、司官一员。又差郎中二员,一往山西、真定采松木,一往浙江、徽州采鹰架木。"把建筑工程施工脚手架称"鹰架""鹰架木",指的是功能或者说用途,而非木质。鹰架木见于北宋司马光《书仪》及建筑工程法典《营造法式》。由于它一般都采用杉木,所以往往也指较细长的杉木,也就是今天古建筑业内所称"杉篙"。粗大的杉木用作梁、柱,鹰架木则是细长的那一类。

根据杉木用途,又有"鹰架""平头",或简称"鹰""平"等分类。"平头杉木"与"大杉木"相对。明政府《工部厂库须知》明确规定:"大杉木:一号,长四丈、围四尺二寸,每根银五两八钱;二号,长三丈五尺、围四尺五寸,每根银五两五钱;四号,长三丈四尺、围三尺二寸,每根银四两六钱。平头杉木:一号,长三丈七尺、围三尺,每根银二两二钱五分;二号,长三丈、围三尺,每根银三两六钱;七号,长二丈、围一尺五寸,每根银七钱。""平头杉木"最大号一号尺度与"大杉木"最小号是衔接的,这些型号与宫殿建筑"材分八等"的材分制度相对应。

明代鹰架木分四个规格,从《工部厂库须知》[万历四十三年（1615）成书］载"木料等价规则"，对木料的分类及其尺寸可以推测。条例载明："鹰架杉木：一号，长三丈、围二尺一寸五分，每根银一两二钱；二号，长二丈八尺、围一尺七寸，每根银□钱五分；四号，长二丈五尺、围一尺四寸，每根银六钱。"

到了清代，官方文献一般不再有"鹰架木"的提法，而称为"架木"，例如《大清会典则例》，专有"架木"的木价标准。

杉木"埋之不腐"

史料显示，一项大型营建工程，鹰架木用量很大，材质以杉木为主。明郑晓在嘉靖三十三年（1554）《陵寝工程银两疏》中提出："原估正殿找缚鹰架并搭天桥，共用杉木三千五百根，而今只及一半。"

按现代植物学分类：杉木，又名沙木、沙树等，属松柏目，杉科常绿乔木，高达30米，胸径可达2.5～3米；幼树树冠尖塔形，大树树冠圆锥形，树皮灰褐色，裂成长条片脱落，内皮淡红色；叶在主枝上辐射伸展，侧枝之叶基部扭转成二列状，披针形或条状披针形，通常微弯、呈镰状、革质、竖硬。杉木为亚热带树种，较喜光，喜温暖湿润、多雾静风的气候环境，不耐严寒及湿热，为中国长江流域、秦岭以南地区栽培最广、生长快、经济价值高的用材树种。我国古人以杉为木材，由来已久。古名"柀"（bǐ）、"檆（又作煔）"（shān），东汉许慎《说文解字》："柀，檆也，从木，皮声。""檆，木也，从木，煔声。"唐代徐铉注曰："今俗作'杉'，非是。"晋郭璞《尔雅注疏》："柀，一名煔，俗作

'杉'。郭云：黏，似松，生江南，可以为船及棺材。作柱，埋之不腐。"明代造船有用杉木的记载，明倪岳《青溪漫稿·奏议》提到，弘治十一年（1498）采买军用，"查勘各卫打造修理未完快船，共若干只。见领料办价打造者，若干只；已领杉篙等料，花费无存者若干只……"。

永乐时在山西所采松木，实际上与杉木差不多，用途大致也是"鹰架木"。清吴其濬《植物名实图考》记载一种"杆"树："杆木，山西山中极多，树亭亭直上，叶如栝松而肥软，又似杉木而叶短柔。山西'架木'皆用之，与南方杉木同。"这种松树材质与南方杉树同为"松柏属"，没有大规模的大材，从外形到材用与杉篙无异。

明代采买及运送

明早期福建有采鹰架木记载，而且是用于郑和下西洋的物资装备。《明英宗睿皇帝实录》：正统六年（1441）十一月，"福建右参政宋彰言，工部令输运下西洋鹰架杉木等物赴京，其木多枵细不堪，而山岭崎岖，溪滩险阻，徒敝人力，官无实用。臣见福州府常盈仓，年久损敝，乞以其木留拨修仓，庶官民皆便。从之"。

明《（嘉靖）徽州府志》："正德十年（1515），营建乾清、坤宁宫，派府鹰架、杉木一万三千余根，平头杉木一万六千六百余根，杉条木二万根，杉木连二板枋八百块，杉木单料、板枋八百块。寻以徽土瘠石多，惟产杉条槁，乃工部蒋主事，以鹰架、大木改派江西，平头、杉板改派浙江。杉条、杉槁并派本府，具干奏疏。"。

"嘉靖六年（1527），营建仁寿宫，工部派府鹰架大木七百余根，平头木九千余根，条槁四千余根，猫竹一万四千余根。本府发银三千六百余两，至浙江严州府、江西饶州府古苑渡，转买平头杉木三千根、杉条槁四千根、猫竹一万四千余根。续又发藏银一千九百五十余两，买鹰架木四百五十根、平头木二千四百余根。"

"嘉靖九年（1530），工部派府鹰架木二千根、平头杉木一万根、杉条木二千根、杉槁木一万根。比奏将鹰架平头等木猫笙等竹均派直隶各府土产之地。"

"嘉靖三十六年（1557），营修大朝门殿，工部派府各项工木共八万六千七百六十六根，为银一十二万九千三百一十四两有奇，并解脚银四万一千六百四十两。凡为银一十七万九百五十四两有奇。"

明郑晓《看议知府宿应麟等疏》提到，嘉靖三十六年（1557）"浙江、徽州等处采木……分派严州府，采办鹰架木六百八十五根，平头木一千三百三十根，杉条木二千八百三十五根，杉槁木二千六百二十五根，共七千四百七十五根。委推官宋璘、县丞戴裴、黎滚，采买派佥大户一十八名，解户水手各五十七名。该府于八月二十一日申送委官大户到司领文买木，及陆续解送解户水手前来"。推官宋璘报告办理结果是："先买完杉条槁木二千根，又委建德县县丞张翊，于本县山场砍号杉条槁木八百余根，又于本月十二日申报，买完二等鹰架、一二等平头并杉条槁木，七千一百三十二根……又据报完鹰架大木三百四十三根……鹰架木二百根……鹰架木四百八十五根、平头木五百三十根。"严州府及建德县都在浙江。至今浙江仍保留许多以杉树为名的地名，如"杉树湾""杉树坑""杉树坳""杉树山""杉树坪""杉树坞"，庆元县有明代至今500年的"杉树王"。

万历间南京工部尚书裴应章于万历"二十八年（1600），拜南京工部尚书，以鹰架、楠木为民累，请罢之"。

清代采买及运送

《大清会典则例·营缮清吏司·物材》："（顺治）六年（1649）题准，各工需用架木，部委官诣江南，会同地方官召买。八年（1651）题准，各工需用木植令正定、山西、江西、浙江、湖广五处地方购买。十五年（1658）题准，各工需用架木，水路不能速到，行文江宁巡抚，自本年起动支正项，岁解二千根备用，仍将木植长径尺寸及用过钱粮数目报部核销……（康熙）七年（1668）题准，太和殿工程需用杉木，委官会同江南督抚，动支正项钱粮，照时价买办、运工应用。八年（1669）谕：修理宫殿所用楠木不敷，量将松木间用，停止各省地方采取。钦此。十四年（1675）题准，停止江宁采买架木。十九年（1680）题准，江宁巡抚动支正项先买架木六千根解部，嗣后仍照旧例每岁办解二千根……（二十六年，1687）又题准令江南江西、湖南动支正项，每岁各办解桅木二十根、杉木三百八十根，江南解架木二千四百根，江西、湖南各一千四百根。每省各解桐皮杉槁二百根，浙江省捐办架木一千四百根，桐皮杉槁二百根……三十四年（1695）重建太和殿，应用木料奉旨停免采取，一应工料发帑购买。三十五年（1696）题准，椭木、杉木、架木存贮者足用，停其办解。三十八年（1699）题准，令江南、江西、浙江、湖南仍照旧例，每年办解椭木、杉木、架木。"由江南椭木、架木、杉篙断断续续采买记录可见，康熙时期围绕以太和殿工程为首的营建工程，本意是要停止江南木植采办，但因为有些建材以及杉篙必须用杉木，就不得不保持一定的供应。于是采取减量，特别是"官办"采买，至晚清尚可见到相关记载。

按《清朝文献通考·土贡考》统计，"江苏省每年额解椭木二十根，杉木三百八十根，架木一千四百根，又二千根，桐皮槁二百根……浙江省每年额解架木一千四百根，桐皮槁二百根……江西省每年额解椭木二十根，杉木三百八十根，架木一千四百根，桐皮槁二百根；湖南省每年额解椭木二十根，杉木三百八十根，架木一千四百根，桐皮槁二百根"。

《（光绪）湖南通志》对扎簰、扎小吊运京有详细记载，并记有运京过程，可作官书《清文献通考》诠释。"湖南每年额办解京木植二千根。内，椭木二十根，各长六丈，大径一尺五寸、小径七寸，每根银二十两。杉木三百八十根，各长三丈，大径一尺三寸、小径七寸，每根银八两六钱二分二厘。架木一千四百根，各长三丈，围一尺四五寸，每根银一钱八分。桐皮杉篙二百根，各长二丈，围一尺二三寸，每根银一钱二分。以上银两均于地丁项下动支，委常德府同知领价，赴辰、沅、靖各地方及黔省采购，并于沅州之临口、常德之德山河下，向客商木簰抽买一根，仍俟上一次委员办齐收旗，下次委员始竖旗接买。买齐后，准自备护木四千根，俱在常德大河捆扎成簰，运至江南北河口，改扎小吊前进，赴工部木仓交收。"其采办方式一是常德府同知领价去市场采购；二是在沅州、常德税官"向客商木簰抽买"，与明代"十分取二"的"抽分"制大不相同。湖南采办的楠木、架木、桐皮杉篙等木植，在常德大河捆扎成木排，沿江而下，再改扎小吊，沿京杭大运河北上京城。

"承台基础"依旧在

根据故宫历年来古建维修、消防安全等地下施工的发现，故宫建筑"桩基"和"承台基础"使用广泛，城墙下、墩台下、雨水沟帮、护城河河帮等都有木桩，慈宁宫东山墙外地下明代宫殿基础，粗大的木桩之上是两层木排筏，共同组成"承台基础"。

古建筑的科技升级

故宫里这种承台基础不见于建筑经典《营造法式》，清代工部《工程作法》记载也不详细，应属普通古建筑科技的加强版。《营造法式》"筑临水基"有具体规定，专门用于临水建筑。元代建设大都宫殿时，元大内一带有高梁河旧河道、河滩及淀泊。据笔者考证推测，现慈宁宫一带为元大明殿所在地，地下有玉泉水泆流经过，地质条件并不稳定，按临水建筑筑基之法处理超大型宫殿基座，铺设"桩基"和"承台基础"。当时我们下去查看，地下4～5米处木桩都泡在水里。已发现采取这一做法的还有东华门、西华门墩台。清代殿宇多在元明旧基上建起，而且无论基础坚固程度还是殿材乃至工程质量，都不及明代。

打桩鹰架木实例

何以知道打桩使用的是鹰架木？明代张内蕴、周大韶撰《三吴水考》提供了线索。该书"计开修建闸座工程"项下："打桩鹰架木一百根，每根银一钱二分；搭蓬小杉木二百根，每根银五分。"

慈宁宫"二号小鹰架平头杉木" 故宫慈宁宫东山墙外地下发现的明代建筑遗址基础，桩木都是带皮或不带皮的原木，桩径在20～23厘米，即6.25～7.18营造寸，其围长19.63～22.56营造寸，这正好符合前文"二号小鹰架平头杉木"的"围二尺一寸"标准。"小鹰架平头杉木"较"大鹰架杉木"短，切合此用处。其"长三丈以上"，合今10米以上，正好一裁五，水中所见木桩约在一人多高。据此可以说，我们以往说的这些"柏木桩"，其实就是"打桩鹰架木"，也就是小鹰架杉木。它正合郭璞《尔雅疏》对杉木木质的描述："㸃，似松，生江南，可以为船及棺材。作柱，埋之不腐。"

东华门、西华门墩台之下圆木排列的木筏基础，木筏下为桩基础，木材直径都在20厘米左右，长为2.1米，用的也都是一裁五的"二号小鹰架平头杉木"。

箭亭"杉槁木" 箭亭西南旧雨水沟沟帮桩木，桩径8～9厘米，桩长1.5米和1.92米，合明代7.85、8.83营造寸，使用的应是比"大鹰架杉木""小鹰架平头杉木"细小的"杉槁木"。另外，明代嘉靖时期在山西所采松木，也应该是作此用途。山西所产松木一般不够大材标准，而且明代也不以松木为梁栋。

嘉靖时重建皇极殿，规模缩小，严嵩奏请不要改筑三大殿下的三台："作室，筑基为难，其费数倍于木石等。"筑基难就难在要用大量木料和砖瓦石等建材，加上繁复的筑打工艺。如此庞大的需求，也是明代大量采办鹰架木的原因。明代地理学家王士性（1547—1598）撰《广志绎》指出："木非难，而采难；伐非难，而出难。木值百金，采之亦费百金；值千金，采之亦费千金。"虽然说的是四川采木，江南采办鹰架木也并不容易。

图4 承托三大殿的三台，地下是完整的桩基

得天独厚房山石

故宫宫殿、城池使用了大量石材，其中三大殿栏杆等为汉白玉，丹陛台阶等为青白石和艾叶青，铺砌庭院地面的则为豆渣石等。石材比木材、砖瓦都重得多，所幸京城西南郊房山县（今房山区）大石窝盛产高质量大理石、青白石，而且储量极大，至今北京城古建筑维修及其他工程用料，都来自这里。

安禄山贡白石

此处现为房山区南尚乐乡，距北京城70多公里。早在北魏时代，出生此地的地理学家郦道元（约470—527）撰《水经注》就做了记载："圣水又东径玉石山，谓之玉石口。山多珉玉、燕石。"著名的房山云居寺石经，是从隋唐时开始雕刻的，使用的就是大石窝的白玉石和青白石。唐朝安禄山曾以大石窝的白玉石制作精美工艺品进贡唐明皇，放在骊山华清池里。唐明皇到池中沐浴，见到用白玉石雕刻的石梁、石莲花非常高兴，但刚脱下衣服要下水，却见那些白玉石的鱼龙凫雁皆若奋鳞举翼，状欲飞动。唐明皇不敢在水中与之嬉戏，命人将它们撤去。

唐末以后，北京一带一度脱离中原王朝，宋朝曾以重金将这一带赎回。有一个宋人得到一块白玉石，以为是真的玉石，就当成宝贝收藏起来，留下愚父藏燕石的笑话。辽、金、元、明、清各朝营建宫殿、陵寝，大量开采大石窝石材。明、清两朝更在此设官督采，使石窝附近形成一个喧闹的集镇，号称"石窝东店""石窝西店"。当时开出的大石有一块无法运走，至今留在当地的白玉塘旁，民谣有"大青不动二青摇，一摇摇到卢沟桥"。到现在，故宫维修用石，仍到大石窝去买。

保和殿大石雕

在现代生产力条件下，运输石材已容易多了，但在古代，这无异于移山填海。当时使用的运输工具只能是特制的大车，靠人力、畜力来牵引。明朝嘉靖时重建乾清宫和坤宁宫，台基上用的石条与每间房子的长度相同，每块石头长五丈，宽一丈二尺、厚二丈五尺，凿成五级，以万人拽之，日凿一井，以便饮用。人们称这些石头为"万人石"。还有一种十六轮大车，用1 800头骡子牵引，一日行程六里半路，比人力拉的旱船还要慢。现在保和殿后丹陛上的大石雕，是明朝嘉靖时的遗物，未雕琢时长三丈、

图5 故宫保和殿前雕龙

宽一丈、厚五尺，现在仍重达40吨。当时动用了北京附近及河北顺天、保定、真定、河间、广平、顺德、大名等八府农民两万人，在天寒地冻的数九天里拽运。他们造了旱船，每里掘一口井，先泼水结冰，然后拉旱船在冰上滑行。拉拽旱船的人夫队伍长达一里，每日行程五里，用了28天才拉到京城。这块巨石单是运输费就高达白银11万两之多。清朝采石任务也很重，但体量变小，工程规模缩小。

五路宫殿渐次造

保存至今的紫禁城宫殿建筑格局，学术界普遍认为是明永乐初建时确定的。但严格地说，永乐年间奠定的只是主体格局。紫禁城前朝区域宫殿，总体上分三组：中路三大殿，东西两翼文华殿、武英殿。后寝区域总体上分五路：中路后三宫、御花园；与后三宫对应的两翼内东路东六宫，内西路西六宫；与御花园对应的乾清宫东五所，乾清宫西五所；外西路独立的慈宁宫、寿安宫、英华殿等太后太妃宫院；外东路宁寿宫、乐寿堂等太上皇宫殿。另外还有文华殿东北皇子居住的南三所。大致上说，三大殿、后三宫、东西六宫、文华殿、武英殿等建筑群，是永乐初建的；外西路、外东路、乾清宫东西五所各建筑群，是随着太后太妃、幼年皇子、太上皇的出现，而渐次建造的，并且这些建筑及用途经历了很大演变，至乾隆后期形成现存格局。

"东朝""东宫"存变量

皇宫是封建社会最高统治者皇帝及其眷属的居所，其用途主要有处理朝政和居住两项，反映在建筑上，分为礼制场所和寝居场所两大类，即"前朝"和"后寝"。皇帝及其后妃们直接使用的建筑是基本稳定的，因此，对紫禁城内宫殿数量及格局的要求是相对不变的，前朝和后寝的中、东、西三路甚少变化。而先朝皇帝的遗孀，即太后、太妃们，从数量到各人的身份特点，都处于不断变化之中，因而造成外东路、外西路等奉养东朝的宫殿不断变化。明代东宫太子及其他年幼皇子、清代诸皇子，数量也随时变化，又造成紫禁城内东宫类建筑的不断变化。

按清人龙文彬《明会要》的统计，明朝从开国的洪武朝到崇祯朝结束，共有太后14位。另外，晚明还有几位著名的先朝妃嫔，如神宗妃、福王朱常洵的生母郑贵妃，抚视过天启帝和崇祯帝兄弟二人的光宗李选侍，她们虽不是太后，但在待遇上与太后不相上下。

明代太后从无到有，从同一时期一人到几人，情况颇不相同，而东朝宫院的建筑也随之从无到有，从不完善到完善，直至确定。东朝建筑不仅与帝王后妃的存亡有关，也与宫廷政治斗争密不可分。

宣德之前无"东朝"

明初在建造南京宫殿的洪武时代和建造北京宫殿的永乐时代，都没有太后。因而在两京宫殿建造上，当时都没有东朝宫院。朱元璋父母早亡，因此他在吴元年（1367）和洪武十年（1377）两次营建大内时，都未考虑建太后宫。在后寝六宫两翼增设了"东宫"和"西宫"，作为皇帝的别宫。

永乐皇帝即位时，不论是朱元璋的马皇后还是据传永乐帝的生母硕妃，都早已病故，北京宫殿"悉如洪武初旧制"是正常的。永乐去世时，徐皇后及其子仁宗朱高炽的生母均已不在世。

宣德太后住"西宫"

仁宗朱高炽在位不到一年，去世后留下一位张皇后，被宣宗尊为太后，成为明代迁都北京后的第一位太后。根据《明实录》

提供的线索，仁宗张皇后在宣德朝居"西宫"，在后寝的最西边，就是仁寿宫。如前所述，紫禁城建成后当年，即永乐十九年（1421），奉天三殿遭雷击焚毁，第二年乾清、坤宁两宫亦毁于火，永乐帝都无力重建，经过他儿子仁宗、孙子宣宗和曾孙英宗共20年，到正统六年（1441）才重建了三大殿和后二宫。因此此时虽有太后，也无力营建太后宫院。

"仁寿宫"一名，本为洪武时后寝六宫之一的名称，永乐帝在十四年（1416）至十五年（1417）在西苑所作"西宫"，后寝六宫之首即仁寿宫。永乐十八年（1420）建成的大内，后寝六宫增加为东、西各六宫，十二宫除"长春宫"用原名，其余都不与原先宫名相同。永乐时大臣杨荣《皇都大一统赋》中称"仁寿屹乎其右"，即乾清宫之西。同时的金幼孜在同名赋中则说"大善齐辉于仁寿"。这一切说明仁寿宫、大善殿在永乐十八年（1420）建成的紫禁城中已具备了。

仁寿宫的规模，由后代嘉靖帝所称"统于乾清宫，非母后之宫"，证明它本是皇帝别宫，虽远在外西路，但像东西六宫一样，从属于乾清宫，与东西六宫中一宫或两宫的面积相当。宣德初并未大兴修复，即使最必需的三大殿、后二宫都未做修复，西宫亦非宣德时期所建，而是永乐时所建。宣德起将西宫作为太后宫，是当时东朝人员不多的特定情况下的权宜之计。辽宁省博物馆藏明宣宗《万年松图》，有宣宗亲笔："宣德六年（1431）四月初一日，长子皇帝瞻基，敬写《万年松图》，奉仁寿宫清玩。"这是用张太后所居仁寿宫代指张太后，以表尊敬。

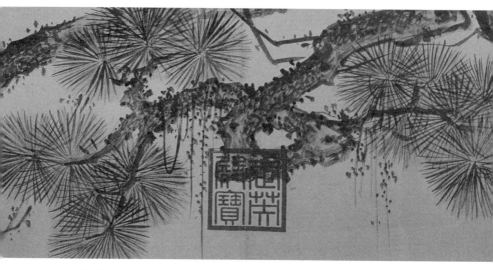

图6 明宣宗朱瞻基《万年松图》卷局部　　　　　　辽宁省博物馆藏

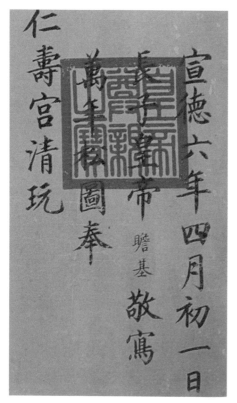

仁寿宫区域应相当于今慈宁宫本宫区（不含慈宁宫西路寿康宫和慈宁花园）。今外西路慈宁宫一区建筑，其纵横也为九宫之地，当年仁寿宫和大善殿也不过进深各占两宫格之地，而且如东西六宫格式，宫外侧建佛堂。

太后增加占青宫

宣宗死后，留下孙皇后，为明朝迁都北京后第二位太后。于是在正统七年（1442）之前，宫中出现太皇太后张氏与太后孙氏两代人两宫并立的局面。景泰时，太皇太后张氏虽已去世，但景泰帝又尊其生母宣宗贤妃吴氏为太后（迁都北京后的第三位太后）。英宗复辟，吴太后被废，天顺六年（1462）孙太后薨，明宫两年中暂无太后。英宗死后留下皇后钱氏和贵妃周氏（宪宗生母），同时被尊为太后。钱太后于宪宗成化四年（1468）薨，周太后却度过宪宗朝，到孝宗末弘治十七年（1504）三月才去世。而孝宗朝还有王太后［正德十三年（1518）薨］，因此在孝宗朝是太皇太后与太后并立。武宗朝，太皇太后王氏与孝宗皇后张氏（武宗生母）并存。

上述正统、景泰、成化、弘治、正德各朝都有两位太后，其中正统、弘治、正德三朝为太皇太后和太后两代人并存，这就势必要分居两处宫院。那么仁寿宫之外还有哪里呢？

从《明实录·明孝宗宝训》记载可知：弘治时太皇太后周氏居清宁宫。后代的嘉靖帝说，"太皇太后、皇太后二宫，我皇祖（成祖）原未有制。今日'清宁'者，乃青宫所居，虽无其人，可无其所？是非母后所居也。曰'仁寿'者，乃统于乾清宫者，非母后之宫。"可见，所谓"清宁宫"，其实是东宫太子的寝宫。明朝太子12岁至15岁之间行冠礼，完成冠礼成年后始移居太子东宫。英宗的太子朱见深初立时3岁，其时英宗已被俘，次年改元景泰。孝宗的太子朱厚照未成年即继位。武宗朱厚照无子。当正统、弘治、正德三朝，东朝呈太皇太后与太后两代人并存局面之时，正是其东宫太子不成年甚至空缺时，因此，当时才将太子居住的青宫用作东朝宫院。

嘉靖建外东、西路

明武宗无子，死后，朝臣按序迎立朱厚熜继统。这时期发生了以尊崇本支、进而追尊嘉靖帝生父兴献王为帝、升祔太庙为主要内容的大礼议，其影响波及整个嘉靖一朝政治。嘉靖帝由此对明代礼制进行了一次全面审核、清理。表现在宫殿建制上，则是确定了外西路和外东路为东朝宫院，使紫禁城东朝建筑格局得以完备。

嘉靖帝确定东朝宫院的根本原因，是欲尊崇生母，将其生母兴献王妃蒋太后与伯母孝宗张太后从仁寿宫分开。其直接动因，则是仁寿宫被火灾焚毁。嘉靖帝由原拟恢复仁寿到转而经营东朝两宫，创一代典制。

嘉靖十五年（1536）四月初九，嘉靖帝鉴于分祀天地、日月已成功，生母已改"圣母"，地位已超过张太后，才决定兴工。他在长远打算上是以外东路建太皇太后宫，外西路建太后宫，定名"慈庆""慈宁"，以备一代之制。具体到当时，是让伯母住慈庆宫，生母住慈宁宫。

张太后一宫系孝宗朝遗孀，人员很多，因此除慈庆主座外，还建了本恩殿即一号殿、哕鸾宫即二号殿、喈凤宫即三号殿。慈庆宫一区南北长400米，占8个宫格。嘉靖所营慈庆宫即现在皇极殿位置，是皇伯母昭圣皇太后的礼殿。现皇极殿后殿宁寿宫基座高度，与外西路慈宁宫基座高度相近，二者都是嘉靖时遗构。宁寿门至宁寿宫之间进深，也与慈宁门至慈宁宫后殿大佛堂之间进深相同。而且两座宫殿的前殿两侧，都建垂花门以通后庭，虽为礼殿却仍富于生活情趣，与母后所居萱堂性质符合，应同属嘉靖规制。慈庆宫寝宫，就是本恩殿，位置约在今养性殿。二号殿、三号殿，供地位较高的太妃们居住，位置约在现乐寿堂、颐和轩。其余地位低下的妃嫔等，则随居侧房。

图8 外东路皇极殿原为宁寿宫前殿，图为前后殿之间的垂花门

外东路经清康熙时修建，乾隆时改建，至今已少有明嘉靖时遗构，只有宁寿宫本身基本保持着原先的样貌。此宫为慈庆宫后殿，康熙时成为宁寿宫后殿，乾隆升崇宁寿宫前殿为太上皇宫殿主座，而将宁寿宫匾额移至后殿，其建筑面阔、进深、高度、材分与慈宁宫后殿大佛堂基本相同，基本上保持了初建时的面貌。

蒋太后一宫系兴献王遗孀，人员本少，可以随子入京者也只太后一人，因此慈宁宫连同花园共300米，占6个宫格，其中慈宁宫主座占3个宫格，花园占3个宫格。慈宁宫为嘉靖生母所居，因此嘉靖十七年（1538）七月便完工，而蒋太后竟也于同年十二月薨，未享用几日。

嘉靖之后，东朝宫殿一度相对稳定。但到万历十一年（1583）十二月，慈宁宫发生火灾，十三年（1585）二月重建，六月完工。

顺康初期因明制

顺治入主北京时，国家方经明末以来多年战乱，民生凋敝，经济崩溃，宫殿未遑营治，基本沿用前明旧有。皇帝居大内，摄政王多尔衮居南内，孝庄太后居乾清宫。清代东朝太后情况不如明代复杂，宫院基本沿用明朝旧有，外东路更名宁寿宫。顺治十年（1653），慈宁宫进行了一次大修。孝庄太后于康熙二十六年（1687）十二月二十五日去世，去世前不久，慈宁宫东刚建成一座五间新宫，康熙帝说："太皇太后在日，屡曾向朕称美，乃未及久居，遽升遐。今于孝陵近地择吉修建暂安奉殿，即将此宫拆运于所择吉处，毋致缺损。"这就是位于清东陵内孝庄后昭西陵的隆恩殿。

康雍鼎新太后宫

顺治帝死后，留下皇后博尔济吉特氏和康熙帝生母佟佳氏，前者史称孝惠章皇后，后者史称孝康章皇后。连同孝庄太皇太后，当时三宫并尊，称为宫廷盛事。康熙二十六年（1687）孝庄太后死后，康熙帝暂请孝惠章太后移居慈宁宫，而对宁寿宫进行大修。这是一场大修，移居形式亦隆重，曾于二十八年（1689）十二月初三祭告太庙，初四未时移居。这次大修对外东路后半部明代格局有所调整。明代原本主要有本恩殿、哕鸾宫、喈凤宫，此次将本恩殿改作景福宫；将哕鸾、喈凤拆改成两个单元，哕鸾一单元分建中、东、西三宫，分处太妃、太嫔；喈凤一单元分建兆祥四所，以处皇子、皇孙们，相当于皇家幼儿园，因为康熙帝皇子太多了，乾清宫东西五所等处住不下。

雍正东朝居慈宁

乾隆元年（1736），对慈宁宫区域宫殿进行了粉修，即奉生母崇庆皇太后入居。慈宁宫正殿是太后的礼殿，后殿是佛堂。太后寝宫实际在慈宁宫西路南北跨两个宫格的寿康宫，寿康宫后殿才是太后寝室。慈宁宫后进深为一个宫格的地域，建中宫殿、东宫殿、西宫殿三座，均用黑瓦，是供太妃、太嫔们居住的。慈宁宫东侧东西占半个宫格、南北占三个宫格的地方，建头所殿、二所殿、三所殿三座，规格比上述三宫殿更低，命名仿明一号殿、二

图9 慈宁门

图10 寿康门

图11 外东路太上皇宫殿皇极殿大殿

号殿、三号殿做法，自然也是"供先朝有名号、无名号之宫眷所居养老处也"。乾隆前期国家太平，经济繁荣，乾隆帝其时以圣孝垂范天下，对母后极尽奉养。乾隆十六年（1751），孝圣宪太后六十诞辰，将明代咸安宫改建为寿安宫，作庆寿活动使用，院中还搭起了三层大戏台。

咸安宫建筑在明清都不是东朝宫殿，但个别时候也有先朝妃嫔居住。乾隆二十六年（1761），孝圣宪太后七十诞辰，先期于二十五年（1760）对寿安宫重加修饰，并在庭中建三层戏台一座。嘉庆帝的如贵妃钮祜禄氏居此。

乾隆重建外东路

乾隆朝是紫禁城外东路、外西路宫殿的最终定型期，也是东朝建筑在清王朝的定型期。外东路改建太上皇宫殿，是以康熙朝妃嫔在乾隆三十三年（1768）全部故去为前提的。康熙的后、妃、嫔等有名号者共55人，康熙帝死后尚在的有30位，雍正时去世16位，乾隆时去世14位。

乾隆朝宁寿宫有两位比较特殊的老太妃：悫惠皇贵太妃和温惠皇贵太妃。乾隆帝髫年时独受祖父康熙帝垂爱，于康熙六十一年（1722）奉命养育宫中，即由这两位妃子抚视。乾隆帝感恩图报，对两位太妃特别关照。乾隆二年（1737）在东陵为两位太妃单建了园寝。悫惠于乾隆八年（1743）四月初一去世，温惠到乾隆三十三年（1768）三月十四日去世，终年86岁。

温惠皇贵太妃去世后，乾隆帝蓄意已久的太上皇宫殿营造计划才得以实行。从三十六年（1771）到四十一年（1776），乾隆帝耗资白银1 434 000多两营造这一工程。从此，宁寿宫一区成为太上皇的宫殿。而乾隆帝为太上皇后，并未由养心殿迁居此处，只在节庆时于此举行一些庆祝活动，如赐宴、听戏等。乾隆帝发出谕旨："宁寿宫，乃朕称太上皇后颐养地……其宫殿永当依今之制，不可更改。若我大清亿万斯年，我子孙仰承天眷，亦如朕能享图日久，寿届期颐，则宁寿宫仍作太上皇之居。此旨著缮录两份，一交（皇子们读书的）上书房，一交内阁存记。"

晚清慈禧太后于光绪年间在此居住，当时她住在乐寿堂。至今在乐寿堂西暖阁仍能见到玻璃果栅等近代化的室内装修。

明太子宫、皇子所

东宫宫殿较东朝宫院的演变简单，但由于明代太子权力的变化，以及清代秘密立储制度的实行，东宫及诸皇子所也发生了相应的变化。

东华门内东宫区域

永乐建北京紫禁城时，皇太子朱高炽已30多岁，永乐帝当时建造了文华殿，是"东宫视事之所"即办公室加礼堂，文华殿后有皇太子宫，称"端本宫"。取《孟子·公孙丑上》仁、义、礼、智之端为修身之本，"足以保四海"。东华门外建皇太孙宫，这位皇太孙就是后来的宣德皇帝。明初太子有很大权力，不但是"皇储"，而且相当于"副皇帝"，凡皇帝因事出京，往往由太子监国。

在永乐、洪熙朝，文华殿发挥"太子视事之所"的作用。从宣德朝起，情况不一样了。英宗朱祁镇2岁被立为太子，9岁继位登极，因他未成年也不可能独居端本宫。以后成年太子只有宪宗朱见深（18岁即位）、孝宗朱祐樘（18岁即位）、光宗朱常洛（39岁即位）等三四人，因此正如本文前一部分所述，正统、弘治、正德三朝把"青宫"端本宫变成太皇太后居住的"清宁宫"。

文华殿在宣德、景泰时做皇帝便殿，但太子幼时出阁读书也在此。英宗在"土木之变"后做了8年太上皇，深感皇权的重大，便借机压缩太子的权力。嘉靖十五年（1536），又将文华殿改造并易黄瓦,凡斋居、经筵及召见大臣俱在此。从此,文华殿收归皇帝使用,另在太子正宫端本宫西侧建"端敬殿"以代之。

关于端本宫最详细的记载,是明末人蒋德璟《悫书》。太子宫区分三进院落,以三宫格计,宫院范围应南起今南三所外大影壁。前星门由明入清不变。"前星"主太子,故用以名太子宫门,居太后时改名"徽音门"。门前三石桥今亦仍旧。端本宫旧址基本上就是清代至今保存的南三所。

乾清宫东西五所

明代皇子有太子和诸王之分,不论太子还是诸王,成年之前都住在紧靠皇帝后宫的乾清宫东西五所。至成年(12—15岁行冠礼),太子移居端本宫,诸王即到外地封国王府,亦所谓"就藩"。

乾清宫东西五所,各南北长55米、东西长160米,合三宫格之地,显然是紫禁城初建时统一规划的。但永乐只有三子,长子高炽为太子,次子高煦为汉王,三子高燧为赵王。永乐建北京紫禁城时,二王早已成年,永乐帝也已年老。根据英宗所称"太宗营建宫阙,尚多未备",可推知其时未建东西五所。仁宗在位一年,十位皇子不是此时生。宣宗只一子,都没有建"儿所"之必要。英宗9岁即位,后生有宪宗及七王,永乐时焚毁的三大殿、后三宫宫殿在此时大力兴作,乾清宫东西五所或可能在此时兴建。

《明成祖实录》所称永乐十五年(1417)六月至十八年(1420)

建紫禁城的同时，复于东安门外建"十王邸"，是诸王晋京朝宗时居住的馆邸，如同今之招待所，并非府邸。"十王"不是十位亲郡王，而是对诸王的吉祥称谓。汉董仲舒《春秋繁露》卷七："天有十端，十端而止矣。天为一端，地为一端，阴为一端，阳为一端，火为一端，金为一端，木为一端，水为一端，土为一端，人为一端。凡十端而毕，天之数也。天数毕于十王者，受十端于天。"如今北京"王府井"地名来自明代"十王邸"。

清代皇子所

清代除康熙朝一度设立太子外，各朝均不设立太子。清代实行的秘密立储制度，使皇子没有太子与诸子之别，明代太子独尊的东宫便失去用处。康熙时的太子胤礽、乾隆为太上皇时皇帝嘉庆，均居内东路斋宫东侧的毓庆宫。后来宣统少年时以此为书房。

乾隆朝之前，乾清宫东西五所均由皇子、皇孙们居住。康熙帝有35位皇子，除东西五所外，还在外东路东朝宫院最北端建兆祥四所以处皇子，补五所之不足。皇子年长者，则授亲王、郡王、贝勒等封爵，分府出宫。

东五所改造

乾东五所，在乾隆三十八年（1773）前，把头所改作四执库、寿药房，二所改作管理太监的机构敬事房和银钱、缎匹、瓷器等库房。三十九年（1774），将上述各处迁到三、四所，而以二所给第十五子颙琰，即后来的嘉庆帝居住，供其成婚。第二年，颙琰移居南三所。嘉庆之后，东五所陆续全部改作宫中绘画机构如意馆（头所）、寿药房（二所）、敬事房（三所）、四执库（四所）、古董房（五所）等库房、公署。

图12 清代宫监管理机构"敬事房"匾

西五所改造

乾西五所方面，雍正五年（1727）命宝亲王弘历在二所居住。弘历登极当年，即将潜龙邸升崇为重华宫。以二所地建重华宫；头所作为其东路，建漱芳斋；三所作为其西路，建重华宫厨房；而将四所、五所划归建福宫花园区域用地。

乾隆南三所

明朝端本宫在乾隆十一年（1746）三月，兴工改建为南三所，第二年竣工。这就是现在所见到的南三所。三所建成，即有皇子入居。乾隆四十年（1775），颙琰迁入南三所中所，他的儿子道光帝就出生在中所。

因为中所为嘉庆帝潜龙邸，故嘉庆即位，将所升为殿，命名为"撷芳殿"。宣统年间，将西所改建为摄政王载沣的公署，即在宫中的办公室。

东朝、东宫建筑，在明清500年中发生着显著的变化，是紫禁城宫殿发展史上不可忽视的方面。

大高玄殿

明代永乐建造北京之后，至明中叶嘉靖时期，宫殿建设出现又一高潮，在永乐之后重塑蓝图。嘉靖帝在位45年间，较大的工程有200多处，如修建大高玄殿、太庙、皇史宬，重修三大殿，建天坛、地坛、日坛、月坛、永陵，增修北京城前三门以南外城京师等。嘉靖二十一年（1542）兴建的大高玄殿建筑群，是除大内、西内、南内之外，又一处大型建筑。在皇城内大高玄殿是一组辉煌雄健的宫殿式建筑群，也是我国目前仅存一座最大的皇家道观。

大高玄殿位于紫禁城北门神武门至西苑北海之间，东面隔街与景山相望，总面积约为13万平方米。面向南，南北呈长方形。观内主要建筑从南到北，有琉璃随墙山门，俗呼"三座门"，门前南、东、西原有高大雄伟的木牌坊三座，还有像故宫角楼一样的元代建筑两座，1955年因扩建景山前街都拆除了。门内前后共三进院，正殿"大高玄殿"，重檐庑殿顶式，面宽七间，黄琉璃瓦盖顶，气势雄伟。殿前有月台，殿的两侧，各有配殿五间，布局非常严整、壮观。后殿"九天万法雷坛",面阔五间,殿前高悬"九天应元雷坛"六个大字,十分雄伟。再后为二层楼阁,形式上圆下方,上层额曰"乾元阁",下层额曰"坤贞宇"。清朝继续维修使用,"乾元阁""坤贞宇"牌匾均出自乾隆帝手笔。这里是非常完美而且保存完好的明中期宫殿建筑群,弥足珍贵,故宫博物院维修后即将向公众开放。

图13 故宫西北大高玄殿山门前元代角楼遗构"习礼亭"及牌坊

工程贪污浪费

明嘉靖二十六年(1547)进士出身的王世贞在《弇州山人四部稿·弇州续稿·陈司寇传》中记载,大高玄殿工程当中,由于陈尧坚持核查工役、造价,为工程节减银两"数十万计"。

陈尧,字敬甫,号梧冈,通州(今江苏南通)人。嘉靖十四年(1535)进士,累官工部主事、营缮郎中、刑部侍郎兼河道总督。王世贞以"司寇"称之,盖取其最高官职刑部侍郎相当于周官"少司寇"。营造大高玄殿发生在他任营缮郎中任内。营缮郎中是工部营缮司的首长，主管国家工程事务。但重大工程皇帝会指定朝中重臣督理，而且人家投皇上所好，"将作诸大僚且缘以博功赏"。营缮郎中一个司局级干部去指手画脚就嫌多事，况且是你"独务为节省"，就颇不识时务。此公看完人家的工匠名册，说："何其多啊！"给人家裁掉十分之三。看完人家的预算造价，又嫌虚多，又裁减百分之三十。他所裁汰的人不少是"中贵人"的关系户，裁减的工程款是"中贵人"虚报估价。这成心与人为难，但他秉公办事，人家拿他没办法，"度无如公何"。最终结果，"公所省又以数十万计"。大功告成，论功行赏，升官的升官、发财的发财，此公当然是"独不迁"，还好，"得赐镒金"，有20两银子作为安慰奖，也算嘉靖帝知人、同僚不为难他。

二十六年火灾

明朝死心眼的官员很多，嘉靖晚期学者、教育家冯从吾《冯少墟集》卷二十，记载嘉靖朝御史杨爵（字伯修，号斛山）与工部员外郎刘魁、给事中周怡为"易学"之友，三人经常给嘉靖帝提意见。嘉靖二十年（1541）二月初一天微雪，大学士夏言、礼部尚书严嵩等作颂称贺，取悦世宗。监察御史杨爵以非瑞称贺，直言极谏，被下诏狱拷掠，死而复苏。主事周天佐、御史浦铉上疏解救，先后被杖死狱中，自此无敢言者。嘉靖二十四年（1545）八月，据说有神降于乩坛，世宗感其言，立释三人出狱，但未逾月复令东厂追捕。三人同系镇抚司狱，桎梏加严，饮食屡绝。这三位在狱中挺了三年，到嘉靖丁未即二十六年（1547）十一月五日，赶上嘉靖帝在大高玄殿举办斋醮法事，发生火灾，火围中恍惚听闻呼唤三人名氏。神旨昭彰，天意难违，嘉靖帝次日降旨放人，将其削籍为民。

杨爵本人文集《杨忠介集·附录》卷一收录的文章就更神奇："丁未冬十一月五日，先生筹《易》，与周、刘饮，谓曰：'今须尽此杯，明日出矣！'是夕，大高玄殿火四发，不可向迩，火围中恍闻呼三人名氏者。次日释归为民。"此公这一天问卜《周易》，接着与狱中难友也是昔日同僚刘魁、周怡喝酒，提出要饮干，因为明天该走人了。果然当夜大高玄殿发生火灾，火势大到人不敢靠近，但听得火围里呼喊这三位名氏，于是得救了。相关事迹《明史·列传第九十七》也有记载。

近年来故宫博物院对大高玄殿展开全面保护和维修，即将向公众开放。

九　故宫"大匠"造盛景

我国大致从秦朝起，将负责和管理宫室修建工程的官署称为"将作"，汉景帝中元六年（前144）命名掌管宫室修建工程的官员为"将作大匠"，一直使用至辽代。"大匠"之名，颇能代表人们对优秀的建筑工程规划建设者的敬意。

杨琼造元金水桥

据笔者考证，故宫里现存最早的建筑，应数武英殿东的断虹桥，它就是元大内正门崇天门外金水河上的周桥。

元大内周桥

周桥修建于元至元十三年（1276）。元代陶宗仪《南村辍耕录》记载："直崇天门，有白玉石桥三虹。上分三道，中为御道，镌百花蟠龙。"明洪武初到北平勘测元代宫殿的萧洵，在《元故宫遗录》中记载："河上建白石桥三座，名'周桥'，皆琢龙凤祥云，明莹如玉。桥下有四白石龙，擎戴水中甚壮。"综上所述，周桥共有三虹（座），中间一虹桥面为蟠龙石雕，像今天故宫宫殿丹陛上的御道石雕；桥上镌刻着蟠龙及百花纹饰；桥下河中有四条石龙。周桥南北、御道两侧是成林的柳树，元代文人吟咏此处的诗篇很多。萨都剌中进士后步出崇天门写道："禁柳青青白玉桥，无端春色上宫袍。"翰林直学士宋绹在诗中也写道："三月吉日当十三，紫雾氤氲阛阓南。天子龙飞坐霄汉，儒生鹄立耀冠簪。"

元大都城建成不足百年，元朝灭亡。明太祖朱元璋和攻取元大都城的明大将军徐达，对元大都城采取保护政策，使其免遭兵火破坏。洪武初元金水河和周桥遭到一些损害。洪武五年（1372），翰林学士宋讷到这里时，见到"御桥路坏盘龙石，金水河成饮马沟""上林春去宫花落，金水霜来御柳黄"。

朱棣升北平为北京后，永乐五年（1407）、六年（1408），就元大内改建"奉天三殿"，元崇天门改名午门，周桥作为午门外金水桥。永乐十五年（1417）建设紫禁城，则在元大内旧址上向东南移动。元大内大部分建筑被拆掉，元崇天门外金水河改作明奉天门（即今太和门）外金水河。周桥退到奉天门西约150米处，正当内廷通往西华门和西苑的交通要道上，故被保留下来。但是，它既不在皇宫正门之外，便不能再作为金水桥而保留其原先"三虹"的崇高规格，及桥面盘龙、桥下四白石龙等具有明显御道特征的装饰。于是，被拆掉两虹，只留下一虹，故称为"断虹桥"。

图1 故宫断虹桥

最美金水桥

与平常桥梁以实用为目的不同，元明清北京金水桥，主要为营造宫门前"玉带金挂"建筑布局和观瞻效果，"为艺术而艺术"。

断虹桥为单孔石拱桥，桥长18.7米，桥面宽9.2米，两端呈大"八"字形向外伸展，好似张开双臂广纳天下英才。元大都作为国际都会，此桥见证过"万国衣冠拜冕旒"（唐王维句）的景象。它继承河北赵县隋代赵州桥的设计和工艺，拱券跨长4.2米，券顶龙门石至券下金刚墙上皮之间拱矢高度为1.3米，矢跨之比为1：3；拱券也是由各自独立的拱圈构成，共7道，也以腰铁联结。

桥面由巨大的青白石石板构成，两侧各有10根汉白玉望柱，望柱之间为9块汉白玉栏板。望柱高1.45米，横断面26厘米见方，柱身素净无饰，柱头雕刻成荷叶形状，叶边翻转折叠，上为盛开的莲花，莲花中心为莲蓬，莲蓬之上蹲着狮子，造型栩栩如生，动作、情态各不相同，正是设计师杨琼擅长的题材。由石狮的自然风化程度，可以推测哪些是元代原作哪些是明代及清代补作。每块栏板正反两面，都雕刻着精美细致的图案纹饰。图案中心部位是两条行龙，龙的衬底由牡丹、萱花、荷花、菊花、蜀葵、慈姑等十多种花卉组成。断虹桥石刻风格，与1962年北京西直门城墙里发现的元大都汉白玉栏板、1966年北京明代城墙里发现的元大都皇宫丹陛石等一致。桥头两侧的两对趴夏古朴生动，也是元代作品。故笔者考证，断虹桥与元代文献记载的周桥，无论地理位置还是内在结构、外观形象，都高度一致。断虹桥南北，当年繁盛一时的柳树已枯死，明人在原地种上国槐，就是如今断虹桥北"十八槐"，寓意唐太宗"十八学士登瀛洲"。

图2 故宫断虹桥望柱石狮

杰出艺术家

周桥是由元代著名石雕艺术家杨琼（约1213—1288）设计和主持建造的。据元翰林学士姚燧撰文、大书画家赵孟頫书丹的《大元朝列大夫骑都尉弘农伯杨公神道碑铭》记载，杨琼出身于石雕之乡河北曲阳的一个石作世家，年纪轻轻，便已崭露头角。忽必烈建造大都宫殿，杨琼被召往京师。在进京途中，同行人都流连光景，乘便游玩，唯独杨琼每日用汉白玉雕琢一只狮子和一件石鼎。到达京城后，杨琼将石狮和石鼎献给元世祖忽必烈，忽必烈十分赞赏，称道："此绝艺也。"命杨琼管领燕南诸路石匠，后来升任山场石局总管，领导建造大都城和上都城（在内蒙古开平）的石作。

碑文明确记载，大都宫殿建成后的至元十三年（1276）"架周桥"。当时匠师们纷纷将自己的设计图纸呈送朝廷，世祖览罢都不称意。及至杨琼的方案呈上，世祖才龙颜大悦，当即命他督造这座举世瞩目的石桥。果然，杨琼不负众望，很快出色地完成了这项重大工程。黄瓦、红墙、绿树之间，静碧的河水之上，架起三座彩虹一样的白玉石桥，把皇宫门前装扮得如同天上仙境。元世祖忽必烈望着这巧夺天工的艺术杰作，志满意得，于是下令对杨琼大加赏赐。为了显示荣耀，忽必烈还特命大臣带上御酒、御尊，为杨琼老母亲生日祝寿，杨琼感激不尽。至元二十四年（1287），杨琼被封为武略将军、判大都留守司兼少府少监。次年即至元二十五年（1288）病逝，追赠朝列大夫、骑都尉、弘农伯。

杨琼逝世前数日，其子杨谦正扈从忽必烈在漠北野马川。这一天杨谦忽然心胸疼痛，疲惫不堪，同僚问他哪里不舒服，他说就是想父亲了。大家催他赶紧回家，结果杨琼已是弥留之际，说："我忍死等你回来，只叮嘱你一句话：忠谨报国家。"越一日而逝。而由杨琼发扬光大的曲阳石雕艺术代代相传，据说天安门广场人民英雄纪念碑基座的8组10幅汉白玉浮雕，也有100多位曲阳艺术家参与制作。

明初"将作大匠"

我国古代建设工程的管理制度中，从隋朝到明朝，建设工程多称"将作"，明清称"营缮"或"营造"，其长官即工部营缮司员外郎（司长）。当进行大规模宫殿、陵寝工程建设时，总负责人往往由工部尚书或侍郎等大臣担任；建筑师由精通专业并有丰富实践经验的技术人员担任，协助总负责人主持工作，这些人有时被提拔为侍郎乃至尚书等高官。著名匠师具体主持现场工作，犹如近世民间"掌尺的"，其中功绩卓著者，可晋升建筑师。

单安仁

明初洪武年间在首都南京、中都凤阳营建宫殿时，总负责人是工部尚书单安仁（1304—1388），建筑师则是元朝掌管营造的陆贤、陆祥等。单安仁于吴二年（1368）任将作卿，明洪武元年（1368）擢工部尚书，仍领将作事。他精敏多智计，诸所营造，大小工程，甚称明太祖朱元璋旨意。

陆贤、陆祥

近年有学者深入研究揭示：陆祥，字景祥，出身明代无锡石匠世家。从明代《（弘治）重修无锡县志》《（万历）无锡县志》，到清《（康熙）无锡县志》《（乾隆）金匮县志》《（嘉庆）无锡金匮县志》，"方技"部中均有陆祥小传。其中乾隆志和嘉庆志均记载："陆之先在元时为可兀阑之属。""可兀阑"（又作"可兀兰")是蒙古语,即汉语"将作大匠"。陆祥的父祖辈,在元代时即为"将作大匠"。陆祥和兄长陆贤(字景贤)继承祖业,在明朝继续从事宫殿工程。如今我们看到永乐时期建筑,例如故宫神武门、西华门,法式和风格与元代无异,就是因为都出自同一批建筑师之手。

以上志书都记载:"洪武初,朝廷鼎建宫殿,有陆贤、陆祥兄弟应诏入都,贤授营缮所丞,祥授郑府工副,食营缮郎俸。"特别是永乐十五年(1417)开始的北京宫殿建设工程。《明宪宗实录》等记载:"(陆)祥有巧思,尝用石方寸许,刻镂为方池以献,凡水中所有鱼龙荇藻之类皆备,曲尽其巧。"推测天安门内外四座华表,应包含了他的创意;明十三陵华表及神道两旁的石像生,也是由他设计监造。

洪熙、宣德、正统各朝北京宫殿工程,陆祥主持实际工作,一直活到90多岁,官至工部侍郎,朝廷赏赐数万两,其子侄4人分别获得封官,成为明初建筑世家。

人才济济永乐朝

永乐年间营造北京宫殿,是中国历史上最后一次大规模营造一座皇宫和都城。这时候的总体规划领导人有泰宁侯陈珪、工部尚书宋礼和王通、柳升等人,建筑师除陆祥外,还有蒯祥、蔡信、杨青等人,著名匠师有王顺、胡良等人。

陈珪

陈珪是洪武时大将军徐达的部下，随徐达平大都（北京），对北京情况比较熟悉。永乐四年（1406）朝廷着手北京宫殿营造事宜，即命陈珪总负责，《明史》称他"经画有条理，甚见奖重"，说明他富于领导才能。陈于永乐十七年（1419）四月去世，是北京宫殿告成的前一年。

宋礼

宋礼是永乐年间的工部尚书，到四川采木由其亲自挂帅。他在蜀地"伐山通道"，曾"得大木数株，皆寻丈，一夕自出谷中抵江上，声如雷，不偃一草"，虽未免有些神化了，却也反映他劳苦功高。我们今天见到十三陵长陵祾恩殿整材的楠木大柱，无不为之惊叹，须知永乐所建奉天殿更远过祾恩殿，这些巨材主要取自四川。

蒯祥

蒯祥是木作负责人，与负责石作的石匠陆祥相辅相成。蒯祥是江苏吴县人，木工出身，能主大营缮，官至工部左侍郎，食正二品俸。永乐十五年（1417）建造北京宫殿，及后来正统年间重修奉天三殿、天顺末作裕陵（英宗陵），均由蒯祥主管大木工程。凡殿阁楼榭，以至回廊曲宇，随手图画，无不中上意。据说他能两手握笔画双龙，合之如一。他在设计时好似漫不经心，及至按图施工，竟毫厘不爽。到天顺年间，他已60岁，仍供奉朝廷，英宗每以"蒯鲁班"呼之。其子孙继承父祖旧业，为明代又一建筑世家。南京博物院藏《明代宫苑图》，有研究认为承天门前站立者为蒯祥。

蔡信

蔡信为工艺负责人之一，《(光绪)武进阳湖县志》载："永乐间营建北京，凡天下绝艺皆征至京，悉遵信绳墨。"据明雷礼《皇明大政记》，永乐十八年(1420)底，议叙董营北京宫殿功劳，擢蔡信为工部右侍郎。雷礼是嘉靖时工部尚书，对前辈工程师的记录是负责任的。

杨青

杨青的身世可能较苦。《(崇祯)松江府志》卷四十二记载：他是江苏松江(今属上海市)人，幼名阿孙，永乐初以瓦工执役京师。有一天他在宫中抹墙，刚抹出白灰，却有一只蜗牛在上面爬出异彩。碰巧永乐帝到现场，见后问是怎么回事，阿孙以实情相告，永乐帝喜欢其朴实，便问其姓名，他只以"阿孙"为答。永乐帝说，成年了应有大名，现今正是"杨柳青青"的季节，既姓杨，就叫杨青吧，然后又授他营缮所官职。有一天，永乐帝在便殿用金银豆赏赐工匠们，将金银豆撒在地上，众人竞相拾取，杨青独后，永乐帝益发看重其人品。后来大营朝阙工程，任杨青为都工。杨青善心算，凡制度崇广，材用大小，悉称上意。工程竣工，升工部左侍郎。其子亦善父业，官至工部郎中。

王顺、胡良

王顺和胡良都是永乐时彩画工匠，皆因为偶然被记载下来。他们都是山西保德人，《山西通志》说，永乐年间建太庙，征天下绘工诣京师，王顺、胡良都在其中。有一天他们正在绘彩画，永乐帝到现场视察，抚着王顺的肩头称赏不已，又命绣工把御手形象绣到王顺衣肩上，以示嘉奖。

吴中与临清砖

永乐之后，宣德年间有些营造，如南内皇太孙旧宫的拓展；英宗时复建三大殿、后二宫（当时尚无交泰殿）并增拓南内。这时候的工程基本都是依仗永乐时旧人，朝中负责营造的官员，则是当时的工部尚书吴中。吴中（1373—1442），字思正，山东武城县人。永乐五年（1407）正月，任资善大夫、工部尚书，负责营建北京宫殿；七年（1409），主持修建长陵。营建北京宫殿、城墙、陵寝过程中，吴中家乡附近山东临清砖因土质好、运河漕运方便，成为修建北京的贡砖，明清相沿不替。《明史》称他："勤敏多计算，先后在工部二十余年，北京宫殿，长、献、景三陵，皆中所营造。职务填委，规画井然。"

三朝外国工匠

北京是元、明、清三个多民族、大一统中央王朝的首都，呈现出中国各民族文化异彩纷呈的局面。另外元、明、清三朝宫中都有一批外国建筑师或艺术家的作品。

阿尼哥

至今完好地保存在北京城内的妙应寺元代白塔，就是尼泊尔建筑师阿尼哥设计建造的，它融合了中尼佛塔建筑艺术，既适应宗教活动的要求，又达到"壮观王城"的效果。

清代宫中有大批外国科学家、画家，如汤若望、南怀仁、郎世宁、艾启蒙、王致诚等，圆明园等处不少建筑是由外国工程师设计的。明英宗正统年间参与三大殿复建工程的，则有越南人、太监阮安。

阮安

阮安，一名阿留，交趾（即今越南）人，明叶盛《水东日记》说他"为人清苦介洁，善谋划，尤长于工作（即建设工程）之事。其修营北京城池、九门、两宫、三殿、五府六部诸司公宇，及修塞杨村驿诸河，皆大著劳绩。工曹诸司，一受成说而已"。正统年间是北京城池、宫殿的大规模修建时期，《明英宗实录》记载正统元年（1436）十月，"命太监阮安、都督同知沈清、少保工部尚书吴中，率军民数万人修建京师九门城楼"。其具体项目包括正阳门正楼及月城中、左、右楼，其他八门正楼及月城楼（今称箭楼），九门外各立牌坊，城四隅建角楼（现东南角楼即其一），加深护城河并砌筑砖石河岸，门外木桥改石桥。正统十年（1445）六月，又"命太监阮安、成国公朱勇、修武伯沈荣、尚书王卺、侍郎王佑"，督工修北京城墙。在洪武时已于城墙外面加砌城砖的基础上，再将里面也加砌城砖，形成后来所见城墙两面包砖的形式。奉天、华盖、谨身三殿和乾清、坤宁二宫修复，是正统五年（1440）三月至六年（1441）九月进行的，五府六部衙门也在这前后建造。由此可见，阮安参与的工程很多，而且是主要策划者。与阮安同时的越南人太监宋文毅，曾策划和主持修建法源寺，其事迹至今仍见于该寺石碑。

阮安等人是怎样来京和入宫为太监的呢？据《明太宗实录》记载，永乐五年（1407）二月，命征安南总兵官张辅，克安南之日，将有才、德、贤、知之一和一技之长者，"以礼遣送北京"。永乐五年（1407）九月，张辅遣送诸色工匠七千七百人到京，永乐帝指示："南土远来不耐寒，命工部悉给棉衣。"十月，又送上述各种人才九千人到京，永乐帝仍命给棉衣、鞋袜。永乐十一年（1413）五月，有三十名工匠的妻、子到京，永乐帝命有关部门给钞米、衣服、居室，生病的给医药。正统时工部左侍郎黎澄是越南人，年过七十仍供职朝中，因其为来自远方的越南人，格外开恩。

学者推测，阮安可能是越南工匠的儿子，少年净身，入永乐宫中服务。阮安受父辈影响，长于工程，故在正统时大显身手。三殿、两宫工成，他曾刊刻所作《营建纪成诗》一卷，受到士大夫称赞，但为太监王振所妒，被禁止流传。英宗被俘后，王振被景泰帝诛杀，阮安备受重用。后来山东东阿张秋河泛滥，派阮安去监督治理，不幸于途中病故，囊中竟无十金之财。

侵吞工款事件

紫禁城内外的建筑，存留至今的明朝遗构，多为嘉靖时物，其时为明代营造一大高潮，如重建三大殿，增建西苑，分建天坛、地坛，改造太庙，建日坛、月坛和大高玄殿。这时也是侵吞建筑工程款的多发时期。这时期严嵩当政，工部尚书等位置被严嵩一伙人占据着，但不干正事，真正抓营缮的是侍郎雷礼，主持工程的是匠役出身的徐杲。因为有实际经验，嘉靖帝命雷礼、徐杲任工部尚书和掌工部尚书。

严党把持工程

嘉靖三十六年（1557）三大殿火灾后，嘉靖帝下令先建奉天门以为大朝门。工部尚书为严嵩义子赵文华，侍郎为严嵩之子严世蕃，二人力不胜任，屡次上疏，托词拖延施工。嘉靖帝怒，罢免赵文华，严嵩又推举其小舅子欧阳必进接任。在雷礼、徐杲等人的努力下，大朝门不足一年建成，欧阳必进无功受禄，被加进一品官。三十八年（1559）十月十日，重建三大殿开工，第二年四月二日上梁。但欧阳必进领导无方，工程进度一再被推迟。大殿上梁又二年之后，完工竟遥遥无期。这惹恼了嘉靖帝，下决心罢了欧阳必进尚书职，而由雷礼担任，并重用徐杲。在雷、徐努力下，经过半年时间，到了四十一年（1562）九月，三大殿重建落成。嘉靖帝要重奖雷礼、徐杲等有功之臣，并给徐杲加太子太保的荣誉职衔。严嵩对其亲信被罢职怀恨在心，因此千方百计阻挠，最后只给徐杲一品俸禄，雷礼由宫保转宫傅，其他官员概不升赏，但嘉靖帝对二人愈发器重。

雷礼、徐杲苦撑

据明人沈德符编《万历野获编》记载，嘉靖时工程频举，严嵩一党先后被逐出工部，欧阳必进称工部是"苦海"。唯有雷礼办事勤敏，为皇帝倚重，而木匠徐杲以一人之力苦苦支撑，负责全盘设计。徐杲精通业务，技术一流，工作效率格外高。他常常手持斧头，现场指挥，相度规划时，四下环顾一番，俄顷方案即出，材木长短取舍既定，到安装时严丝合缝。当时嘉靖帝在西苑，所居永寿宫（故址在今中海一带）要修，帝先迁居北邻的玉熙宫（今北海西岸国家图书馆旧馆主楼一带）。为了不影响皇帝生活，所有构件都在宫外预制，到现场只剩安装和加盖屋顶。因此皇帝在玉熙宫不闻有斧凿声，而不到三个月新宫竟已告成。又据《明史》记载，徐杲晚年有经济问题。他曾监修卢沟桥，工程干得很出色，但侵吞工程费用不少，到嘉靖帝死后，隆庆元年（1567）即被削官下狱。

拆明宫修清陵

嘉靖时期所建北海清馥殿，在清朝康熙初年被迁建在河北遵化清东陵，成为顺治帝孝陵的隆恩殿。20世纪90年代在清东陵维修时，发现该殿天花板背面刻着"清馥殿"等字样，是嘉靖建造原殿时留下的，如："清馥殿明间龙井南一路东二块，字头朝东。"孝陵神道碑亭则是拆建的清馥殿前锦芳亭，现存天花板上也留下当时字迹，如："锦芳亭东七块向北外。"清初国家局势尚不稳定，财政尤其困难，顺治帝在位18年，竟未营建自己的陵寝。顺治帝死后，营建陵寝迫在眉睫，康熙帝先是营造了孝陵地宫，又于康熙二年（1663）二月至三年（1664）八月的一年半时间里，营造了隆恩殿等地上建筑。隆恩殿的须弥座、汉白玉栏杆等石材都是从旧建筑上拆下来的，致使栏杆的望柱头龙凤图案错杂不一，栏板长短各异，地伏石有厚有薄，隆恩殿月台前的三出陛，因栏板长度不足，竟加接一段实心栏板。

节约经费被诬

明代最后一个营造时期在万历朝，主要有修复毁于火灾的乾清、坤宁二宫并增建交泰殿等后三宫工程，另外对御花园等处都有修建。这时工程技术的主要主持人是冯巧，还有一个著名工程管理官员贺盛瑞。徐杲不甚廉洁，有侵吞工款嫌疑。贺盛瑞厉行撙节，却为缙绅所不容。

万历时修建后三宫的贺盛瑞，史称"精敏有心计，清介能服人"，曾督修景陵（宣德帝陵）、献陵（洪熙帝陵），节省帑金数以万计。万历二十四年（1596），两宫复建并添建交泰殿兴工，贺盛瑞以工部营缮司郎中（该司长官）董其役。鉴于嘉靖时重建三大殿浪费严重，贺乃苦心策划，遍阅有关历史档案，总结历次工程得失，寻求最佳方案。采木川、广，他建议责成当地巡抚和按察使办理，不再由中央特派大员采办。到房山大石窝采石，只派一个主事（处级官员）前去；夫匠花钱招募；颜料招商买办；丹陛石雕用石,雇16辆大车用1 800头骡子牵拉,用22天运到京城。如此节减开支甚大,经费压缩至银70万两,仅两年时间,就完成了后三宫所有工程。

但这却得罪了宫中太监、朝中权贵、民间商人,因为贺盛瑞堵了他们的财路,他们未能中饱私囊,于是群起而攻之,造谣中伤,诬陷打击,使贺郁郁不得志。三年一度的京官考察到来时,贺盛瑞自知得不到公平对待,于是写了一道《辩京察疏》,不久便含冤死去。其子贺仲轼以其父遗疏为基础,泣血写成《两宫鼎建记》一书,为父申冤。这本书留传至今,成为研究明代工程的重要史料。

承明启清的梁九

梁九是跨越明清两朝的建筑巨匠,他继承了明代匠师的艺术传统,又处于清代建筑工程管理、设计规范化前夕,因此具有承先启后的作用。雍正时,朝廷颁布《钦定工部工程做法》和《钦定内廷工程做法》,作为建筑工作规划、设计、施工、管理的准则。清代建筑工程管理有内、外工之分。工部营缮司管外工,内务府营造司承办内工即宫殿工程。乾隆时大兴土木,建筑工程以西山的三山五园(万寿山、玉泉山、香山、圆明园、畅春园、清漪园、静明园、静宜园)、承德避暑山庄及外八庙、盛京(沈阳)皇宫等著称,为适应工作需要,在圆明园特设内工部,负责园工设计营造。内务府营造司设有样房、算房,样房负责设计图纸、制作烫样(根据设计图纸,按一定比例制成的建筑模型小样),算房负责应用工、料估算。

梁九是河北人，是明万历时著名匠师冯巧的弟子。史书记载，明代崇祯末，冯巧年老，梁九拜其门下为徒，数载不得真传，但仍一如既往，服侍左右毫不懈怠，而且愈加恭谨。一日，诸徒弟都不在场，梁九却仍不离左右，冯巧说："子可教矣！"于是尽传其奥秘、技巧于梁九。冯巧死后，梁九被纳入工部，代巧管理营造事宜。清帝入主北京，梁九仍执旧业，凡大内兴造，皆梁九董其事。他能制作建筑模型，曾制楠木殿模型一组，以寸准尺、以尺准丈即十分之一的比例，一个模型不过数尺，而一座重檐庑殿顶大殿的所有构件完全具备，精密准确程度，完全可照其放大施工。重建太和殿时，梁九已70多岁，仍圆满主持完成了大殿的设计和施工。

图3 太和殿菱花窗，金铺、金锁扉 黄希明供图

图4 故宫中路宫殿建筑

"样式雷"世家

清代内务府营造司样房,主要由雷氏一门世代相传主持,雍正至清末的官工建筑,基本由雷家设计和制作烫样,号称"样式雷"。

图5 "样式雷"所制作的故宫养心殿院内戏台烫样

始祖雷发达

"样式雷"以雷发达为发祥始祖。雷发达，字明所，江西南康府建昌县（今永修县）人，生于明万历四十七年（1619），卒于清康熙三十二年（1693）。雷发达的工程技术造诣深厚。过去民间有一个传说：康熙中叶营建三殿，雷发达以南匠供役其间。时太和殿缺大木，仓促拆取明陵楠木旧梁柱充用。上梁之日，圣祖（康熙帝）亲临行礼。金梁高举，卯榫悬而不合。工部从官相顾愕然，惶恐失措。工部官员急忙给雷发达穿戴上上梁之日穿的冠服，让他把斧头藏在衣袖里，爬上梁架去救场。只见雷发达大斧劈下，梁榫随声落入卯口。上梁大礼完成，皇上大悦，当场任命雷发达为工部营造所长班。不久，社会上就传出这样的赞语："上有鲁班，下有长班。紫微照命，金殿封官。"很有传奇色彩。而实际上，是把雷发达长子雷金玉的事迹，挪到了父亲头上。

康熙时期太和殿有两次建设。康熙八年（1669）的一次，雷发达尚未到京，他是在二十二年（1683）冬与其堂弟雷发宣应诏至京的。康熙三十四年（1695）的一次，雷发达已去世两年，时间不合。类似的事迹，发生在雷金玉主持畅春园工程时。

二代雷金玉

雷发达长子雷金玉是"样式雷"第二代，是真正开始掌管样房的雷氏成员。雷金玉生于顺治十六年（1659），卒于雍正七年（1729）。现存《雷金玉碑记》拓本载，康熙时修建海淀畅春园，雷金玉领楠木作工程，因正殿"九经三事"殿上梁，得蒙皇恩召见奏对，钦赐内务府总理工程处掌案，赏七品官。当时康熙帝的确亲临上梁典礼了，正如上述传说形容的，雷金玉身手不凡，受到康熙帝器重和信任，在《御制畅春园记》中提到的"亦有朴斫，予尚念兹"，就是表彰他的。后来，雷金玉投到内务府包衣旗下，算是入了满洲籍。到雍正修圆明园时，雷金玉任圆明园楠木作样式房掌案，带领样子匠制画样、烫样，为圆明园建设做出了很大贡献。

三代雷声征

雷金玉有5个儿子，只有最小的雷声征继承父祖旧业，是为"样式雷"第三代。他生于雍正七年（1729），卒于乾隆五十七年（1792）。声征出生只有三日，其父便去世，四位兄长奉旨随父亲灵柩南归故乡，留下寡母张氏抚养他。他的父亲在康雍两朝功勋显著，但人一死，样式房掌案之职便为同事攘夺。张氏到工部哭诉，要求保留雷家一个位子。但建筑工程不可能由小孩子主持，故只获应允将来幼儿长成，仍到样式房做事。

四代雷家玮

雷声征长子雷家玮生于乾隆二十三年（1758），卒于道光二十五年（1845），与弟家玺、家瑞先后继承先辈事业，在乾隆、嘉庆两朝供职，是为"样式雷"第四代。家玺承办乾隆时北京西郊三山五园及承德避暑山庄与外八庙、嘉庆帝昌陵等工程，家瑞任样式房掌案。

五代雷景修

雷家玺第三子雷景修是"样式雷"第五代中的代表。他生于嘉庆八年（1803），卒于同治五年（1866），16岁起随父在圆明园样式房学习技术，到22岁时父亲去世。遵照父亲遗命，他先将掌案名目让与同伴郭九代办，至咸丰二年（1852）郭九去世后，才重掌样房。雷氏至此家中也积下图稿、烫样模型无数。

六代雷思起

雷景修第三子，生于道光六年（1826），卒于光绪二年（1876）。同治十三年（1874），朝廷欲修复被英法联军焚毁的圆明园，雷思起与子延昌进呈图纸、烫样，同治帝5次召见他们，雷氏复又名声大噪。

七代雷延昌

雷思起长子，生于道光二十五年（1845），卒于光绪三十三年（1907）。这期间，西苑三海工程、扩修颐和园、建同治帝惠陵和慈安、慈禧两太后的定东陵等，都赖雷延昌之力。随着清朝灭亡，宫殿建筑的营造自然停止，相传七代的"样式雷"也完成了历史使命。

"样式雷"图档烫样

民国时期，雷氏家业衰败，1932年，雷氏后裔将家中数千件图样档案和一百多盘烫样售出。其中一部分由北京图书馆（今国家图书馆）收购，一部分为中法大学图书馆收购，还有部分零星散出在中外私人手中。上述两图书馆收藏于新中国建立后并最终移交故宫博物院。

这些烫样中包括圆明园、万春园、颐和园、北中南三海、大内紫禁城（含景山）、天坛、东陵诸处，其中准备用于重修圆明园的烫样最多。打开烫样的屋顶，可以看到建筑物内部情况，包括梁架结构、内檐彩画式样，都细致入微。另外还特别贴有表示建筑物各部件尺寸的标签，屋顶上则为建筑概况。如地安门，屋顶上的标签写道："地安门一座，面阔七间，宽十一丈四尺二寸，南北通进深三丈七尺六寸。明间面阔二丈二寸，次间面阔一丈七尺四寸，稍间面阔一丈五尺。檐柱高一丈八尺、径一尺八寸，中柱高二丈四尺二寸。九檩歇山式屋顶，斗科单昂。"现在要恢复地安门，照此建造即可。

叠山造园大师

宫殿建筑以房屋为主，而皇家园林中除房屋外，以山水为主。清代享有盛誉的叠山造园大师，有"山子张"世家及叶洮等。

"山子张"世家

"山子张"也叫"山石张"，以张涟为第一代。张涟（1578—约1671），字南垣，华亭（今上海市松江区）人，后迁居浙江嘉兴，是明清之际杰出造园大师。黄宗羲《张南垣传》称："三吴大家名园皆出其手，其后东至于越，北至于燕，请之者无虚日。"园林与诗、画同源，讲求"意境"。张涟少时学画于乡里一位著名画家，时时揣摩山水画与园林的关系，寻找以名画入园林的妙趣。学成后以叠山垒石行艺江南50多年，驰誉当时。

他作园之时，先是乱石散布如林，于是入内四顾徘徊，却将主峰、客脊、大礕小砐默记于心，然后与主人坐下闲谈。接着让工匠们在工地操作起来，他在一旁若不经意，指示将某树、某石置于某处。目不转视，手不再指，若金在冶，不加斧凿。若用铅锤、尺子测量，重心、尺寸都不差毫厘。他还善做山水盆景，仿佛立体山水画。

其子四人，皆习父业，尤以次子张然（号陶庵）为著，克肖其父，顺治十二年（1655）奉召进京，参与重修西苑。康熙十六年（1677）又北上营构万柳堂和怡园，特别是主持修造南海瀛台、玉泉山静明园和畅春园园林。据考证，中南海祥辉楼、瑞曜楼后墙廊外叠石，从堆叠手法看还保留着张然当年园艺风格。他前后供奉宫廷三十余年，其卓越的造园艺术为世人称道。张然南归后，其后人的一支在北京定居下来，继续传承祖业，被京城业内人尊称"山子张"。北京北海镜清斋假山，有人考证出其后人之手。

张钺，字宾式，张南垣之侄，也精于造园叠石，江苏无锡寄畅园便是其代表作。康熙、乾隆皇帝均曾六下江南，寄畅园是他们的必到之处。乾隆皇帝令宫廷画师将寄畅园山景绘图带回，在北京颐和园仿建了一座惠山园（今谐趣园）。

康熙时参与畅春园造园的还有江苏青浦（今上海市青浦区）人叶洮。清陈康祺《郎潜纪闻》记载：叶洮，字金城，青浦人。胸有丘壑。畅春园一树一石，皆其布置。洮告归后复入都，卒于旅舍，朝廷特从宫中经费内拨款接济。康熙时大臣纳兰揆叙（大学士明珠次子）《夏日园居杂兴》诗其七悼曰："指点园林旧画师，天涯孤棹再来迟。伤心盛夏成迁逝，回首芳春忆别离。累石崚嶒犹故物，种桃夭袅又新枝。羁魂零落知何在，归向华亭鹤唳时。"

不务正业的天启帝

在人才辈出的明清营造事业中，还涌现出几位特殊的匠师，他们以万乘之尊热衷于规划经营，表现出卓越的艺术天赋，其中明代天启帝朱由校不愧为玩物丧志的典型，他热衷于木工，已经到了废寝忘食的地步。

废寝忘食当木匠

天启皇帝朱由校，是明代的一个"庸懦"之君，其时朝中魏忠贤及客氏当政，残害忠良，国已不国。史称天启帝性至巧，多艺能，尤喜营造。曾自操斧、斤、锯、凿，亲手制成小楼阁，雕镂精绝，即使能工巧匠也不及他。他还在庭中盖小宫殿，高三四尺许，玲珑纤巧；其小号砖瓦，则命琉璃厂特别烧造。他还喜欢油漆活儿，凡是日常使用的器具，均由内府特制。他经常与太监们忙于营造，膳饭可忘，寒暑不觉，绝无厌倦。盖房时，成功了很高兴，欣赏够了便拆掉，反复研究。魏忠贤作秉笔太监，每当天启帝做工或玩赏入胜时，辄奉章奏给皇帝，皇帝全神贯注，无暇他顾，便吩咐让他去办，他便乘机弄权，为所欲为。

术有专攻善“水法”

中国传统园林就是山水园林，明代中国园林经典名著《园冶》，主要内容就是“叠山理水”。只是传统中国山水崇尚静赏林泉，例如两汉魏晋南北朝盛行的“曲水流觞”。西方的人造喷泉，最晚在明中后期传入中国，最初音译、意译结合，将英文fountain译为“水法”。晚明天启帝对“水法”很有研究，引领时尚新潮流。用大木桶、大铜缸等贮水，在桶底、缸底凿开小孔，引水激流，或涌泻若喷珠，或渐流如瀑布，或暗设机关，借水力冲击圆木球，调节水量，使其上下跳跃，经久不坠。清代康熙、乾隆对西洋水法也饶有兴致，乾隆帝在圆明园特设海晏堂（俗称西洋楼）喷泉主题园林。在此前后，他还在宫中养心殿庭院造水法景观。（魏源《海国图志》卷九十四）

忙里偷闲的乾隆帝

乾隆皇帝是营建工程最多的皇帝。他对于造作一件器物尚且每自过目样稿、详加指画，建筑园林工程设计方案自然是御览亲定。如今我们看到的清代宫殿建筑很大部分出自乾隆时期，园林建筑更主要出自乾隆时期，因此其建筑艺术主张，对宫殿园林艺术面貌的形成，产生了决定性影响，发挥了建筑师的作用。他首重形势格局，将史地考据与科学实验相结合，阐明北京城风水形势，尤其是北京城水文概况；建设工程大事，必待"予一人"积思劳虑，事无巨细，有时还要力排众议。乾隆注重继承"古人良法美意"，在继承基础上创新，这是大量"集锦式"建筑园林出现的原因。

因地制宜建福宫

具体在建筑设计上，乾隆讲究因地制宜。乾隆九年（1744）他在北京东蓟县盘山营建静寄山庄行宫，依据此地特点，将长城内外雄峻、奇秀两种名山风格，集于长城之下的盘山一身，是清代最优秀的行宫园林。宫中建福宫及花园，也是这方面的成功范例。

虽是皇帝居住的宫殿，但地方有限，"围于宫墙而弗加扩"，也不能高于正寝乾清宫，"卑于路寝而弗增华"，只作为宫中避暑乘凉之地，所以确定主题是"清嘉"。其建筑物、植株、点景等，均围绕这一主题展开，故有松、竹、文石、嘉木、芝田、蕙畹，殿仿汉代离宫别苑昆明池上的驳娑殿，宫仿春风摇荡的骀荡宫。一言以蔽之，此处一切设施、点缀都要制造春、秋的意境，而不可以是炎炎夏日。静怡轩、敬胜斋、惠风亭、延春阁，都拒炎槁酷暑于外。

巧于因借宝月楼

西苑太液池南岸的宝月楼，即今中南海新华门，是乾隆时期
造园艺术的经典之作，最能体现乾隆帝的建筑艺术主张。乾隆帝
为此所作《宝月楼记》，是他最优秀的散文作品。

宝月楼修建于乾隆二十三年（1758），乾隆称建造缘起是"每
临台南望，嫌其直长鲜屏蔽"。园林建筑一是不宜一望无际，二

要因地制宜，建筑体量与周围环境要和谐，比例关系把握最见功夫。太液池南岸基本条件，是一狭长的带状地面，"长以二百丈计，阔以四丈计"，而且"逼近皇城"南墙根。设计师最初设计三层大楼，乾隆帝要求"减其一"，最后确定"延不过七间，袤不过二丈"。与环境比例关系是"据岸者十之四，据池者百之一"，建筑效果是"池不觉其窄，岸不觉其长"。宝月楼向东与天安门相望，天安门是重檐歇山顶的重楼，若宝月楼做成三层大楼，对于天安门而言有些喧宾夺主，从狭长的太液池南岸来看又似危楼。而两层、卷棚顶的宝月楼端庄秀丽，与天安门相辅相成，相映成趣，又合乎园林建筑的风格。

第三就是中国传统园林最注重的"对景"和"借景"。拾级而登，北眺，一池三山，蓬瀛仙境尽收眼底；南临，京城繁华历历在目；东邻，南为紫微城（即前朝）、北部紫禁城（即后寝）；而西山远借尤美，"西山起伏连延，朝岚夕霭，气象万千。春雨霈而农兴，秋霜落而林殷。是又神皋绣壤，下视三都与两京也"，一派帝都特有的郁葱佳气。"宝月"显然借鉴了园林经典《园冶》"清池涵月"的造园手法。

民国初年，袁世凯在中南海开设总统府，嫌其没有正中当阳的南门，便将楼外皇城红墙推倒，将楼下开成大门，两侧是宫中乾清门、慈宁门、宁寿门等处常见的"八"字影壁，与红墙连接。这就是"新华门"，沿用至今。

故国依稀如梦中

故宫怀故

现存故宫从明永乐十八年十一月初四（1420年12月8日）宣告落成并正式启用，到清宣统三年十二月二十五日（1912年2月12日），清廷按照与南京民国临时政府约定正式颁诏宣布"逊位"，明清两朝共有二十四位皇帝在此居住和行使国家最高统治权。明清两朝的中央政府即朝廷，相应地依托从宫中内阁、军机处，到承天门（天安门）至大明（清）门之间六部府院各衙署，实行对国家的治理。如果加上元世祖忽必烈至元四年（1267）开始以大都为首都，到元顺帝妥欢贴睦尔至正二十八年（1368）放弃最高统治权，北京皇城又多一百年历史。像清乾隆时官修《钦定日下旧闻考》，就将元、明两代皇宫都收录在本朝之前的"宫室"里，并不认为此地只有明朝的宫殿。因为元大内建筑至今已基本不存，所以故宫勾起回忆的元代建筑已经消失，明代旧迹依稀可见，清代事迹宛然如昨。

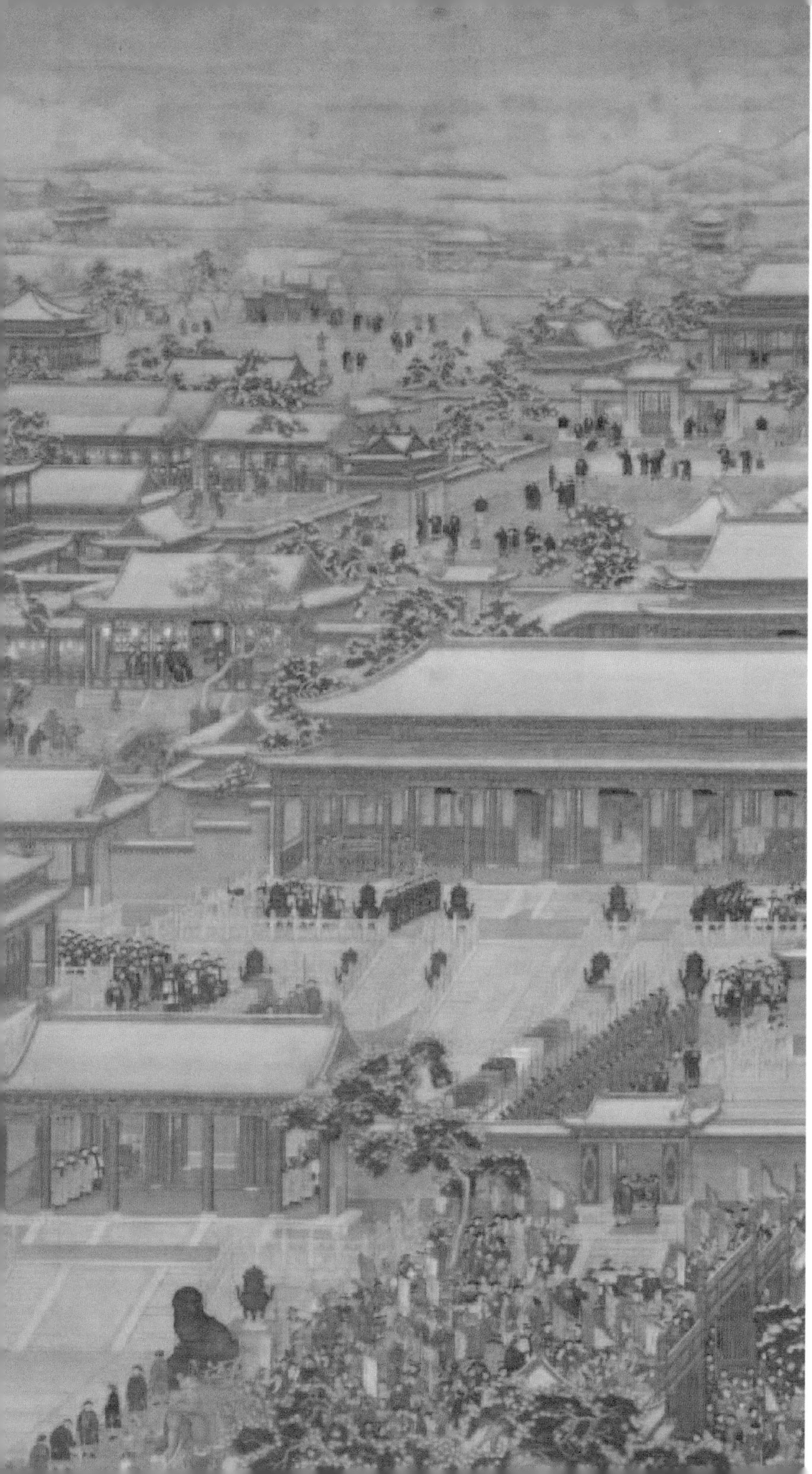

图一 清宫旧藏《万国来朝图》轴，反映了清中期大内、皇城宫殿建筑和政务活动情形

故宫博物院藏

明初由南京迁都北京之后的明朝14位皇帝是：成祖朱棣（永乐，括号内为年号，下同）、仁宗朱高炽（洪熙）、宣宗朱瞻基（宣德）、英宗朱祁镇（正统、天顺）、代宗朱祁钰（景泰）、宪宗朱见深（成化）、孝宗朱祐樘（弘治）、武宗朱厚照（正德）、世宗朱厚熜（嘉靖）、穆宗朱载垕（隆庆）、神宗朱翊钧（万历）、光宗朱常洛（泰昌）、熹宗朱由校（天启）、思宗朱由检（崇祯）；清朝入关后10位皇帝是：世祖爱新觉罗·福临（顺治，以下姓氏省略）、圣祖玄烨（康熙）、世宗胤禛（雍正）、高宗弘历（乾隆）、仁宗颙琰（嘉庆）、宣宗旻宁（道光）、文宗奕詝（咸丰）、穆宗载淳（同治）、德宗载湉（光绪）、逊帝溥仪（宣统）。

链接：御讳、年号及庙号 ————————————

秦汉开始，避皇帝名讳。例如汉代诏书引《尚书·尧典》，改"协和万邦"为"协和万国"，避汉高祖刘邦名讳。唐柳宗元《捕蛇者说》"以俟夫观人风者得焉"，应是"观民风"，为避唐太宗李世民名讳改。《启功口述历史》称，清代皇帝为尽量减少避讳麻烦，名字常采用冷僻字，例如玄烨、胤禛、载湉。嘉庆帝本名永琰，即位后"永"改"颙"，不必像胤禛那样，弟兄都改成"允"。绵宁也是将自己的名字改为旻宁。从咸丰开始，名字就基本不避讳了。名字里表示辈分排序的字一般不是冷僻字，例如"玄"，清康熙起就把古书里"玄"改为"元"，甚至把唐玄宗改成"唐元宗"，故宫北门"玄武门"则改为"神武门"。乾隆帝弘历的"弘"使用时不改，但减一点；太和殿西配楼弘义阁不改，"皇历"则改称"时宪书"。

除明英宗两度执政，有两个年号之外，明清每位皇帝都是一个年号，而不像唐宋那样，一位皇帝常常有多个年号。所以人们往往用年号指称该皇帝，而不是按惯例以庙号指称该皇帝。庙号是这位皇帝死后，其继承人为在太庙里奉祀他的神主而上尊号，比如"唐太宗""宋仁宗"。他们在世时不可能被送到庙里，所以当时并不叫"太宗""仁宗"，这是以庙号指称容易造成的误导。年号是这位皇帝在位时使用的，用年号说这位皇帝在世时的事迹，比用庙号恰当，但有时易使人误将年号与皇帝画等号。例如古玩界有不少人，将万历年款瓷器当成万历皇帝的东西。其实万历皇帝大概率不知道这件东西，二者之间没有什么联系，更谈不上什么个人风格。

一　午门朝天阙

　　午门是紫禁城的正门，地处紫禁城南面正中，在古代的罗盘上，正南午位，故称"午门"。岳飞《满江红》词中"待从头，收拾旧山河，朝天阙"的"天阙"即指这种建筑。古代文武百官上朝之前，先"待漏阙下"，"阙"就是缺口。史籍记载周代王宫雉门外，有双阙，形制像今天通常见到的纪念碑，或称"观""象魏""魏阙""城阙"，立于门前左右，中间阙然为道，故称"阙"。午门现存的宫阙形式，是唐、宋、辽、金、元各朝一直采用的，比周、秦、汉各朝的阙复杂了许多。

阙楼遗制

　　午门平面呈凹形，立面上分城台和城楼两大部分。城台用城砖砌筑，用石灰、糯米、白矾等作胶结材料，中间砌出五个券洞。其中城台正面三个门洞，左右两角各一掖门（门道呈L形），建筑上有"明三暗五"之说。每个门洞各有用途。平常，文武百官出入左（东）门，宗室王公出入右（西）门。左、右掖门只在朝会时打开，文东武西，鱼贯而入。而中门，则为皇帝专用"御道"，中间铺砌着隆起于地面的青白石,南起永定门,北达钟楼、鼓楼,纵贯北京城,既是紫禁城的中线,也是当时设定的北京城和全国乃至全球的本初子午线。皇帝之外,只有极少数人在特定情况下可以通行。例如殿试传胪(宣布殿试结果)那一天,一甲三名进士即状元、榜眼、探花从中门出宫。皇帝大婚时,皇后的喜轿从中门入宫。

城楼正中的门楼,实际上是一座大殿。它面阔9间长60.05米,进深3间宽25米,由地面到屋顶兽吻,通高37.95米。重檐庑殿顶,建筑形制上为最高级。正楼东西两山墙外,各有明廊三间(现有门窗为后加,待拆除,恢复旧观),分别放置钟、鼓各一,举行大典时,按仪式要求鸣钟鼓。朝会时,百官在太和殿广场排班等候,皇帝起驾出宫时,鸣钟鼓,也等于是行程信号。庄严的钟声和肃穆的鼓声,烘托出朝会大典的神圣气氛。明廊之外,便是南北排开的左右两观。两观的南、北两端,各有重檐、四角攒尖顶的方亭一座,共4座。两观中间部分为廊庑13间。午门城楼峙北面南,三面环卫,大气磅礴,有凌厉万国之概。

午门又有"五凤楼"之称,是什么含义呢?建筑界过去认为,它一楼中立,两翼突出,势若朱鸟展翅,故称"五凤楼"。其实,还是应从午门所处位置及其特殊功能来分析。午门位于皇宫正南方,为朱雀,用"凤"比"雀"更雅致。至于"五",指的是五行的内容,表示午门地处紫禁城正前方,为万物之宗。如晋人所编《拾遗记》记载,少昊时有五凤,随方之色,集于帝廷。说的是青、朱、黄、白、黑代表五方本色的凤凰集于少昊帝的庭院,表明四方向化、万国来朝。午门称"五凤楼",寓意应在此。"五凤楼"之名最晚出现于唐朝,李白诗《古风五十九首》四十六:"隐隐五凤楼,峨峨横三川。"《宋史·梁周翰传》记载,宋太祖乾德年间修大内,右拾遗梁周翰献《五凤楼赋》,传诵一时。

午门献俘

午门城楼的作用是十分重大的,明清两朝每遇重大征战之后,都要在午门举行献俘之礼。其时,文武百官齐集阙下,午门楼鸣钟,皇帝身着庄重肃穆的衮服乘舆出宫,驾临五凤楼,在城上正楼檐下丹陛上设座。将校官将敌酋押至阙下,兵部奏称平定某地,所获俘囚,请旨。

清代严厉打击发动叛乱、图谋分裂国家的民族公敌,以"午门献俘"礼恭行"国罚",震慑背叛民族大义的罪恶行径。乾隆二十年(1755),平定蒙古准噶尔部达瓦齐和青海罗卜藏丹津分裂叛乱,乾隆帝一年内两上午门城楼接受献俘礼。纵是道光时国势衰落,对叛国分裂行径也决不姑息。道光八年(1828),平定英国殖民主义者策动的新疆回部张格尔分裂叛乱,道光帝御午门楼举行献俘礼,并绘制道光《平定回疆战图》存鉴。

中国古代立国往往追求王化、德胜,对战俘常常予以赦免,以表示文明又一次战胜了野蛮。乾隆帝鉴于达瓦齐是边疆兄弟民族成员,其个性又惽悷可悯,献俘礼后便降恩赦免其罪,而且封其为亲王,在北京宝禅寺街为其设立王府,又将宗室诚隐郡王的孙女指与他婚配。但达瓦齐不习惯内地生活,天天赶鸭放鹅在大池中戏水，以此为乐。此人身宽十围，体胖逾常，面大于盘，膻气熏人，一般人都不愿接近他，但乾隆帝竟格外优容，命他充当御前侍卫，以示关怀。这些都使边疆兄弟民族深为感动，纷纷投效清廷。

荣光遗存

午门城楼的用途，清代史料不详，似乎没有固定的规定。在明代，这里贮藏着太祖朱元璋、成祖朱棣等祖宗的遗物，仿佛国史纪念馆。

朱元璋是明朝的开国皇帝，庙号太祖。朱棣虽系第二代，但从建文元年（1399）在北平起兵"靖难"，以4年时间夺取其侄建文帝皇位，在位22年间5次御驾亲征漠北元朝统治者余部，巩固北部边疆的统一和安定，最终在榆木川（今内蒙古多伦县）死于征战途中，一生戎马倥偬，未得养尊处优。他的子孙们感激他"还守兼以创"的功绩，先尊其为"太宗"，后更尊其为"成祖"。太祖的一些遗物，成祖历次征战所用刀枪剑戟、所佩铠甲、枪上的号带、在草原作战用的驼鞍、得胜旗纛等，子孙们一直将其存放在午门城楼上，既作为历史纪念，也作为紫禁城的镇物。大臣们定期登楼瞻仰这些遗物。嘉靖十年（1531）翰林院编修程文德《辛卯六月六日登五凤楼》称，奉旨瞻拜这些遗物，登楼后见到寒光闪闪、威风凛凛，不禁肃然起敬，咏道："紫电清霜森武库，高幢大纛纷无数。中有神祖手执戈，摩挲黯黯生云雾。赤缨玉勒间驼鞍，岁久神物何婴珊！传是文皇渡江日，万斛载宝来长安。

祖宗英谟久不灭，辉煌重器遗宫阙。千秋万代付神孙，张皇庙算恢光烈。"

清代也有类似建置，但不在午门，而在太和殿东厢体仁阁。那里保存着清太宗皇太极等前几代皇帝的遗物，有皇太极绣蓝云缎甲胄一份，真正"是当年宣威疆场所留贻者"，其他有世祖福临珊瑚镀金玲珑棉甲一副、东珠金累丝胄一顶，有圣祖玄烨东珠金刚石金累丝棉甲一副、东珠金累丝胄一顶。武备院卿和内务府大臣每年都要查验抖晾一次。乾隆十五年（1750）之前，阁中还供奉着太祖、太宗、世祖三位先帝画像。

清军入关，顺治帝入主北京，全赖皇叔睿亲王多尔衮之力。在睿王府洪庆宫大殿里，存放着多尔衮征战沙场所用铠甲弓矢。多尔衮死后，被削籍夺爵，开棺戮尸，但其当年建功立业的遗物仍被保存着，到100多年后的乾隆时期，在由洪庆宫改成的黑护法佛殿（故址在今存的普度寺东）里，仍能见到这些遗物，因为它是清朝开国历史的见证。乾隆时期在中南海建造的紫光阁、武成殿，则是清代战争纪念馆，举凡平定准噶尔、平定回部等战争的战图、功臣像、得胜旗纛，都保存在阁的楼上和殿内。

图2 清太宗皇太极画像

故宫博物院藏

图3 清世祖福临画像

故宫博物院藏

296

戏曲中常见"推出午门斩首"一语，仿佛午门外真是杀人的法场。由上文可知，午门是一个庄严的地方，人头落地、血溅玉阶，是不常见的（《朝鲜王朝实录》有零星记载）。而且皇帝平常不判案，秋审"勾到"判处死囚，罪犯也并不会押至宫中，所以无所谓"推出午门"并"斩首"。但明代对大臣施行"廷杖"，却的确在此处，说是残酷的刑场，不为过分。现代戏曲演绎的历史故事，一般保持清中期以后京戏以及地方戏曲的风貌，戏中服装、生活现象，多以明代为依据，"推出午门斩首"大约是由午门廷杖演绎而成。

杖责，即打棍子、打板子，在地方官断案时司空见惯，但由皇帝用于处罚大臣，历史上唯明代一家。行刑前一日，有关方面通知拟受刑的官员，明日准备受刑。行刑时，由侍卫和太监将该官员绑赴午门外。先由军校杖打三下，作为开场的下马威，然后，分别"着实打"和"用心打"，上百名军士一边吆喝壮威，一边轮流执杖狠打。打完，再用厚布将人裹起，几个人一齐用力，向空中抛起，任其自由落地，算是结束。被"着实打"的，一般不死则残，轻者也要半年才能伤愈；被"用心打"的，一般再无生还之理。

因廷杖如此残酷，大臣们不免常以此为忧。嘉靖时，有一个叫查秉彝的官员，早年读书时，曾梦见自己受廷杖，躺在暗室中，仰见一匾，上书"天上春回"四字。出仕后，在户科给事中任上，上疏弹劾严嵩父子，被杖六十，降为定边县典史。查秉彝忽忆早年旧梦，若有所悟，因而作诗道："九重天上春回日，二十年前梦里身。"还有万历时的大臣邹元标，因给皇帝提建议被廷杖，到天启时复被起用，上朝走起路来一跛一跛的，天启帝不悦，太傅告诉天启帝，邹元标在先朝直言受杖，至今筋骨犹负痛，皇帝为之动容。

廷杖的轻重程度主要取决于监刑官司礼监首领太监和锦衣卫指挥使。这二人不但发号施令，而且还有一些暗示性的小动作。如他们的脚尖有分开和并拢两种姿势。施刑军士见到张开姿势，便从轻杖打，被刑人可望生还；若见到脚尖并拢，就往死里打。军校们平日训练，分别用砖和纸填成人形，外穿衣服。往砖人上打，貌似轻松，揭开衣服看时，砖已粉碎；往纸人上打，貌似沉重，而其中纸却完好无损。因为其中有这许多技巧，皇帝下令对某人廷杖后，唯恐执行时有人做手脚。隆庆时，给事中石星因奏事触怒皇帝，皇帝下令廷杖，然后悄悄登上五凤楼，察看廷杖效果。部郎穆文熙欲救这位无辜的同僚，事先对执行官晓以大义，又掖石星入场，太监们一起骂穆，穆一边回骂一边拉着石星逃跑，才得免死。为了对付廷杖，大臣们发明了吞服蛇胆以强身、壮气、活血、化瘀的方子。嘉靖时著名的杨继盛劾严嵩案，杨继盛受杖前，有人以蚺蛇胆送他，杨继盛说，椒山（杨继盛号椒山）自有胆，何必蚺蛇哉！表现了他不畏强暴、舍生取义的气节。这些在《明史·刑法志》《查浦辑闻》等公私文献里都有记载。

二　御门听政处

《周礼》规定"天子五门"，即在王宫中线上有五道宫门，由里向外依次为路门（相当于故宫乾清门）、应门（相当于故宫太和门）、库门（相当于故宫午门）、雉门（相当于天安门）、皋门（相当于正阳门）。这条路线实际上遵循的是紫微垣中北极五星的路线，每座门就是一颗星，五门象征北极五星。元朝京城中轴线布局法象黄帝王屋山，明清中轴线按黄帝合宫十二楼布局，法象紫微垣，由《周礼》北极星体系转变为北斗星体系，五门变为七门，以象征北斗七星。午门与天安门之间的端门、天安门与正阳门之间的大清门，就是在《周礼》五门之外增加的，构成七门之数。

古天子唯我独尊，天子与"万人之上"的大臣不在同一个量级。本来是与大臣商量天下大事的"听政"，明代是既不让大家到他居住的乾清宫，也不让到奉天殿去，只让大家在奉天殿大门口即奉天门下，举行"御门听政"。还把皇子的书房设在太和门东廊，把六科公署等办公处所设于西廊。清代皇帝简化了程序，不怕大臣亵渎了他的圣明，不但在乾清宫召见官员，还在养心殿召见。但"御门听政"仍旧举行，只是移到了乾清门。康熙、雍正、乾隆等朝，御门听政几乎天天举行。黎明，皇帝便驾临乾清门下办公，六部九卿则侍立门前丹陛下，先由吏部尚书奏事，其余各部逐日轮流为第二名奏事衙门，皇帝当场做出指示。遇上雪天，皇帝赐斗篷遮雪；遇上雨天，则令大臣到门下站班。这就是颇有特色的御门政治。

图1 故宫乾清门

扇里藏刀

明代皇帝御门听政时，内侍临时在门下安设宝座。明人称宝座为"金台"。皇帝在金台上坐定，内侍便捧出一个雕刻着山河形象的香炉放在御座前，奏称："安定了。"金台之后两侧，锦衣卫力士打着五伞盖、四围扇；还有两个内监，一人执华盖位于御座上方，一人执二扇立于御座之后正中。明代成化时进士陆容的《菽园杂记》记载："奉天门常朝，御座后内官持一小扇，金黄绢以裹之。尝闻一老将军云：非扇也，其名'卓影辟邪'。永乐间外国所进。"原来，这是一件"一柄三刃"的刀剑类武器，外围圈成铁线，然后用黄绢包袱裹起来，外形像扇子。武士拿着这把内里藏刀的假扇子，再拿一把真扇子，立在皇帝身后。遇有紧急情况，持扇人手臂一抖，线圈自落，三刃出现，锋芒毕露。后世戏剧中将这位勇猛的武士易以柔弱的宫女打着长柄大扇，艺术化了。而实际上，如果遇上荆轲刺秦王时那种"图穷匕首见"的场面，两位弱女子是不中用的。

清代皇帝临朝时，御座后有豹尾班，真刀真枪保卫，皇帝还在宝座的软垫下藏着一把匕首，以备不测。

平台召对

明史里常有"帝召见于平台"的字样。"平台"在哪里？为什么在此见臣工？笔者考证认为，"平台"就在清代"后左门"（保和殿东侧）下。明代"御门听政"在奉天门，有时临时要向臣工们发出谕示，不可能来回跑到奉天门，就省路在前朝部分最北的后左门下办了。晚明太监刘若愚宫史著作《芜史小草》记载："建极殿（即保和殿）居中，向后高踞三蹭白玉石栏杆之上者，'云台门'也。两旁向后者，东曰后左门，西曰后右门，即云台左右门，亦名曰'平台'，凡召对内阁等官，或于平台。"清初沿袭明旧，清初王士祯的《居易续谈》曰："后左门左翼室亦曰'平台'，今上（康熙帝）曾召见内阁，于内赐诗。"可知后左门的东室为平台。可以想见这里是简易的办公处，皇上由寝宫乾清宫出来，在此便见臣工。有时皇上还派太监在此口传上谕。

图2 保和殿东侧"后左门"下，就是明代皇帝召见文武大臣商讨军国大事的"平台"

明代"平台召对"最著名的一次，是崇祯元年（1628）七月十四日，崇祯帝在平台召见抗金英雄袁崇焕。据《明史·袁崇焕传》记载，袁崇焕鉴于前任熊廷弼、孙承宗等人一旦离开京城，即遭奸臣掣肘、构陷等教训，召对中要求"愿假以'便宜'"，即将在外相机"便宜"行事的权力。《明史》记载，崇祯帝"退少憩"，由平台回乾清宫稍息片刻，然后又回到平台，继续与袁崇焕对话。袁崇焕提出"户部转军饷""工部给器械""吏部用人""兵部调兵选将"等各部门工作相互配合，崇祯帝一一应允，并饬四部大臣按崇焕所请去办。袁崇焕提出："以臣之力，制全辽有余，调众口不足。一出国门，便成万里，忌能妒功，夫岂无人？即不以权力掣臣肘，亦能以意见乱臣谋。"臣子越说越激动，崇祯帝则越听越感动，"帝起立倾听"，说："卿无疑虑，朕自有主持！"于是赐尚方剑予崇焕，并令其"便宜"行事。此时已近午膳时间，崇祯帝"赐崇焕酒馔而出"，袁崇焕日夜兼程赶回辽东前线。

清君入瓮

太和门西庑在明代为都察院所属吏、户、礼、兵、刑、工六科办事的公署，号称"六科廊"，中间的熙和门，明代先称右顺门，嘉靖四十一年（1562）改名归极门。右顺门外西南礓磋下、六科廊背后，地名叫"逍遥城"。此地原有一口大铜缸，宣德皇帝曾将谋反欲图篡夺其皇位的叔父、汉王朱高煦置于缸中，加火炙死。

明成祖朱棣共有三个儿子，长子即洪熙皇帝朱高炽，次子即汉王朱高煦，三子赵王朱高燧。高炽、高煦二人争夺储位非常激烈，高炽以年长、性格仁厚及其子朱瞻基（即后来宣德皇帝）为

图3 明宣宗（宣德皇帝）坐像　　台北故宫博物院藏

图4 右顺门外明代"逍遥城"遗址，宣德皇帝将谋反的叔父、汉王朱高煦置于大铜缸中加火炙死

永乐帝钟爱，而被立为太子。但汉王高煦常年跟随永乐帝靖难，在夺取建文帝皇位及后来几次北征蒙古时，立有大功。他性格凶悍，桀骜不驯，传说他的两腋之下生有龙鳞数片，在战场上英勇善战。永乐帝曾几次被敌军围困，都仗汉王奋力拼杀，冲入重围，救出父亲。父子二人性格十分相似，所以永乐帝对他颇为宠爱。

永乐二年（1404），高炽立为太子，高煦封为汉王，王国云南，他借故云南遥远，不肯就藩。后改封山东青州，仍不肯行，并私选健士，募兵3 000人，在当时的都城南京为所欲为。永乐帝发觉其图谋不轨，便将其囚禁在南京大内西华门内，欲将其废为庶人，最后改封乐安州（今山东滨州）。永乐帝去世后，高煦派其子瞻圻在北京侦探朝廷动静，伺机作乱，有时一昼夜之间竟派回密报六七次。可是父子两人不久便自相残杀起来。原来，瞻圻的生母被高煦杀害，瞻圻因此对高煦十分怨恨，常说他坏话。高煦索性拿着儿子的密报信件到洪熙帝御前告状，洪熙帝遣瞻圻到凤阳守皇陵。

洪熙帝高炽在位一年病逝，由其子瞻基继位。就在瞻基由南京赴北京经过山东时，汉王便欲将其截杀于途中，然后取而代之。但由于时机仓促，未能下手。之后，又抓住新君即位不久、统治地位不牢这一有利时机，于宣德元年（1426）八月发动叛乱。他先派遣亲信枚青潜入北京，约旧功臣为内应，不料被英国公张辅逮捕，后报告宣德帝。汉王见事已暴露，便学他父亲当年的做法，正式起兵反叛朝廷。宣德帝召祖父永乐帝时老臣大学士杨荣等商讨对策。杨荣请皇帝御驾亲征，说："汉王认为陛下刚即位，肯定不会亲征。出其不意，以天威临之，事无不成。"宣德帝心中犹豫不决，又问大学士夏原吉。夏说："昨天我见到派遣将帅，命令一下，他们脸都变色了，到了战场会是什么样，可想而知。兵贵神速，先声夺人。"宣德帝于是下定决心亲征。

车驾由京师出发，过天津杨村，宣德帝在马上问从臣说："你们估计高煦会出何计策？"有人说乐安州离济南近，肯定会先取济南为大本营。宣德帝说："不然。济南虽近，但不易攻。当年靖难起兵南下，就在济南城下被铁铉大败，汉王怎么会忘记呢？今汉王兵卒均乐安人，因为挂家，也不会去攻南京。高煦外强中干，遇事不决，他所以敢反，是欺我年少新立，不能亲征。今听我已出征，早已吓破胆，还敢出战吗？大军一到，就束手就擒了。"果然，王师一到乐安，高煦出城自首。

清初编写的《明史》等正史记载汉王下场，说是被废为庶人，禁锢在西华门附近牢房里，这可能是误用了永乐时在南京的史实。晚明太监刘若愚在《芜史小草》中，记载了高煦被炙死于"逍遥城"铜缸里。"请君入瓮"的铜缸，到晚明天启年间重建奉天殿时尚存。督工官员曾考虑保存遗迹，太监首领魏忠贤说："这是国家什么吉祥好勾当，存之何为？"于是毁掉了。现在，此处环境依旧，人们仍可在此体会当日皇权斗争的残酷与激烈。此地现有一口小型铁缸，应是乾隆时和珅宅第僭越用品，嘉庆查抄没收和珅宅后，赐弟弟庆郡王永璘入住宅中，永璘将太平缸、铜灯亭等皇宫里才有的"逾制"物品，上缴嘉庆帝处理。

图5 诚孝昭皇后（明宣宗生母张太后）与明仁宗（洪熙皇帝）半身像

台北故宫博物院藏

群臣伏哭

　　与右顺门相对，太和门东庑中间为协和门，明初为左顺门。也是重要的政务活动场所，很多历史事件发生在此处。例如明朝嘉靖时轰动朝野的大礼议，曾在此演出最热闹的一幕。嘉靖帝继堂兄武宗位后，在追尊生父兴献王朱祐杬为帝，及在生母蒋氏礼遇问题上，与群臣发生了"大礼议"之争。嘉靖三年（1524）七月十二日，文武群臣200多人伏哭左顺门，哭谏不起。金水桥畔哭声连天，紫禁城内如遭新丧，简直无法收拾，晦气至极。此时嘉靖帝年方十七，血气方刚，正跃跃欲试，于是下令就地廷杖。可怜的群臣一天没吃饭，却吃一顿闷棍，于是当场毙命17人（也有说是16人），另有五品以下134人下诏狱，四品以上86人停职待罪，或伤或残，败下阵去。经此一场硬碰硬的交锋，大臣再也不敢跟皇帝对着干了。

图6 太和门东庑"协和门"为明代"左顺门"

图7 太和门西庑"熙和门"为明代"右顺门"

图8 明武宗（正德皇帝）坐像　　　　　　　图9 明兴献王（嘉靖皇帝生父）坐像
　　台北故宫博物院藏　　　　　　　　　　　　台北故宫博物院藏

五谷石匮

　　太和门前西侧有一个巨大的石匮，上覆盘龙纽的函盖，仿佛是贮藏印玺的宝匣。石匮的用途，今天鲜为人知，即使皇帝在位时，人们对此也不甚知悉。清代嘉庆帝有一次祭天坛由午门回宫，问南书房翰林，石匮是干什么的？大家都莫名其妙。主编《四库全书》的纪昀（晓岚），曾向督办三大殿工程的官员讨教过此事，人家答称匮中多朽粟，认为应是嘉量。后来穆彰阿到现场亲眼看视，发现不搭架子无法开启匮盖。

　　纪昀是乾隆时人，穆彰阿是道光、咸丰时人，中间又有嘉庆等君臣，三者相持上百年，人们竟搞不清石匮的用途。由此可见此物非清代所置，而应是明代设置的。还是清末时人陈康祺在《朗潜纪闻》中分析得对："丹墀下之石匮储米谷。值大驾出宫，卤簿中象负宝瓶亦储五谷。"石匮远远大于太和殿丹陛上的嘉量，断为嘉量显然不确。石匮贮五谷，表现民以食为天的传统思想，反映了皇帝重农务本、劝课农桑的原则。

太和门大火

现在见到的太和门，是清末光绪十五年（1889）重修的。光绪十四年（1888）十二月十五日深夜，太和门西的贞度门失火，向东延烧至太和门、昭德门以及整个太和殿南庑。由于当时消防器材不全及灭火水源不足，大火烧了两天才被扑灭。起火原因是贞度门值夜班的护军富山、双奎，把旧洋油灯挂在贞度门东山墙后檐柱上睡着了。时间一久，油灯烧着柱子，四更火起，借着大风，烧个不停。事后这两人都被处绞刑。

这是一场不大不小的火灾，但时机不好，40天后即转年正月二十六日，正是光绪帝大婚的吉日。大婚纳采、迎娶都必经太和门，否则不经正门娶来的算不得皇后。时间紧迫，又值天寒地冻，修复三门肯定来不及。于是，宫中请来市面上扎彩棚的能工巧匠，按原建筑面貌复制，其高卑广狭，乃至檐角小兽、大吻雕镂，无不惟妙惟肖，即使宫中人员也看不出真伪，而且高逾数丈竟风吹不摇，这样总算应付过了大婚。

太和门虽遭此大火，但还有"旱地流水"的传说。原来，太和门丹陛上的压口条石，有一块因含有石英等成分，在阳光照耀下，如同清水流动，于是人们给它取了个"旱地流水"的名字，大概也想借以压火。

英宗复辟

明朝是在打败元朝统治者之后统一全国的。但是，在明朝建立以后相当长的一个历史时期，北元余部仍对北京造成巨大威胁。后来蒙古分解成若干部落，不断骚扰北部边疆，瓦剌等部甚至攻打北京，卷土重来。正统十四年（1449）八月十五日，明英宗朱祁镇在亲征叩关南下的蒙古瓦剌部时，在土木堡（今河北怀来境）兵败被俘，一年后被送遣回京。他的弟弟景泰皇帝朱祁钰将其幽禁在南内崇质殿（故址即现南河沿大街欧美同学会），严密封锁。严密的防范仍不能使景泰帝放心，最后下令将院中高树统统砍掉，以防有人攀树越墙，内外联络。据说英宗的饮食每天都有专人传送，但并不走门，而是从墙洞中递进去。大概是伙食标准很低，英宗很难吃好，他贤淑的妻子钱皇后天天绣花，让人拿出去卖了换点好吃的给英宗改善伙食。帝王家也真难出这么一对患难夫妻。有一天英宗饿极了，向负责膳食的光禄寺官员要点酒食，这帮人是势利眼，不给。还是一个叫张泽的下层小吏偷偷给他送饭。他说，晋怀帝、愍帝和宋徽宗、钦宗，是天所厌弃。今皇上为国亲征，蒙难北狩而复又还国，是上天保佑，有朝一日复辟诛无礼之人，光禄寺应是第一个收拾对象。英宗想着张泽的忠告，复辟后，把光禄寺官员都判了罪，即日拜张泽为光禄寺卿。

图10 明英宗（正统皇帝）坐像

台北故宫博物院藏

图11 孝庄睿皇后（钱皇后）与明英宗半身像　　　　　台北故宫博物院藏

这是后话。

生于英宗复辟后天顺四年（1460）、后来任南京应天府通判的著名书法家祝允明，撰文记录这场政变，收录在嘉靖时编辑的《皇明名臣经济录》卷三"保治"里。

景泰八年（1457）正月，景泰皇帝生病。都督张𫐄、武清侯石亨、太监曹吉祥，将准备拥立太上皇复辟之事，征求太常寺卿许彬意见。许彬说："这是有功于社稷的大好事啊！可惜我上了年纪不中用了，你们何不与都御史徐有贞共谋大事？"于是当月十四日，他们夜会徐有贞。徐说："太上皇帝当年兵败蒙难，不是为了出去游猎，而是为了天下苍生。今天下人没有与太上皇离心离德。如今正是谋大事的机会，只是不清楚太上皇是否知道大家的心意。"张𫐄等赶忙说："两日前已经暗地里派人报告太上皇了。"徐有贞办事牢靠，说："一定要等待太上皇本人同意，才可以推动此事。"

就这样又等了两天两夜，张𫐄等来跟徐有贞说："同意了。该怎么办？"徐有贞登上屋顶观天象，然后快步走下，附在张𫐄等耳边说："时在今日，机不可失。"于是这几位悄声密谋行动，别人根本听不到。一会儿张𫐄大声说："如今边关告急，瓦剌骑兵已经迫近京城了，怎么办？"徐有贞说："何不率兵入卫皇城？"张𫐄等首肯之。复密语一阵，几个人匆匆离去。徐有贞点上香烛，仰望苍天，与家人诀别，说："事成，社稷之福；不成，家族之祸。这是咎由自取，不关鬼神的事。"然后离家与张𫐄、石亨、曹吉祥碰头，由王骥、杨善、陈汝言等收取各门的钥匙。

当夜四鼓（凌晨两点），徐有贞等打开承天门左右的长安门，增兵千人宿卫皇城。这些官军不知发生了什么事，人人心惊胆战。看到有人出入，兵士们就大声呵止。徐有贞命人仍锁上长安门，禁止通行，说："万一发生意外，我们被内外夹攻，就大事去矣。"锁上门，他又把钥匙投进下水道，意即破釜沉舟，而且连张轨等也不告知。

其时天色晦冥，军人张轨等惶惑起来。徐有贞只管往前走，张轨看着他问："事情会成功吗？"徐有贞鼓劲说："时候已到，绝不言退！"说着已到南内崇质殿外。崇质殿大门早已封死，无法打开，叩门，里边不应，后听到院内隐隐然有开门声。徐有贞等命人取巨木，悬之架上，数十人举木撞宫门；又令勇士翻墙入内，与门外战士合力，拆毁垣墙，撞开宫门。

只见殿中黯无灯火，张轨等入内，拜见太上皇。英宗听到响声，独自从殿内烛下走出。呼张轨曰："尔等何为？"这几位拥戴之臣俯伏地上，齐声奏道："请陛下登位！"便招呼进轿。身处这变天的大事件当中，兵士们吓得抬不起轿来。徐有贞虽是文官，但很有胆量，将轿拉过来，扶英宗进轿，又扶掖着轿杆，向大内前进。

这时，天空忽然阴霾散尽，云开月朗。英宗在轿内问各官姓名，徐有贞答道："都御史徐有贞。"英宗命他前头带路，徐有贞便加快步伐，走在队伍前头。一行人到了东华门，门上卫兵大声呵斥，不让入内，英宗在轿中高喊："朕太上皇帝也！"这"朕"字是皇上专用，其他人谁敢使用，卫兵只听得一个"朕"字，忙把紧闭的门扇开启。轿辇踏着黎明前的黑暗，转了两道弯，来到奉天门（今太和门）。这奉天门是奉天殿正门，不比东华门，入了奉天门，显然是奔奉天殿去的。因此，这支人马在此遭到卫兵的抵抗。走在队伍最前头的徐有贞迎头先挨了门卫一闷棍，其他人也受到迎头痛击。英宗到底是万乘之尊，眼看金銮殿近在眼前，忽然恢复了昔日雷霆之威，龙颜震怒，大声斥退门卫。门卫慑于英宗气场，不敢仰视。轿辇夺门而入，迅速闯进奉天殿。奉天殿内昏黑一片，金銮宝座也不知什么时候挪到了墙角。众人点亮蜡烛，徐有贞等使尽全身力气，将宝座肩扛手推移到了大殿正中，然后，急忙登上午门城楼，鸣钟集合文武百官。

图12 故宫东华门

几天前，景泰帝曾传下谕旨，定于十七日早朝。这天按照惯例，百官于五更前就待漏阙下，排队等候在午门外广场。忽然，午门城楼上集合的钟声响起，午门徐徐打开。徐有贞高声宣布：太上皇已经复辟，大家立即入宫朝贺！目瞪口呆的文武百官尚未搞清状况，已经被徐有贞带到奉天殿丹陛下。大家一齐跪倒，山呼万岁。晨曦中，英宗端坐在金銮宝座上，俯视着殿外三拜九叩的群臣，一颗悬着的心终于落下来。

话说卧病乾清宫的景泰皇帝，听闻钟鼓声问左右说："这是于谦吗？"左右对曰："是太上皇帝。"景泰皇帝说："哥哥做，好！"

英宗复辟即日，命徐有贞依旧任左副都御史兼翰林院学士。次日，升他为兵部尚书，命掌内阁事，也就是内阁首辅。三月，封武功伯，仍命兼华盖殿大学士，掌文渊阁事。

英宗复辟后，废景泰帝仍为郕王，并将重病中的郕王移往西苑别宫。过了几天，见郕王仍不死，便派人用白绫将他活活勒死（另说为病死），接着追究当日拥立景泰帝的大臣。

原来，瓦剌首领也先俘获英宗后，便想仿金朝俘徽、钦二帝为人质，勒索宋朝土地和财物那样要挟明朝，于是乘胜进军，包围了北京城。明朝廷以兵部侍郎于谦为代表的抵抗派，识破了也先的图谋，毅然拥立英宗之弟、郕王朱祁钰为帝，尊英宗为太上皇，同时固守北京，传诏全国各地起兵勤王，不但解了北京之围，而且击退了瓦剌军。也先见英宗已毫无价值，若亏待了英宗还结怨于朝廷，便有意将其送回北京。这时，景泰帝刚坐热了皇帝宝座，一方面是恋位不愿让还，一方面也是出于策略考虑，所以并不答复也先的要求。最后，也先无奈，再三表示："朝使夕至，大驾朝发。"景泰帝也实在不能再无视朝臣的呼吁，终于决定迎还英宗。英宗因不能复位而怀恨在心，复辟后极力报复。多少年来，人们最为怀念和最为之抱不平的，就是无辜被杀的于谦。这位保卫北京并进而救回英宗的功臣，却被英宗恩将仇报。

三　金榜题名时

保和殿是太和殿的后殿，有点像如今大会堂的"后台"、宴会厅，属辅助性建筑。明代皇帝到前殿临朝前，在此做礼仪性更衣，以昭敬谨。接着御中和殿，礼部司礼官员等接下来将组织典礼，不能跪、拜、起、兴，在此提前向皇帝行礼。然后皇帝出中和殿，太和殿前檐下中和韶乐奏起，钟、磬、琴、瑟交响，皇帝由太和殿后门中门升殿，登上金銮宝座坐定，乐止，鸣鞭，典礼正式开始。清代皇帝每到腊月二十九日晚，在保和殿举行国宴，款待晋京贺年的蒙古王公及边疆地区民族首领。而清代保和殿最著名的功用，是在此举行科举考试的最高一级——殿试。

清代科举考试分为四级。一般士子不论年龄大小，凡未取得国家正式学校学生资格的，统称"童生"。童生经过考试录取为县学生员，成为"秀才"，一般是经过十年寒窗苦读（明万历时《包公案》四十九回："十年灯窗之苦，指望一日成名"），秀才开始参加每三年一次在省城举行的"乡试"，考中的称"举人"，举人即成为拿国家仓廪米粮的准"公务员"，但若是未考上进士，需要朝廷特批"通籍"才成为记录在案的后备"公务员"。乡试是秋天举行，来年春天正好是每三年一科的"进京赶考"进士考试。明清进士考试分为两场。首先是礼部在北京贡院举行的"会试"，取中的称为"贡士"，贡献给皇上；接下来进行第二场考试，皇帝在宫中亲自主持"廷试"（又称"殿试"），最终确定录取哪些人成为"进士"。

图1 明代"廷试"、清代"传胪"（宣布考试结果）在太和殿（前），乾隆后期起"殿试"在保和殿（后）

"天子门生"

清初会试定于农历二月，雍正五年（1727）改在三月举行，殿试自乾隆二十六年（1761）始定于四月二十一日，由皇帝亲自命题、亲自在保和殿主考。明代"廷试"在奉天殿（清太和殿）或文华殿举行，清代自乾隆后期起固定在保和殿举行。殿试后，根据成绩，将考生分为三个等级，称"三甲"。一甲称为"进士及第",只有三名,就是状元、榜眼、探花;二甲称为"进士出身",也是不多的若干名;三甲称为"同进士出身",较多的若干名。清代一科进士少则百余名,多则三百多名。

殿试

殿试是国家最重要的选拔人才的考试,因此皇帝历来非常重视,考试制度非常严密。殿试前一日,专管典礼司仪的鸿胪寺官员,将两张黄案分别安放到保和殿内和殿前丹陛上,以备次日考试时放置考题使用。专管筵宴事务的光禄寺官员,在保和殿内排放考试案桌,编号定位,并写上各考生的名字,考生们到时对号入座。负责銮舆仪仗的銮仪卫官员,将皇帝仪仗在保和殿前排好。此时,命题工作也在秘密和紧张地进行之中。殿试的"主考官"是皇帝本人,所以其他官员最高也只是"读卷官"。殿试前一日,读卷官集中在文华殿,大家密议了考题,当即送皇帝审阅,然后一起送到午门内东侧的内阁大堂,由负责考试纪律监察的"监试御史"监视,连夜刊刻考题。内阁大堂实行戒严,大墙内外,御林军官兵昼夜巡逻,严密警卫。乾隆皇帝文化水平很高,读卷官们出题他不放心,也不满意,干脆自己出题,但有一次大考翰(翰林院)詹(詹事府)时顺手写了别字,将"稽古右文"写成"积古右文",自己发现后作了一番检讨,表示勇于自我批评。

四月二十一日这一天,天刚黎明,新贡士就身穿朝服,到保和殿外丹陛上排班站立,王公大臣也陪同在侧。一会儿,皇帝从乾清宫起驾,到保和殿升殿。内阁大学士从殿内黄案上捧出试题，交给礼部尚书，礼部尚书将试题放在殿外黄案上，读卷官、贡士等一齐行跪拜礼，表明亲见试题密封无疑，入殿各就各位，进入考试。

殿试的内容一般都是由皇帝提出治国安邦的策问，贡士阐发自己的议论。考卷开头填写考生的姓名、籍贯、年龄、学历及曾、祖、父三代名头，交卷时统统密封钉死，使评卷人无法知道考卷的作者，以免作弊，像现今高考一样。清初殿试从天明开始，有时进行到第二天天明，整整一昼夜。后来规定，日出开始，日落收卷。

阅卷

考卷收上来之后，当即将考卷前部的署名部分弥封起来，然后集中在宫中文华殿，由皇帝指派的阅卷大臣批阅。因为署名弥封，大家并不知道其作者为谁。阅卷大臣在阅卷这几天里与外界隔绝，不能离开文华殿半步，吃饭、睡觉都在文华殿区域内。这一区域此时对外完全封闭，墙外是御林军三步一岗、五步一哨。大家把考卷都批完了，就开始"磨勘"环节，就是要再一次切磋比较，统一标准、尺度，以免有人掌握得宽、有人掌握得严。于四月二十四日最后排出初步的名次，列表报呈皇帝，前十名考卷也全部呈皇帝亲批。到这时，弥封的姓名处才拆封，方知考生是谁。皇帝钦定名次，当日即引见这十位考生，评卷工作至此基本完成。实际上皇帝往往不但看前十名的考卷，有时还看得更多。道光皇帝为选拔人才甚至连顺天府乡试举人的考卷，都要来亲自过目，当初魏源的乡试卷子就是道光帝亲手批示表示赞赏的。

传胪

这时，激动人心的"金榜题名时"终于来临了。

五月二十五日，是"殿试传胪"即放榜的日子。皇帝乘舆来到太和殿，升上殿内高耸的宝座。殿外奏起悠扬悦耳的中和韶乐，新科进士由午门进入太和殿广场，礼部尚书捧起金榜，在乐曲声中大声朗读，然后从状元、榜眼、探花到各位进士一一唱名，宣他们出班跪在殿前。中和韶乐再度奏起，王公百官和新进士一同行礼，皇帝回宫。礼部尚书手举金榜，状元郎跟随其后，由专供皇帝行走的御道和午门中门出宫，将黄榜张挂到天安门前长安左门（今已不存）外。其他进士分别按名次分单、双数，由午门左、右门出宫。这时，顺天府尹（京城最高行政长官）已在长安左门，为状元准备好了伞盖仪仗。黄榜张挂完毕，府尹给状元披上红带，戴上大红花，并向状元、榜眼、探花各敬酒一杯，扶状元上马，送状元回府第。第二天，礼部设宴款待新进士，称为"恩荣宴"或"鹿鸣宴"，60年前的这一天中进士的人也可以参加这个宴会，称"重赴鹿鸣宴"，但这样的人很少。然后，进士都到太和殿向皇帝谢恩，到京师孔庙行礼，并在孔庙大成门外刻"进士题名碑"留念。

擢翰林

按封建礼节，参加考试的读书人，考中后就可称为该主考官的门生。殿试是皇帝主考，所以进士就都是天子的门生了。首先是对名列前茅的十几人，擢入翰林院（国家最高文化机构）深造，称"擢翰林"。通常是状元任修撰，榜眼、探花任编修，其他进士任庶吉士等。到三年任满，皇帝大考翰詹，分别委任。像林则徐是嘉庆十六年（1811）二甲四名，即总成绩第七名，擢翰林。林则徐获嘉庆、道光、咸丰三朝皇帝信任重用，在禁烟运动中他忠君报国，成为伟大的民族英雄。状元、进士作为一时精英，其造诣不仅限于文化和政治，有的还是杰出的将帅之才。例如金庸先生评论明末抗清名将熊廷弼、孙承宗、袁崇焕说，"作八股文考中进士的文人之中，居然出现了三个军事专家"。

其他进士都授予相当的官职，有的成为中央官吏，有的直接任命为知县。旧戏如《玉堂春》中，常有落难读书人一举中状元，当即被皇帝任命为"八府巡按"，这源自明朝特有的"御史巡按"制度。巡按御史虽只是七品官，但代表天子巡察天下，考察封疆大吏施政得失，查阅案卷，辨明冤假错案，因此是新科状元难得的殊荣。明清时代，往往是先让一、二甲的进士到翰林院起草国家文书、编修国史，逐渐熟悉行政，然后才分别任命行政官职。明代还分派进士到各部、院实习，谓之"观政进士"。

状元传奇

状元，隋唐以来科举考试精英中的精英，人们首先想到他们学术精湛。实际上，真正考验他们的是修身、齐家、治国、平天下的综合修养，经世济民的真知灼见。

图2 明万历二十六年（1598）状元赵秉忠官服像

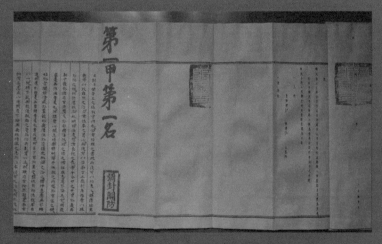

图3 山东省青州市博物馆藏《明万历状元赵秉忠廷试卷》卷首

"此天之祥"

　　文天祥（1236—1283）是历史上著名的状元，他出生时，祖父梦见此婴腾紫云而上，所以命名为"云孙"，成年后朋友送他字"天祥"。宝祐三年（1255），地方官李爱梅举荐时年20岁的文天祥和弟弟文璧为郡贡士。当时既以天祥为名，于是改字"履善"。父亲文仪带领两子，一同赴临安赶考。途经玉山时，遇一异僧，指长男文天祥说："此郎必为一代之伟人，然非一家之福也。"宝祐四年（1256）二月举进士时，兄弟同榜登科，文天祥排名第五。宋理宗在集英殿亲自主持大廷试策。天祥乃以"法天不息"为对，就《周易·乾》"天行健，君子以自强不息"展开论述，要求皇上继续振作精神，发愤图强，振兴国家。文章万余言，不打草稿，一挥而成。"理宗皇帝览予对，亲擢为第一。""见其名曰：'此天之祥，乃宋之瑞也。'"此后朋友遂又以"宋瑞"称之。（以上见《文山先生全集》）

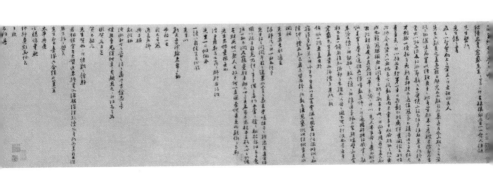

图4　故宫博物院藏宋文天祥《行书上宏斋帖》卷，记述自己受命处理南宋末年纸币危机情形

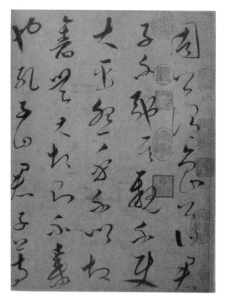

图5 宋文天祥《草书谢昌元〈座右自警
辞〉》卷局部 中国国家博物馆藏

状元实业家

科举史上最后一朝——清代光绪朝，开科13届，取中状元
13位。晚清状元面对"数千年未有之大变局"，继续发扬先贤"以
天下为己任"的精神，其中曹鸿勋、黄思永、张謇，选择了"实
业救国"，连同同治朝最后一科状元陆润庠，成为近代四位卓有
成就的"状元实业家"。他们把传统知识分子的"经世致用"思
想，与近代先进理念相结合，在时代变革挑战中脱颖而出，不负
民族精英之殊荣。而且他们作为中国近代早期的民族实业家，自
此就超越了资本逐利的本性，而以救国救民、匡扶社稷为己任，
迈出中国民族工商业值得骄傲的第一步。

曹鸿勋在自光绪三十一年（1905）正月出任陕西巡抚的两年半里，扩建陕西高等学堂（今西北大学前身），引领西北教育近代化；在延长县打出我国陆上第一口油井，并派出石油科学留学生，开启石油化工业建设，被誉为"中国近代石油工业第一人"。

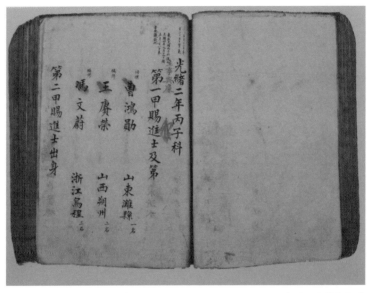

图6 清光绪二年（1876）进士名册　　　　　　　　　　中国国家博物馆藏

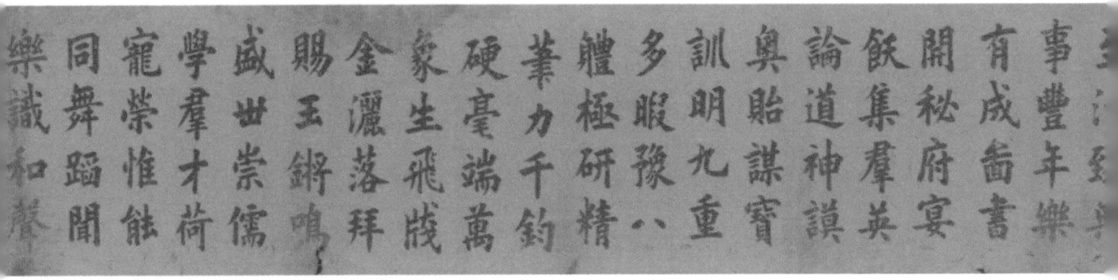

图7 曹鸿勋楷书五言诗横披"贴落"　　　　　　　　　故宫博物院旧藏

黄思永为解救八国联军侵略北京出现的难民潮，自筹资本，在北京创建"爱国纸烟厂"；在琉璃厂创建北京工艺商局，收养流民，教授各种工艺，其产品中尤以景泰蓝铜器最为精巧，曾两次在国际博览会上获奖，如今已成北京"非物质文化遗产"。为捍卫国家烟税利益，他在天津创建中国第一家官商合办民族卷烟企业——"北洋烟草公司"。

张謇在故乡南通及上海崇明，先后创办了大生纱厂和大生二厂、三厂、八厂等多座棉纺厂，及广生油厂、资生铁冶厂、大兴面厂、翰墨林印书局、阜生蚕桑染织公司、懋生房地产公司、大聪电话公司、大达内河轮船公司、大生轮船公司、泽生水利船闸公司、通海垦牧公司、同仁泰盐业公司等数十家企业，建成工业区、港口、电厂，铺设公路，架设桥梁，使南通成为中国早期民族工业基地之一。同时按照自己"父教育，母实业"的思想，在南通兴办了一系列文化教育事业，包括1902年创办中国最早的师范学校——通州师范学校，1905年创办我国第一座民办博物苑，1907年创办农业学校和女子师范学校，1909年倡建通海五属公立中学，1912年创办医学专门学校、纺织专门学校（南通学院）及各种中、初职业学校。他以近代社会观念，开辟福利院等社会福利事业，更设计了"一城三镇"的城市格局，进行大规模城市建设，初步使南通成为我国第一座近代化城市。

同治十三年（1874）状元陆润庠于1896年在家乡苏州创立"苏经丝厂"，引进近代纺织机械，是江苏省内第一家使用动力机械的缫丝工厂，是近代最早的民族纺织企业之一。1897年创立机械化大工厂"苏纶纱厂"，这两个工厂是苏州近代工业的发端。另外他保存了八国联军侵略北京、翰林院被劫后残留的64册《永乐大典》，进入民国时代后，悉数交给教育部金事及社会教育司第一科科长周树人（即鲁迅先生），入藏京师

图8 同治十三年（1874）状元陆润庠晚年朝服像

图书馆（即今中国国家图书馆），成为镇馆之宝。

清代光绪九年（1883）状元陈冕，金榜高中之年，家乡山东等地黄河决口，他与父亲一次捐出巨款数万两白银救灾。光绪十九年（1893）山西大旱，他将家中余财凑成黄金千两赈灾，并在济南街头写字募善款万余两黄金。同年因赈灾劳累致死，年仅34岁。清代最后一位状元刘春霖，伪满洲国、日伪华北当局先后以高官厚禄引诱他出任伪职，他都严词拒绝，声明："宁为华丐，不当汉奸！"

图9 《光绪三十年（1904）大金榜》，中国科举史收官之作，殿试状元为刘春霖，之前礼部会试"会元"为谭延闿（后来出任南京国民政府主席）

中国第一历史档案馆藏

顺治洞房

保和殿是如此神圣的大典场所，但是在清初，顺治、康熙父子两代都曾以此为寝宫，顺治还以保和殿为大婚洞房。

顺治皇帝于顺治元年（1644）九月，与其母孝庄文皇后由盛京入关住进紫禁城。当时他年仅6岁，与太后同住乾清宫。顺治三年（1646）底，清宫将三大殿的保和殿改名为"位育宫"，8岁的顺治帝就搬进此宫。当时朝政由摄政王多尔衮把持，把皇帝与太后分开，以便分而治之，使其母子不得相顾。因此后来顺治帝回忆说："睿王摄政时，皇太后与朕分居，每经累月，方得见，以致皇太后萦怀弥切。"满族以渔猎著称，又在冰天雪地的东北，多选距河水和山林较近的地方居住，形成择高而居的习俗，因此后来房基的高低又成了身份地位高下的标志。顺治初规定亲王、郡王、贝勒的房屋要建在高台上，贝子、镇国公、辅国公的房基高2尺（约合今0.66米），摄政王的房基高14尺（约合今4.62米）。

乾清宫台基高不过3米，不及摄政王的高，而三大殿下三台高8米有余，足以显示天子至尊。选保和殿为寝宫，也是有其制度上的意义的。另外，清初统治者刚由关外进京，对紫禁城宫殿这座庞然大物尚不习惯，在后廷居住、到前朝办公，既不方便也自觉没必要，不如前屋办公、后屋睡觉便利。

顺治帝在保和殿一住十年，其中顺治八年（1651）八月大婚，皇帝、皇后一对新郎、新娘，就以保和殿为洞房。直到顺治十三年（1656）五月，才修缮了后三宫及东西六宫，七月六日，移居乾清宫。

康熙帝即位时后廷居住应不成问题，但这位少年天子旧习难改，也搬到保和殿居住，并用盛京皇宫寝宫的名字，改保和殿为"清宁宫"。康熙四年（1665），虚岁12岁的少年天子奉太皇太后（即孝庄文皇后）懿旨，在坤宁宫举行大婚礼。但婚后不久，他又独自回到保和殿居住，到康熙八年（1669）因保和殿维修，又迁到武英殿住了一年，到年底才正式到乾清宫居住。

"家庙"奉先殿

乾清门广场东门景运门对面的奉先殿，介乎外朝与内寝之间，从明朝建立，是奉祀本朝已故帝后的场所。如果说端门以东的太庙是"国庙"，那么奉先殿就是"家庙"。太庙每季第一个月份举行"四孟时享"、岁暮大享，皇帝率王公、文武大臣一起祭祀。国家遇有大事如新君即位、战争胜利等，皇帝要亲自或派皇子提前到天坛"祇告"皇天上帝、到太庙报告列祖列宗。而文武百官不参与皇家在家庙举行的"家祭"，这里平时晨昏秉烛、上香，像父母、先人在世时一样省视、侍奉。

清代祀祖场所有太庙、奉先殿及景山寿皇殿、圆明园安佑宫、避暑山庄绥成殿等，皇帝居住的养心殿前殿西配殿佛堂，也供奉着几位祖先的牌位。

太庙

清室以少数民族入主中原，当关外草创时，宗庙制度因陋就简。皇太极于天聪十年（1636），定国号"清"，改元"崇德"，在盛京设立太庙，追尊始祖、高、曾、祖为"泽王、庆王、昌王、福王"，奉祀"四王"于太庙后殿，上清太祖努尔哈赤谥号，奉祀太祖帝后于太庙前殿。顺治入关后，继承了明朝太庙（现为劳动人民文化宫）、奉先殿等宗庙建筑及制度，庙内神龛都是明朝的。把明朝皇帝神牌移到西城"历代帝王庙"里，把清太祖、太宗神牌放到太庙中殿；追尊"四王"为"肇祖、兴祖、景祖、显祖"，神牌放进太庙后殿里。

明清太庙有三殿，由南而北前后排列。前殿、中殿坐落在白石砌成的台基之上，前殿部分三层，中殿部分两层，四周有红墙围绕。前殿11间，包括正殿9间、东西夹室各1间，重檐，上有"太庙"匾额。前殿为享殿，是大享时祭祀中殿神主，岁暮大享时合祭后殿、中殿神主而举行仪式的地方。殿内设金漆宝座，每代座数与寝殿每室神牌数一致。座上设有泥金方托座，托座上方有孔，为祭祀时安放神牌所用。每代帝后同案，祭祀时案上设籩

二、簠二、笾十二、豆十二，用来盛放黍稷、稻粱、形盐、枣栗、鹿脯等各种食品；每位神主镫、铏各一，盛放太羹（不加盐的高汤）、和羹（加盐的高汤）；每位神主金匕一、金箸一、玉爵三。案前设俎一，用太牢，牛、羊、豕各一。俎前设花香案一，上设镀金铜炉一、烛台二、香盒一。花香案前设篚一，用来放帛。殿内统设三案：一偏西，放祝版用；一偏东、西向，一次东、东向，为分别向帝后奠酒和放福胙用。另外还有尊桌、接桌、金器桌等，都是用来放置供品、祭器的。殿门内正中为皇帝的"御拜位"，左右两厢为执事官位置。大享和大祫时，殿前檐下设乐舞。古人事死如事生，前殿相当于皇宫内的"前朝"，有太和殿的意思。

中殿9间，为寝宫，相当于皇宫内的"后寝"，同堂异室，奉藏太祖而下各代帝后神主。光绪四年（1878）以前，每代帝后寝室各占一间。中殿陈设完全与在世时一样。每室设神椅、神龛，神椅在神龛外，神椅数与龛内神主数一致。祭祀时奉神主御前殿，就用这张神椅。神椅前设花香案，案上设香炉一、烛台二、椅后为黄绫帐，帐后有朱色屏风四扇，内设花香案一，上又设香炉一、木供花二、烛台二，案左右各置金盆一。案后就是神龛，分外龛和中龛。外龛有门，门悬黄绫缦，内设褥枕等物。这就是寝宫。寝宫内又有一龛，即中龛，置于褥上，内藏帝后神主。神主又称神牌，木制，连座，座为四方形，糅泥金漆，刻满汉谥文。

前殿东西庑为功王功臣配享的地方，里面供奉着清代为国家建立了功勋的宗室觉罗和文臣武将的神牌。清代配享于太庙者26人。至于其祭礼，比起正殿来自然简单得多。

后殿9间，自成院落，四周围以红墙。这里奉藏清室4位远祖的神牌，同时又是大享时祭祀这4位远祖之处，兼有前朝和后寝两重性质。后殿虽然在高度上高于中殿，但实际上相当于前代的祧庙。

图10 太庙前殿与西配殿

贾福林摄

奉先殿建筑

清代沿用前明旧建筑，分前后两殿，中间以穿堂相连，如养心殿情形。前殿后殿均9间，其中正殿7间，东西夹室各1间。前殿为享殿，内设宝座、香案等物，一如太庙前殿。后殿为寝宫，内设宝座、香案、神龛、床帐等物，同堂异室，供奉太祖以下各代帝后的神主，一如太庙中殿之制。道光元年（1821）以前，每间一室，太祖居中，太宗东一，世祖西一，圣祖东二，世宗西二，高宗东三。至道光元年（1821）仁宗将升祔，道光帝鉴于七室将满，乃改造殿中寝室，以太祖、太宗、世祖三代并列中间，其余6间每间2室，仍依昭穆列圣祖康熙帝以下各代。举行重大祭祀典礼时，请后殿神主安奉前殿宝座，太祖居中，其余依昭穆东西排列，均南向。奉先殿的祭祀是经常性的，正规典礼以外，每日早晚燃香烛。康熙朝以前还每日供献食物。举行祭祀典礼时，不用百官陪祀，执事基本用内务府官员。先于皇帝去世的皇后，神主不入太庙，而升祔奉先殿。

奉先殿前后殿室内神龛、供案等在"文革"期间拆除，现作为钟表馆，但内檐浑金旋子彩画、浑金莲花水草纹天花等建筑保存完好，与太庙内檐彩画、天花基本一致。

奉先门外正南有群房13间，是奉先殿的神库、神厨、神井，祭祀前在此治牲，备办祭品。事前内务府大臣要到此"视牲"，不能有一丝马虎或不洁净，前一天在宰牲亭监视宰牲。东一小院，内有一座3间小殿，是明嘉靖帝朱厚熜为奉其父兴献王朱祐杬而建。朱祐杬是明孝宗朱祐樘之弟，未当过皇帝，按礼制不能入太庙和奉先殿。为此年轻的嘉靖帝即位之初与朝中大臣围绕"大礼议"展开较量，最后以兴献王被追尊为兴献帝，嘉靖帝生母被尊奉为太后告一段落。嘉靖三年（1524）三月发布上谕："朕本生父母已有尊称。仍于奉先殿侧，别立一室，尽朕追慕之情。"（明范守己《皇明肃皇外史》卷四）太庙也为兴献帝单立了一处庙祭。嘉靖之后的皇帝都是兴献王后代，两处别庙就一直香火鼎盛。

图11 奉先殿外门"诚肃门"

大享

大享奉先殿在万寿节、元旦、冬至及天下大庆时举行，一般由皇帝亲祭。祭祀前三日，皇帝及执事各官斋戒。祭祀日，请后殿神主御前殿，殿内陈设与大享太庙一样，殿外檐下设乐舞，祭祀的仪式也基本与太庙时享相同。内务府掌仪司官至乾清门告祭时，皇帝御衮服出宫，过景运门，至诚肃门（奉先殿外门）降舆。赞引、对引等引导皇帝入奉先左门，在殿阶下盥洗，升左阶，入殿左门，就拜位前，北向立。其他各官，执事于殿内、陪祀于殿外阶下，各就其位，均北向立。皇宫中轴线上的御道专供皇帝行走，但太庙、奉先殿御道是供列祖列宗行走的，在世的皇帝是他们的子孙，只能走左门、左道。祭祀中各个仪式的每个动作，如跪、拜、兴、复位，由典仪官唱赞，奏乐由司乐官唱赞。从迎神、初献、亚献、终献到送神，分别演奏不同的乐章，乐舞生献上不同的舞蹈。迎神时，皇帝到每代先帝先后神主前上香行礼；初献、亚献、终献，皇帝给太祖帝后奠酒、献帛，由王公分别给每代帝后奠酒、献帛，三跪九叩。最后要把帛等祭献品放进殿前燎炉里，燃烧焚化，寄给在天之灵，皇帝"望燎"，亲见所献祭品化作缕缕青烟，遥寄孝思，才算完成典礼。

常祭

常祭是奉先殿和寿皇殿的祭祀活动。凡朔（每月初一）、望（每月十五）、已故帝后诞辰和忌辰、上元、清明、霜降、岁除日，皇帝亲至奉先殿后殿上香行礼，这就是常祭。这一天，内务府官员至后殿各寝室前陈设酒、脯、果实等供品及炉、烛台等祭器，届时皇帝御衮服出宫，进奉先左门，经垣东门，入至后殿阶下，于阶下盥洗，入殿内上香行礼，仪节同大享奉先殿上香一样。若是忌辰常祭，皇帝则穿素服。

荐新

荐新是奉先殿的一种特别祭祀。就好比父母还在，随时奠祭，出入启告，朝夕相处。奉先殿时新荐献每月一次，蔬菜水果、禽蛋鱼肉，一应俱全。正月有鲤鱼、鸭蛋，二月有芹菜、莴苣，三月有黄瓜，四月有樱桃、雏鸡，五月有桃、李、桑葚、子鹅，六月有西瓜、葡萄、苹果，七月有莲子、野鸡，八月有山药、栗实，九月有柿、雁，十月有松仁、木耳，十一月有银鱼、鹿肉，十二月有兔、绿豆芽。另外还有奉旨特荐的鲜品，例如木兰秋狝，皇帝亲获的猎物，当即派人快马送回京城，到奉先殿献给祖先。荐献由内监送入后殿。另外，国家有重大事情时，至太庙寝殿和奉先殿寝殿向祖宗致祭禀告。

四 "正寝"乾清宫

从明永乐帝启用到清康熙帝逝世，乾清宫一直是皇帝的寝宫，作为"天子之常居"，它对应着天空中央紫微垣的"天皇大帝"星座，因此明清不少大事在此发生。清朝雍正朝起，皇帝移居养心殿，但乾清宫仍是礼制上的"正寝"，皇帝日常处理政务也多在此处。举行重大典礼之前，皇帝要从乾清宫"出宫"，死后要在此停灵，以示"寿终正寝"。乾清宫西小院弘德殿，是皇帝法定的餐厅，正月初一子时新年第一时间，皇帝在此用新年第一膳，吃"交子"（饺子）。而乾清宫正殿承担起皇帝"办公厅"的职能。雍正、乾隆、嘉庆，特别是道光，召见群臣商议国事，主要还是在乾清宫，而不是养心殿。例如道光帝召湖广总督林则徐来京陛见，商量粤海禁烟，《林则徐日记》明确记载，道光十八年（1838）十一月十一日至十八日，一连8天召见，都是在乾清宫西暖阁。现在宫内正中悬挂的"正大光明"匾，是清入关后第一代皇帝顺治帝所书，后来康熙帝将原迹摹刻上石，此匾则为乾隆帝再次临摹。此处"正大光明"不是现在道德修养上的含义，而是具有政治上的含义。"正大"取自《周易·大壮》："正大，

而天地之情可见矣。"说正大是天地的根本属性。"光明"取自
《周易·谦》:"天道下济而光明。"说天性下济万物,天空有日、
月、星三光垂耀,使天下充满光明。正大和光明都是天帝的德性,
身为天帝之子的皇帝当然应效法上天,以此来要求自己。这就是
此匾悬于皇帝正寝的用意。

图1 乾清门至乾清宫大殿之间高架的"阁道"象征天空紫微垣前阁道星

图2 乾清宫西小院弘德殿

嘉靖壬寅宫变

嘉靖皇帝即明世宗朱厚熜，是武宗朱厚照的堂弟。武宗的父亲孝宗只生武宗一子，武宗刚到31岁就故去，身后无子，皇位只好由与他血缘关系最近的四叔兴献王的独生子朱厚熜来继承（孝宗排行第三）。嘉靖帝即位后依旧住乾清宫，当时该宫后半部是供休息的暖阁，上下两层，各有楼梯相通。每间设床3张，有的在上层，有的在下层，9间共27张床。皇帝任意在一张床上躺卧休息，别人是很难找到他的。由于嘉靖帝长期醉心道教，终日斋醮炼丹，他在养心殿西邻建了一座无梁殿和隆道阁（大体位置在今雨花阁一带），专门从事炼丹活动。由于炼丹的需要，对妃嫔宫女迫害极为残酷，终于激起了她们的反抗。嘉靖二十一年（1542）十月，在嘉靖帝的妃嫔曹氏、王氏策动下，杨金英、杨玉香、苏川药、邢翠莲、姚淑皋、王槐香、关梅秀、刘妙莲、陈菊花、张金莲等10多个宫女合谋，欲杀死这位皇帝。

十月二十一日凌晨，嘉靖帝朱厚熜尚在睡梦之中，宫女们的谋弒行动也正在紧张地进行。杨玉香首先把从仪仗上解下来的丝花绳搓成一条粗绳，杨金英用这根绳子拴成套扣。邢翠莲找来一块黄绫抹布，姚淑皋心一横，一把将抹布蒙到皇帝脸上，握起双手就掐他的脖子，邢翠莲按着前胸，王槐香按着上身，苏川药把着左手，关梅秀把着右手，刘妙莲、陈菊花按着两腿。杨金英把绳套拴到皇帝脖子上，姚淑皋、关梅秀就一头一个拼命拉绳子。可怜这位万岁爷，先已被掐了个半死，再用绳子一勒，眼看就要去见他祖宗朱元璋。大概是他命不该绝，杨金英要送这万乘之尊

图3 乾清宫正殿

图4 乾清宫丹墀前东、西立江山、社稷小金殿各一，图为东部小金殿

上西天，心中到底害怕，慌忙中将绳子打成了死扣，姚、关两个宫女拉了半天，扣子也没勒下去，这位半死的皇帝反倒得救了。这时，宫女张金莲见事不济，背叛了姐妹们，跑到坤宁宫去报告皇后。皇后得报急入乾清宫救驾，刚一进门就被姚淑皋迎面一拳。宫女王秀兰叫大家把灯吹灭，张金莲叫人点上，又被大家打灭。这时，宫女陈芙蓉跑出去把管事太监叫来，这几个宫女终于被捉住。嘉靖帝虽未被勒死，但他有生以来何曾见过这种阵势，早被吓得晕了过去，半天才醒过来。

图5 明世宗（嘉靖皇帝）坐像　　　　台北故宫博物院藏

图6 乾清宫后檐地面地炕火塘口

事后，多个妃嫔、宫女都被秘密凌迟处死，剉尸枭首示众。所谓"凌迟处死"，就是剐刑。这是明清历史上最严重的弑君大案，这一年是壬寅年，史称"嘉靖壬寅宫变"。

晚明三大奇案

明朝宫廷管理有汉、唐、宋、元遗风，宫斗比较激烈。梃击案、红丸案、移宫案，是晚明宫中三大奇案。梃击案发生在万历末年，红丸案发生在泰昌时，移宫案发生在天启初年。三案均与短命的泰昌帝有关，而红丸案、移宫案都发生在乾清宫。

梃击案

明代万历皇帝在位48年，长子朱常洛到20岁才被立为太子，39岁继位。明朝太子东宫在东华门内文华殿后身，朱常洛之子，即后来的天启帝朱由校和崇祯帝朱由检等均出生于此。万历帝一向恋位，不愿立太子，大臣提出早定"国本"，万历帝便伤心落泪，说担心自己将不久于人世。万历帝晚年宠幸郑贵妃，立常洛后又几度欲废之，想改立郑贵妃所生朱常洵。于是大臣又几度"争国本"，这位朱常洛在东宫时就成为朝野瞩目的热点人物。

万历四十三年（1615）五月初四中午，一个叫张差的男子，手持木棍闯入东华门，逢人便打，竟然畅行无阻，长驱直入，直奔太子居住的端本宫。他穿过东华门里的前星门，来到端本宫外重晖门，仍寂无一人，直至端本宫前的端本门，也只见两个老太监守门，而且一个70岁、一个60多岁。张差举梃打去，两人不堪一击，当即倒地。他冲进端本宫屋檐下，越级冲上宫前阶陛，马上要杀进室内，这才被人抓获。

梃击案发生后，大臣认为是郑贵妃谋害太子的阴谋，但万历帝为保护郑贵妃并平息储位斗争，认定张差为疯人，将此案定为疯汉闯宫，不予深究，所以成为疑案。

图7 明神宗（万历皇帝）坐像　　台北故宫博物院藏

红丸案

朱常洛经过许多劫难方才当了皇帝，却不承想从即位到驾崩，前后总共只有一个月的时间。万历四十八年（1620）七月二十一日，万历帝崩，八月初一朱常洛登极；九月初一，朱常洛驾崩。按旧制,新君即位后,至来年改年号,以示对先帝的尊敬。朱常洛在位仅一月,尚未跨年度,故生前并无年号,死后大臣们才给他追加了一个"泰昌"年号,以留下历史印记,把他继位至年底的时间作为"泰昌元年"。

朱常洛的生母是太后宫中的宫女,由于郑贵妃迫害,常洛自幼缺乏关怀教养,身体本孱弱,成年后却又沉湎酒色,弄得弱不禁风。据晚明文秉撰《先拨志始》称:"光庙御体羸弱,虽正位东宫,未尝得志。登极后,日亲万机,精神劳瘁。郑贵妃欲邀欢心,复饰美女以进。一日退朝内宴,以女乐承应。是夜'一生二旦',俱御幸焉。病体由是大剧。八月晦日甲寅,上病渐深。"

他上台后没几天,就嘱咐筹办地宫、寿木,准备后事,大臣们以为是催办他父亲的后事,不料他却指着自己说:"我自己的!"又过了几天,他觉得身体不适,就求助于补药,进补鸿胪寺丞李可灼进献的红药丸。第一丸下肚,感觉良好,于是奖励了李可灼银五十两,接着吃第二丸。第二丸下肚不久,便一命呜呼了。这就是当时震动朝野的"红丸案"。

人命关天,何况是万乘至尊。大臣们不依不饶,坚决要求追究责任、惩办凶手。其中御史王安舜奏参称:"夫医,不三世不服其药。以堂堂圣体,而敢以无方、无制之药,驾言金丹。此胆更不见有人矣!"继位的泰昌帝之子天启帝,也不是明白人,批示说:李可灼进药不效,殊失敬慎,但亦臣爱君之意,姑从轻罚俸一年。这简直是忠奸不辨、是非不分,朝臣们接着一轮穷追猛打,最终将李可灼判处流放边地的"流刑",算是交代。

图8 明光宗（泰昌皇帝）坐像 台北故宫博物院藏

移宫案

泰昌皇帝死后，继承皇位的是他16岁的儿子朱由校。朱由校的生母是王才人，与泰昌帝的另一个妃嫔李选侍一向不和。《先拨志始》载："孝和（给王才人追尊的谥号）素与李康妃（李选侍）有隙。康妃有宠于光庙（泰昌帝），孝和由是郁郁成疾，临崩有遗言云'与西李有仇，负恨难伸'等语。时熹庙（天启帝）年幼，不甚省。"妈妈被人气死，临终嘱咐儿子将来为自己申冤雪恨，可怜这孩子年幼无知，不明白妈妈的苦心，后来竟然认贼作父，反而把妈妈的仇人当恩人。泰昌帝一登极，李选侍便带上朱由校一起到乾清宫，与皇帝同住。李选侍知道皇帝将不久于人世，于是加倍控制朱由校，想将来当太后。

泰昌帝吃了红丸死后，她便派内侍拿着棍棒看守在乾清宫门口，把朱由校拉到自己身边，想以此要挟朝中文武大臣。朝臣在乾清宫门外喝退内侍，向泰昌帝哭临（古代向亡故君王告别的一种仪式），然后想请朱由校在灵前即位，于是派太监王安入宫交涉。李选侍一时心动，答应群臣所请，将朱由校交给了王安，但转念之间又觉不妥，想拉回去。王安得令即带朱由校跑出乾清宫，群臣一见，将朱由校团团围住，山呼万岁，使他不得回去。这时，李选侍在后宫高喊："哥儿回来！哥儿回来！"一些太监也冲出来，要将朱由校夺回去，但都未成功。

第二天，大臣们上疏，要求李选侍移出乾清宫，腾出地方让新皇帝居住。李选侍本想当太后，这会儿连乾清宫也待不下去了，十分气愤，赖着不走。她不断编造谎言，诱骗朱由校回乾清宫与她同住，声言自己也是先帝顾命（皇帝临终委托辅佐新君的大臣）之一。大臣们据理力争，说：乾清宫是皇帝寝宫，皇帝身为天子可以居之，皇后许配天子可以陪宿，其他妃嫔只在皇帝宣召时才可临时宿一夜。选侍您既非皇后，又非皇帝生母，皇上已青春十六，已经是成年男人，你一个年轻寡妇，陪伴其中成何体统？毕竟他的前辈明宪宗，正是16岁登基，爱上父亲的宫人，比自己大17岁的万氏。所以大臣们绝非无理取闹。到朱由校正式登基的前一天晚上，大臣们又来到乾清宫门外，向李选侍示威，

图9 明熹宗（天启皇帝）坐像

台北故宫博物院藏

图10 明熹宗半身像　　　　　　　　　　　　台北故宫博物院藏

逼她迁到太后、太妃们居住的仁寿殿（原址即今宁寿宫）。李选侍无奈，只好迁走。

当时移宫比较匆忙，李选侍的内侍乘机盗走乾清宫一些珍宝。这朱由校的祖父万历帝、父亲泰昌帝都是爱财如命、一毛不拔的主儿，朱由校不改乃祖乃父遗风，也爱财如命，一听这事，就动了气，下令刑部严厉拿问。但刑部受了太监的贿赂，下上相通，竟将此事糊弄过去，还散布谣言，说朱由校薄待先朝妃嫔，李选侍气愤不过自尽了。朱由校无奈，只好亲自出面说明情况，并表示要厚待李选侍，事情才平息下去。

崇祯"君死社稷"

崇祯帝朱由检继其兄朱由校即位，其时国已不国，而宫中斗争却力战正酣。鉴于他父亲光宗朱常洛死于红丸案的教训，他由王府入宫后格外小心。起初，连宫中的御膳都不敢吃，二十多天，天天吃皇后从娘家带来的干粮。入夜，他让人把乾清宫里点上很多蜡烛，照得满室通明，唯恐魏忠贤等宦官来加害于他。崇祯帝比较了解朝政弊端，下决心大力扭转颓风。在清除了魏忠贤等"阉党"后，为了笼络大臣，他在召见大臣时，向他们作揖致礼。但是，不论他怎样恩威并施，绞尽脑汁，明朝的覆灭已成定局。

崇祯十五年（1642），清军已破关攻到北京南郊，大肆掳掠后撤走；而李自成领导的农民起义，已烽火燎原。十七年（1644）正月，崇祯帝对阁臣悲叹道："朕非亡国之君，事事皆亡国之象。"

经过16年的拼搏，崇祯帝终于迎来自己穷途末路的最后几日。

"朕非亡国之君"

崇祯帝在三月初四最后一次平台召对时，说出流传至今的"朕非亡国之君，诸臣尽亡国之臣"，距十九日煤山自尽约半个月。清初谷应泰撰《明史纪事本末》和《崇祯实录》都记载：流寇犯宣府，京师戒严。庄烈召对平台，谕阁臣曰：李建泰有疏劝朕南迁。国君死社稷，朕将何往？大学士范景文等，请先奉太子抚军江南。兵科给事中光时亨大声曰：奉太子往南，诸臣意欲何为？将欲为唐肃宗灵武故事乎？景文等遂不敢言。庄烈复问战守之策，众臣默然。因叹曰：朕非亡国之君，诸臣尽亡国之臣尔！遂拂袖起。

崇祯帝此话的深层意思是说：春秋之义，国君死社稷，忠臣死王命，是《礼记》《孟子》的圣贤古训。现在我是抱定了"死社稷"之心，你们若是忠臣，自应"死王命"，真的愿做亡国奴吗？但崇祯帝在位17年，本有国之干城：熊廷弼、孙承宗、袁崇焕，但"罢斥了其中一个（孙），杀死了另外两个（熊、袁）"，特别是杀袁崇焕冤案，天下人谁还会"死王命"？当然是"众臣默然"了。

崇祯十七年（1644）三月十五日，农民军占领了居庸关。十六日，崇祯帝召文武百官商量对策，结果个个束手无策，于是君臣相对而哭。就在这时，京城北郊昌平失守的消息传来，君臣大惊失色。

十七日，农民军围攻北京城。城内从大臣到百姓，人人设法逃命。崇祯帝在乾清宫仰天长号，绕殿环走，拊胸顿足，叹息通宵，大呼：内外诸臣误我、误我！崇祯帝想让驸马巩永固带家丁护送太子到南京，巩永固说："国家规定，皇亲不准收藏兵甲，我哪里有家丁？"两人只有相对而泣。不一会儿，投降李自成的太监杜勋带来李自成的书信，请皇帝三思，及早"逊位"，崇祯帝不肯答应。

《帝女花》

十八日夜间，大顺军架起云梯，攻打京城西、北的西直门、阜成门、德胜门，太监曹化淳打开东直门，农民军一拥而入。太监张殷劝崇祯帝投降，被一剑杀死。崇祯帝命人把太子、永王、定王分别送往周皇后、田贵妃的娘家，让他们到留都南京号召天下，以图东山再起。崇祯四年（1631）进士、翰林院编修、南京国子监司业吴伟业，入清后于顺治九至十三年（1653—1656）任秘书院侍讲、国子监祭酒，在北京收集了不少明清易代之际的史事。他的《思陵长公主挽诗》除记叙崇祯帝长平公主，也记叙崇祯帝命其两个儿子即定王慈炯、永王慈炤便装潜逃，亲自为儿子换装，临别殷殷嘱托的情形："胄子除华绂，家丞具急装。敕须离禁阙，手为换衣裳。社稷仇宜报，君亲语勿忘：遇人尚退让，慎己旧行藏。"

崇祯帝把袁贵妃和周皇后叫到乾清宫，连呼左右进酒，一口气饮了几十杯。他不能眼看自己的后妃陷入敌人之手，于是挥剑向袁贵妃砍去，袁贵妃当即倒地。周皇后见状，急忙返回坤宁宫，悬梁自尽。崇祯帝的女儿长平公主吓得痛哭不已，崇祯帝叹道："你为何生我家！"一剑砍去，公主挥臂遮挡，左臂被砍断，昏死过去。接着，崇祯帝又杀了幼女昭仁公主和几个妃嫔。

粤剧名剧《帝女花》就是写长平公主这段故事的，剧情依据明末清初诗人张宸《长平公主诔》、吴伟业长篇叙事诗《思陵长公主挽诗》铺陈演绎，赋予主人公神仙身份，称长平公主本为散花天女，驸马周世显为侍香金童。剧中亡国之君崇祯皇帝，在北京城被攻破前夕，挥剑砍杀自己的亲生女儿坤兴公主（死后称长平公主）朱媺娖，然后自杀殉国。公主五天后苏醒，婚礼上与驸马服毒自尽，唱词"一条苦命，怎生要做两起死"，最令观者动容。剧本写成后即被搬上舞台，被广泛传唱。日本天保年间（1830—1844）流传日本，长演不衰。

按清人所修《明史》记载：坤兴公主，周皇后生，追谥"长平公主"。年十六，帝选周世显尚主。将婚，以寇警暂停。城陷，帝入寿宁宫，主牵帝衣哭。帝曰："汝何故生我家！"以剑挥斫之，断左臂。又斫昭仁公主于昭仁殿。越五日，长平公主复苏。至顺治二年（1645），上书要求出家为尼，清廷不允，命她仍与周世显完婚，并赐予土田邸第、金钱车马。但公主以国破家亡为恨，不到一年郁郁而终，赐葬京城西南郊广安门外。

煤山自尽

崇祯帝这时已丧失了理智，但仍不甘心被俘，于是换上便服，扮成老百姓模样，混在太监中间，出东华门，至朝阳门，谎称王太监奉命出城，但守门军人坚持天亮后验明身份再放行。太监试图夺取城门，结果被守军用炮火轰回。崇祯帝又派人到负责城守的戚国公朱纯臣家，朱的家人说朱赴宴未归。崇祯帝想再闯一下，与一行人赶到北门安定门，但门闸沉重，打不开。崇祯帝见出城无望，只好返回皇宫。

十九日天刚破晓，守卫宣武门的太监王相尧投降，大顺军将领刘宗敏率军进城。守卫正阳门的兵部尚书张缙彦、朝阳门的朱纯臣也先后开门迎降，北京内城被攻陷。崇祯帝得知，亲自到前殿鸣钟召集百官，竟无一人到来。他自知命绝，于是反倒从容起来，带着太监王承恩登上景山寿皇亭，回望紫禁城良久，脱下龙袍，在衣襟上写下一段自责"凉德"（即"德薄"）的话，又说："朕死，无面目见祖宗，自去冠冕，以发覆面。"自己的尸体，"任贼分裂"，但求"无伤百姓一人"。随后，赤足轻衣，乱发盖面，与太监王承恩相对，在一棵歪脖树下上吊自杀。农民军打进皇宫，找不到崇祯帝，悬赏白银一万两寻拿。过了两天，人们才在景山东麓发现了他的尸体，就将他与周皇后用两扇门板抬到东华门外，装入棺内，在东华门外示众多日，然后才葬入昌平明皇陵中。以上见于清初陈鹤编纂的《明纪》等历史文献。

在古代亡国之君里，明崇祯帝是人们比较同情的一位，从明亡到清代一直如此。像明末清初广东学者屈大均《燕京述哀》：

"先帝宵衣久，忧勤为万方。捐躯酬赤子，披发见高皇。风雨迷神驭，山河尽国殇。御袍留血诏，哀痛几时忘。""阴雨煤山树，君臣各一枝。"但本应"官官相护"的清乾隆帝，对崇祯帝"朕非亡国之君，诸臣尽亡国之臣"之说，颇不以为然，说："其实诸臣皆庄烈（崇祯帝）所用也。"并作诗调侃道："亡国之臣孰所用？质之帝亦想难答。"还进一步替崇祯帝找出病根："十七年易五十相，中无定见致纷杂"，尤其是"外臣难信信内臣，固帝失众应惭杀"。说他天性狐疑，处事无定见，放着忠贞能干的国之干城不信任，偏偏信任宦官；国事至此，竟然仍是众说纷纭，皇帝莫衷一是。这怨得了谁？历史是复杂的，人们的认识也不断深入。到1930年前后，故宫博物院在景山东麓立起"明思宗殉国处"石碑，"文革"期间被推倒，到20世纪末21世纪初重又立起。

崇祯帝出宫后，大学士范景文赶到宫门口，内监告以皇上已出宫。他又退回午门朝房，此时农民军已经涌进来。侍从请他换便衣回家。他说皇上出宫不知消息，我怎么能回家呢！就到西长安街庆寿寺（俗称"双塔寺"，原址即今北京市电报大楼附近）写下遗疏，最后写道："身为大臣，不能灭贼雪耻，死有余恨！"然后到附近朝廷銮仪机构"演象所"，向阙拜辞，投双塔寺旁古井殉国。

清代"正大光明"

清代顺治、康熙以乾清宫为寝宫，并不是真正住在乾清宫大殿里，确切地说，乾清宫是他们日常办公、学习和活动的场所，其真正的寝室在乾清宫东小院昭仁殿。

图11 乾清宫东小院昭仁殿

"天禄琳琅"

昭仁殿在乾隆时被辟为珍藏宋元版图书的"天禄琳琅"书房。乾隆帝说："乾清宫之东楹为昭仁殿，皇祖（指康熙帝）在御时，日夕寝兴之温室也。朕弗敢居焉，乃贮'天禄琳琅'宋、元镌本于内，时一徘徊，曷胜今昔之思！"把存世珍贵的宋元版善本图书，珍藏在祖父生前居住的宫殿里，以表达对祖父的尊崇。"楹"是殿阁旁边的小屋；宫中所谓"温室""暖阁"，指有地炕的房间。乾清宫西小院弘德殿又称"奉三无私"殿，嘉庆钦定《国朝宫史续编》指出，此地为"皇上传膳、办公处"，是与昭仁殿配套使用的。

图12 乾清宫东小院昭仁殿内"天禄琳琅"藏书处历史图片

乾清宫东院"天禄琳琅",加上乾清宫南庑西半部翰林值房"南书房"、西庑秘书班子"懋勤殿",正好又合乎古人"东壁图书府,西园翰墨林"(唐张说《恩制赐食于丽正殿书院宴赋得林字》)的汉唐古制。

"立储"非"传位"

康熙帝是清朝的一代英主,但在立太子这件"家务事"上却颇费周折。清朝前几位帝王生前并不立储,故其死后诸子弟相互残杀,竞逐皇位。康熙帝鉴于这些教训,又吸收了汉文化传统,因此决定早定国本。康熙十四年(1675)十二月,立皇后赫舍里氏所生嫡长子、刚满一岁的胤礽为皇太子。康熙皇帝在位时间很长。这期间,其他皇子矛头一致对准太子,加上太子本人行为乖张,性格暴虐,使康熙帝非常失望,终于在康熙四十七年(1708)将太子废掉。后来康熙帝怀念太子出生时,自己亲爱的皇后因难产身亡，觉得这样做有些对不起死去的妻子。这时，被废掉的太子胤礽因受刺激精神反常，而恰好别人又发现皇长子胤禔使用巫术诅咒太子。康熙皇帝因此认为太子以前行为不端，都是别人有意陷害，于是在四十八年（1709）正月，又恢复了胤礽的太子之位。可是，这位太子复位后旧习不改，仍然胡作非为，康熙皇帝不得已，只好又将其废掉。从此，康熙皇帝不再提立储一事，直到临终才决定让皇四子胤禛继承皇位，这就是雍正皇帝。

关于雍正皇帝的得位，从当时到现在的史学研究中，颇有一些不同看法。最流行的一个传说是，康熙皇帝在遗诏中写着"皇位传十四子"，雍正求他的舅父隆科多将"十"改成"于"，成为"皇位传于四子"。从今存道光帝立储密谕原件可知，这种谕旨的格式是满、汉文同时书写，满文不存在改"十"为"于"的问题。特别是外间搞错了"立储"和"传位"的本质区别。清朝皇帝只"立储"，而且是生前密立，死后公开。所立之人公布后，只是太子，具有接班人的资格，在顾命大臣辅佐、王公大臣拥戴下，才可以继位。"传位"则不同，纵然是皇帝在世，一旦宣布"传位"，新君即可继位，自己只好当太上皇。所以没有哪个皇帝会写下"传位"给谁，放在"正大光明"匾后，成为悬在头顶的"达摩克利斯之剑"。强势、自信如乾隆帝，在位满六十年，宣布"内禅"，命王公大臣当众取下密谕，上面写的也是立皇十五子永琰为太子，而不是直接传位。永琰要再三辞让，王公大臣们两面劝，最后乾隆帝算是"嘉纳"，儿皇帝嘉庆恳切要求父皇务必"退而不休""归政犹训政"。由此，其他皇帝对皇位的重视可想而知。

图13 康熙皇帝朝服像　　故宫博物院藏

图14 雍正皇帝朝服像　　故宫博物院藏

密储制度

　　雍正皇帝即位后，对自己的亲兄弟、当日储位竞争的对手，的确是严厉打击的。如将八弟允禩、九弟允禟幽禁起来和发往西宁派人看管，又将他们逐出皇族，甚至把他们的原名也夺去，不准其与皇族有任何关系，给他们重新起名，一个叫"阿其那"，一个叫"塞思黑"，满语的意思分别是猪、狗，直至将他们除掉。

　　经过兄弟之间的残酷斗争、无情打击，总结历史经验，雍正皇帝认识到，过去一向实行的立储制度不能继续沿用，决定创立一种秘密立储的制度。这种密储制度的基本做法是，皇帝生前不公开确立太子，而将自己选定的皇位继承人的名字秘密地写成两份，一份封固后放置到乾清宫正中"正大光明"匾后，一份随身携带保存。当皇帝病危时或去世后，由王公大臣取出匾后一份，再找出另一份，对照无误，即奉新君即位。

图15 故宫乾清宫正殿及正中"正大光明"匾

雍正皇帝即位还有一种说法，说康熙皇帝晚年看中了自己的孙子、雍正的儿子弘历，即后来的乾隆皇帝，所以传位给雍正，但雍正须立弘历为太子。雍正帝即位后，雍正元年（1723）八月，他就把弘历的名字写好后密封在宝匣中，放置到乾清宫"正大光明"匾后，并召集王公大臣当众宣布此事，规定今后照此办理。这种说法最起劲的鼓吹者就是乾隆皇帝本人，这很有利于洗刷父亲雍正帝篡位之说。

雍正十三年（1735）八月，雍正皇帝去世，弘历的叔父庄亲王允禄当众开启"正大光明"匾后宝匣，宣读密谕，弘历就在父亲灵前即位。

乾隆上台后，当年就把皇后所生皇子永琏的名字书写后放到"正大光明"匾后。但刚过两年，永琏病死，乾隆皇帝当众撤销匾后密诏。不久，他又想立皇后所生幼子永琮，但永琮出生不久即夭亡。后来，到乾隆三十八年（1773），才又密立永琰为太子。乾隆六十年（1795），乾隆皇帝宣布"内禅"，即生前将皇位传给继承人。他让人取下宝匣，宣布永琰（继位后改为颙琰）为太子，次年元旦即位，这就是嘉庆皇帝。

道光密谕

密储制度传到道光皇帝，在到底立谁的问题上，皇帝颇费踌躇。道光皇帝有9个儿子，他认为其中最佳人选为皇四子奕詝和皇六子奕䜣。皇六子聪明伶俐、英勇果敢、知时通变，但却恃才傲物；皇四子忠厚忍让、老实持重，但却才疏力单。两人各有优长和欠缺，一时难以取舍，可又必须取舍。皇帝拿不定主意，两位皇子更按捺不住。于是，两人暗地里为争夺储位展开了微妙的争斗。

传说道光皇帝有一次病中召见两人，询问政事，以检验两人。两人各向自己的老师请教。奕訢的老师卓秉恬说，知无不言，言无不尽。奕詝的老师杜受田老谋深算，知道奕詝治国安邦之策不如奕訢，于是对奕詝说，只管伏地流涕，以示孝诚。果然，道光帝觉得四子更为孝顺。还有一年春天到南苑打猎，道光皇帝也想借机检验两人武艺的优劣。奕訢左冲右杀，满载而归。而奕詝的老师杜受田深知奕詝枪法不佳，告诫他不要开枪。到晚上，奕詝空手而回，道光帝问他原因，他说，现正春天，鸟兽滋生繁育，哪里忍心杀伤它们？道光帝更为感动，叹道："此真帝者言也！"

图16 道光皇帝朝服像

故宫博物院藏

363

于是道光帝下定决心，在乾清宫立储密谕上写道："皇四子奕䜣立为皇太子。"但他又到底舍不得皇六子奕䜣，于是又破例在密谕上写道："皇六子奕䜣封为亲王。"亲王是皇子的最高封爵，或由皇帝生前对皇子直接赐封，或在皇帝死后由新皇帝为其兄弟加封，皇帝在立储密诏中密封亲王，清代唯此一例。这件用红笔写成的密谕现在仍收藏在故宫，存放密谕的宝匣也保存完好，上面还保留着道光二十六年（1846）的封条，封条上还有道光皇帝的御笔画押。而另一件可能是道光帝临终写的手谕，字迹不整，内容是："皇四子奕䜣著立为皇太子。尔王大臣等，何待朕言，其同心赞辅，总以国计民生为重，无恤其他。"这应该就是皇帝随身携带的那份。

图17 曾存放在乾清宫正殿"正大光明"匾后的道光帝立储密谕

清宫"上书房"

乾清宫南庑，乾清门东五间，是清代皇子、皇孙上学的"上书房"。再东，即乾清宫东庑最南端，按唐宋以来"左庙右学"之制，设立"祀孔处"，供奉先师孔子。

雍正设立

中国古代从有文字记载的历史开始，就有正规的学校建置。中国人对子女的教育，有"近乎宗教信仰程度"的执着。这不但指平民百姓，在帝王家也是如此。

清初顺治时期，皇子皇孙不多，顺治皇帝登基时才6岁，由明代旧臣金之俊、吴伟业等硕儒教他读书。康熙皇帝8岁继位，也是学龄皇帝。他的书房在乾清门以西的五间南庑，称为"南书房"，还有乾清宫西庑中间的五间"懋勤殿"。因为多年在此读书，成年以后就继续把自己的秘书班子留在南书房，称之为"南书房翰林"，懋勤殿则是协助他处理政务的智囊班子。康熙皇帝有22位学龄皇子，但年龄差距很大，这些皇子就不集中在一起读书，而是分散在西华门附近的南熏殿、咸福宫、西长房、兆祥所。而且当时立太子，太子居住和读书都在乾清宫东南的毓庆宫。

雍正皇帝即位之初即明确宣布不立太子，各位皇子都有可能成为皇位继承人，因此皇子皇孙的教育就格外重要。雍正继位时已经45岁，他的学龄皇子只有4人，而且年龄差不多。于是正式设立"上书房",集中管理皇子皇孙教育。选了4位品学兼优、德高望重的师傅：徐元梦、朱轼、张廷玉、嵇曾筠，分别教导4位皇子：弘时、弘历、弘昼、弘曕。乾隆帝后来回忆说：我朝成例，皇子初就学，见师傅，彼此相互长揖一下。当年是在懋勤殿行拜见之礼。清朝王公大臣见到皇子，都要双膝跪，唯有上书房师傅，捧手为礼而不跪，以表尊师重傅。

弘历即后来的乾隆皇帝，在康熙六十一年（1722）春天，已经奉康熙皇帝之命"养育宫中"，即康熙皇帝亲自带这位皇孙。康熙帝安排贝勒允禧，教他骑马射箭（冷兵器）；庄亲王允禄，教他火枪火炮等火器（热兵器）。四月移居热河避暑山庄，安排他住到皇帝寝宫"烟波致爽"殿旁边的"万壑松风"，让孙子在身旁读书，随时加以指点。批阅章奏或引见官员时，小孙子都在一旁看着。有时还让弘历在群臣面前拉弓射箭，炫耀孙子连射连中。在湖中钓到鱼，让他送给父母，使他从小懂得孝道。像平民百姓一样，还经常把自己美味饭菜赐给小孙子享用。

上书房设在乾清宫院内，明确就是"以便上（皇上）稽察也"。皇上在乾清宫大殿批阅章奏，引见官员，处理政务；皇子皇孙读书就在对面南庑，皇帝眼皮底下。孩子们一举一动，皇阿玛尽收眼底，与如今父母看着孩子做作业异曲同工。上书房里陆续挂满了雍正、乾隆书写的匾额、对联，都是勉励的话。像雍正皇帝御笔对联有："立身以至诚为本，读书以明理为先。""念终始典于学，于缉熙单厥心。"上联是《礼记》里的话，说玉不琢不成器，人不学不懂道理，人要活到老、学到老；

下联说坚持学习，终会见到真理的光辉。乾隆皇帝御笔匾有"养正毓德"，对联有"闲庭不改风还月，欹案依然《易》与《诗》"，就轻松写意许多。

皇子皇孙从虚岁6岁开始入学"就傅"，一直到十五六岁成年"分府"出宫，结婚生子，起码有九至十年上学时间。分府之后，若是皇上没安排别的差使，就一直在上书房念书。嘉庆皇帝的皇五子绵愉，年过三十才获父亲安排为上书房"总谙达"，好比留校任教，才结束了学生生涯。

教务长负责

总体负责管理上书房教务的，是上书房总师傅和总谙达，相当于今天学校的教务长，一般各有一至三人，由皇帝在内阁大学士等官员中简任。担任具体教学工作的，是师傅、谙达，人数不定，根据学生多少而定。师傅一般从翰林院学士中挑选，讲授"五经"——《诗经》《尚书》《礼记》《周易》《春秋》和《史记》《汉书》，这是历史；"策""问"，这是时政；诗、赋，这是汉语文化课。

"谙达"，为满语音读，意即教师，地位稍逊于师傅。又分为教满文、蒙文及翻译等民族文化课的"内谙达"，每位皇子一般配有3人；教弓箭、刀马、骑射等军事课的"外谙达"，每位皇子配有5名。"国语骑射"是清朝统治者的家法，文、武两科的谙达，分别从八旗翻译出身的官员中选任和由各旗营参佐领高级将领中选任。

乾清门、乾清宫南庑及东西庑，都建在台基之上。建在台基上的廊房，在宫殿建筑里称为"庑"。上书房所在乾清宫南庑的后背，台基下至乾清门东侧宫墙之间，实际上还有一段空间，盖了较低矮的房子，是上书房的"下屋"，相当于今天的休息室。学生们课间可以到里面休息、吃饭，现乾清门东"内左门"里西侧的洗手间，就是当年上书房的"下屋"。这些青少年学生即小皇子、小皇孙，除了各科老师，还少不了陪伴他们的小伙伴，叫"哈哈珠子"；侍候他们的僮仆，叫"小苏拉"。这些都是满语音译词汇。"珠子"，意为男孩；"哈哈"本为苦的意思，老北京话"苦哈哈"即此意。"苏拉"意为仆人，"小苏拉"就是僮仆。

逃学受罚

上书房纪律严明。师傅、学生们进书房，都要走"内左门"，进乾清宫东庑中间的日精门，不与乾清门御门听政及召见的大臣们相互干扰。内左门门卫有门单，出入登记，以备查验出勤情况。乾隆皇帝曾抽查门单，发现有7天时间，皇子、皇孙及其师傅竟然不上学，责令将总师傅、师傅十多人交吏部严加议处，将其中二人革职并打四十大板。还有皇子从圆明园上书房偷偷跑回城里玩，也被严肃处理。

乾隆帝高寿，上书房学生也最多。到乾隆五十四年（1789）他80岁时，上书房集皇子、皇孙、皇曾孙、元孙四代于一堂。师傅多了，旷课误工的也多起来。于是重申纪律，师傅何肃、远椿革职，各责四十板，但仍在书房效力行走。

陪太子读书的人，一般都是宗室近支子弟，品行端正，学习程度与同学相当。《清仁宗实录》记载：嘉庆二十五年（1820）六月，选定庆亲王的儿子绵悌为皇子们伴读，谕内阁：绵悌年10岁，资性聪颖。嘉庆帝询问他满语，大致可以对话；考察他学的汉文课，现读至《下论语》。因此决定"加恩在上书房伴读"，并令内阁为他遴选授读师傅，带给嘉庆帝引见，师傅于七月初四与绵悌同入上书房。绵悌进宫陪读，由庆王府一名太监每日跟随照应。

挑灯上学

上书房的学生们，每年在校时间很长，一年中只有元旦（即今春节）、万寿（皇帝生日）、端午、中秋和学生本人生日等节日，才可以不到上书房。另外，夏至到立秋之间（阳历6月22日前后至8月8日前后）和春节期间（阴历腊月二十九日至正月十九日），大约相当于如今的寒暑假期间，是上半日课。

上书房的作息时间，管理得也比较严。根据不同季节，一般是学生在寅刻到卯刻进书房，未正二刻下书房。清代诗人赵翼在内廷当值时，曾见到当时的情景：黑暗中残睡未醒，自己不时倚柱打瞌睡，但隐隐望见有白纱灯一点入隆宗门，那是皇子进书房，而这时部院百官还没有一个上班的。于是不禁感慨：吾辈专靠读书为生尚不爱早起，而皇家金玉之体竟日日如此！

清宫保持关外每日吃两顿饭的旧俗，晚餐时间即今午餐时间，因此学生的一日两餐都在上书房的下房中吃，时间为早上7：30和中午12：00。上书房课间休息每日一二次，每次不超过15分钟，都要经师傅同意。师傅进书房一般在卯时至辰时，因为他们要参加经常举行的早朝，还要到自己所在机构处理公务。这时学生正好用完早餐。师傅下课的时间一般在午时，最迟不超过未时。师傅走了，学生吃晚餐（午饭）。

每天课程安排一般是，黎明时分学生进书房前，教习弓箭的谙达已在箭亭等候，学生到后，先教习拉弓、射箭、骑马，然后由蒙古谙达教蒙古语，最后是满洲谙达教清文及翻译。早餐后，师傅教习"五经"、《史记》《汉书》、策、问及诗、赋等汉语课，但不学习科举文章。学生有时还讲书和互相讨论。

学生在上书房，衣冠服饰要求整齐，不能衣着随便，不能吸烟。天热时可以摘帽、脱鞋，乾清宫那边皇帝召见的大臣走完了，学生可以换纱衫，但不准解开衣带。上书房的学生虽都是龙子龙孙，但遵循我国古代尊师重道的传统，他们与师傅的关系都不错。

总角之交

孩提时代的友谊往往是比较纯真的，称"总角之交"，在帝王之家也是如此。嘉庆帝的老师是朱珪，乾隆驾崩，嘉庆帝急召朱珪回京，二人一见面，嘉庆帝握住老师的手失声痛哭，马上安排他入值南书房，掌管户部，后来又赐太子少保荣誉衔。为方便朝夕相见，特意在紫禁城西华门外为朱珪修葺了一座宅子。道光皇帝的六子奕䜣少时淘气，但很听上书房师傅贾桢的管教。贾桢到南方出差了，奕䜣便无拘无束地玩起来。道光皇帝给贾桢寄信说，自你走后，六阿哥就不好好念书了。

金庸先生的小说《鹿鼎记》中的韦小宝，就像是清初顺治、康熙两位皇帝小时候特别活跃的"哈哈珠子"。道光时梁章钜《称谓录》卷十二："哈哈珠塞，亦称哈哈珠子。皇子各有哈哈珠塞八人，由八旗年幼闲散人内挑派，每日二人入值，司奉茶进食之事。"雍正、乾隆、嘉庆、道光、咸丰，这几位清中期的皇帝，都是成年后甚至四五十岁才当皇帝，此时与孩童时期的小伙伴，关系已经淡漠，故影响不大。但清初顺治、康熙分别是6岁、8岁当皇帝，尤其是康熙皇帝自幼父母双亡，虽有祖母孝庄太后关照，但形影不离的还是哈哈珠子，也就是韦小宝这样的小伙伴，所以信任他们。康熙十五年（1676）二月初六日上谕说："朕在花园有哈哈珠子往来奏事，必先着太监各处传知，然后递行领送，严密关防，不可忽略。"与小伙伴关系之紧密、影响之大，还可在康熙时的幼年太子胤礽身上得到印证。他的膳房人花喇、额楚，哈哈珠子德住，茶房人雅头，私自与皇太子谋划事情，做下悖乱之事。康熙帝下令，将花喇、德住、雅头处死，额楚交与他为官的父亲英赫紫，将其圈禁家中（《清文献通考》卷一三四），说明康熙帝对哈哈珠子的作用有切身体会。

哈哈珠子一直跟随主子，像韦小宝长大了一直跟着青年康熙帝。乾隆四十六年（1781）十月上谕说：哈哈珠子都是从开国功臣或者家道殷实的满族大员家子弟内挑取，他们陪伴小皇子，并无什么苦差事，日后皇子阿哥封授亲郡王、贝勒、贝子、公爵之时，哈哈珠子等自然成为王府、贝勒府的护卫官，俸禄蛮高的。乾隆帝还发现，数年来每遇补放皇宫侍卫名额，及八旗各旗挑取护军校、骁骑校，阿哥们还将哈哈珠子带领引见。管事的大臣看在阿哥请托的面子上，徇情枉法，就给他们补放御前侍卫、护军校、骁骑校，然后哈哈珠子仍在王府当差。乃下旨以后哈哈珠子的升迁只在王府解决，把朕的谕旨令阿哥们看清楚了！（《东华续录（乾隆朝）》）

"智亲王" 立功

为保持马背民族的尚武传统，清朝皇帝对皇子皇孙的弓马训练一向非常重视，而且效果也的确不错。康熙六十一年（1722）八月初，在承德以北坝上草原（今"赛罕坝林场"）举行"木兰秋狝"。初次行围的围场为永安莽喀围，康熙帝御火枪射倒一只熊。黑熊伏在地上许久不动，康熙帝以为熊已毙命，便让年仅12岁的孙子弘历再射，让小孩子享受初围旗开得胜获熊一只的喜悦。不料弘历刚上马，黑熊突然蹿起，直奔马前。众人大惊失色，但见这小孩从容镇定，勒缰控马，颇具大将风度。康熙老爷子非常满意，回到帐中对妃子夸赞说："看来这孩子天命贵重，比我还有福。"

以武艺高强、枪法奇准闻名的，是嘉庆帝的皇次子绵宁，即后来道光皇帝。嘉庆十八年（1813）九月，河南、山东、直隶等地爆发天理教起义，起义者攻下河南滑县等城池，后来有教众甚至潜入北京城南郊宋家庄。九月十五日一大早，天理教首领林清率200多名教众，以宫中几个太监为内应，由东、西华门攻打紫禁城，其中30多名教众进入西华门。这时嘉庆帝正由承德木兰围场回京至河北蓟县白涧行宫，而皇后留在紫禁城，二阿哥绵宁则正在上书房读书。他的师傅宝兴下课回家，将出东华门，正遇上贼势嚣张，官兵正在拦截，当即赶回乾清门报警。

此时林清教众已经攻到乾清门前横街的西门隆宗门，一些人试图登上廊房，越墙攻进皇帝居住的养心殿。正在上书房读书的绵宁闻变，立即命令侍从投入战斗，自己则手持鸟枪（当时的火枪），仓促上阵。当他赶到养心殿阶下，发现对面屋顶上有两个人影，立即开枪射击，将他们击毙。激战进行到中午，攻进宫中的教众因寡不敌众，全被捕获或击毙。正在由承德避暑山庄回北京路上的嘉庆帝，闻讯极为震惊，当得知儿子已率众平息了暴乱，深为感动，当即封绵宁为"智亲王"，并决心确定绵宁为皇位继承人。嘉庆帝发出上谕说："禁掖，列圣神御所在，斯时皇后正居宫内。皇次子奋力捍卫，可谓忠孝两全。"意即紫禁城是清室历代祖先的祖居，皇后此时恰好也在宫中。皇次子奋力捍卫，上尽忠于列祖列宗，下孝敬父母，绝对是"忠孝两全"。

清代皇家子弟的培养教育成效是显著的，诸皇子往往多才多艺。重视军训，是清代上书房的优长，但学校最需要的，是教授传播当时最先进的文化和科学知识。遗憾的是，除康熙皇帝认真钻研过数理化之外，清朝从上书房到国子监、各地学校，并没有真正传授近代科学技术知识，清政府起初也没有以举国之力发展近代科技，终致酿成近代的悲剧。

南书房

乾清门内南庑向西，从第四间到拐角处，是著名的南书房，作为翰林院官员内廷当值、随时备皇帝顾问的值房。有幸选上此职的翰林，称为"南书房行走"。这个制度从康熙时建立，像张英、高士奇、张玉书都是当时入选的翰林。值班时间一般是辰入戌出。康熙时一位南书房翰林王图炳诉苦说："伺候时立得脚痛，抄录时写得手痛。"但荣誉高，而且常获皇上赏赐御笔书画、水晶眼镜等奇珍，饭食也由皇家提供。除充当文学顾问之外，未成年皇帝赏赐外臣御笔书画，按例也由南书房翰林中书法优长者代劳。

交泰殿"二十五宝"

乾清宫后交泰殿为面阔、进深各3间的明堂建筑，与中和殿大同小异，单檐四角攒尖，上覆鎏金宝顶。中和殿四面均为隔扇门，是完全的"明堂"；交泰殿是四面的明间（中间一间）开门，三交六椀菱花，龙凤裙板隔扇门各4扇，南面两次间为槛窗，其余三面的两次间均砌墙。殿内顶部为盘龙衔珠藻井，殿中设宝座，上悬康熙帝御书"无为"匾，宝座后有板屏一面，上书乾隆帝御制《交泰殿铭》。东次间设铜壶滴漏，乾隆年后不再使用。元旦、千秋（皇后生日）等重大节日，皇后在这里接受朝贺。乾隆十三年（1748）起，把象征皇权的二十五玺收存于此。如果说乾清宫相当于皇帝办公厅，交泰殿就是办公厅机要处。朝廷颁发诏、诰等文书，要经内阁申请，从此处请宝用宝。现殿内宝座前两侧分别排列着用来储放宝玺的宝匣。

图18 故宫交泰殿，宝座周围是清代国玺"二十五宝"

两套宝玺

清代象征国家最高统治权即如今所谓"公权力"的印玺有两套。一套是"现役"的，即储放在交泰殿的二十五宝，一套是"退役"的。不论哪一套，清朝历代皇帝都极为重视。乾隆皇帝把现役的宝玺数量规定为25颗，存放在皇帝"正寝"之后，全神贯注，日夜守望，"寤寐思服"。退役的旧宝玺，由皇子、大臣以皇帝出行时的仪仗恭奉，八旗和沿途守军接力护卫，送到清室"龙兴之地"盛京（今辽宁沈阳）皇宫，在宫中最高的凤凰楼上封存，号称"盛京十宝"。

两套密码

"二十五"，是乾隆皇帝设定的具有象征意义的"密码"：祈求清朝"享国二十五代"。巧合的是，清朝皇帝未能实现传国25代的愿望，从顺治皇帝入主中原到宣统皇帝"逊位"，正好10代，"十宝"的"十"倒成为实际的"密码"。

清朝历代皇帝还有不少个人的"私章"，譬如常见的"康熙御笔之宝""乾隆宸翰""三希堂精鉴玺"，以至"宣统御览之宝"，它们代表皇帝个人，而不是代表国家"公权力"。但是，乾隆皇帝依然将它们纳入"二十五"密码系统，制作了存储它们的"宝薮匣"，也是25层，每代一层，存放在供奉祖先御容的景山寿皇殿里。清代皇帝着正装"朝服"时佩戴的"朝珠"，也是皇帝身份的象征，同样纳入"二十五"密码系统。乾清宫东庑正中"端凝殿"里，存储先帝生前御用朝珠的宝匣，也设计为25层，每代一层。以上国宝、帝玺、朝珠，被乾隆帝称为"尊藏三大事"，均用"二十五"。

"大衍天数"

乾隆皇帝设定"二十五"密码，不是一时兴起，而是经过深思熟虑的。清朝典章制度，从早期太宗以至顺、康、雍时期，沿用明制，并根据实际需要有所调整。乾隆十一年（1746）春，乾隆帝下令整理以往所用宝玺，确定为25颗，同时著《国朝传宝记》，说明来龙去脉。其原始表述是："取《周易》大衍，'天数二十有五'之义，定为二十有五之数。"《周易·系辞上》："大衍之数五十有五，其用四十有九。"先秦人称占卜为"衍"，汉代人称占卜为"演"。大衍，《周易》算卦蓍草总数，为五十五策，但只用四十九策。《系辞上》又把单数作为"天数"、双数作为"地数"，天数相加为"天数二十有五"，地数相加为"地数三十"，两者相加，"凡（合计）天、地之数五十有五"。以五十五的变化，潜通鬼神变幻莫测。乾隆帝当初就是用《周易》天数总和二十有五，来确定代表天子公权力的宝玺数目的。

清人是很相信"命数"的，清帝始祖永陵所在的辽宁省新宾满族自治县，埋葬着清太祖努尔哈赤之父及以上六世祖，永陵的后靠山"启运山"有十二峰，当地满人民间相传，这就预示了清朝有十二位皇帝。

"二十有五"另一层含义，是乾隆帝考察历史，发现历史上传位最多、持续时间最长的王朝是东周，共25王。当初定宝数之时，就暗暗采用"姬周故事"即周朝历史，默祷上苍，祈求自己的王朝能够获得上天眷顾保佑，传国25代。他藏在心底的这一想法，直到86岁当了太上皇以后才说出来。所谓"姬周故事"，指周公辅成王定鼎于郏鄏，即洛阳，"卜世三十、卜年八百"。即以《周易》占卜，得到卦象是周朝可以传位30代、历年800。后来周平王又由西京镐即后世长安城迁都洛阳，又开东周25代王业。这与清太祖努尔哈赤、太宗皇太极，在关外盛京（今沈阳）奠基，顺治帝入主北京，似历史重现，所以乾隆帝如此比附。但他也知道"斯亦趑矣，此实侈望"，即都是痴心妄想。其最可取者，是承认所有王朝终究归于灭亡："敬思自古以来，未有一家，恒享昊命而不变者。"他在《避暑山庄后序》里承认，此处经营得比汉唐离宫别苑，有过之而无不及，若他的后代沉迷于此处享乐，就会坏了天下大事。因此特别提醒：若他的后代忘记他的告诫，"则与国休戚相关之大臣，以及骨鲠忠直之言官，执予此言以谏之可也。设谏而不从，或且罪之者，则是天不佑我国家，朕亦无如之何也，已矣！"。大臣应该拿出他这篇文章去进谏，如果进谏不听甚至加罪于人，那就是大清朝气数已尽。后来咸丰皇帝在英法联军入侵北京之时，果然躲到避暑山庄，最后无颜回京，而死于园中。

溯源秦朝

清代宝玺都采用篆文，有玉箸篆、芝英篆、九叠篆（即尚方大篆）、柳叶篆、小篆、殳篆、钟鼎篆、悬针篆、垂露篆9种，分作9个等级。《大清会典》规定了不同篆体应用范围："御宝用玉箸篆，诸王则芝英篆，文臣则有尚方大篆、小篆、钟鼎篆、垂露篆；武臣则有柳叶篆、殳篆、悬针篆。"明清宝玺采用的玉箸篆，基本上遵守秦代李斯小篆的规范，与现存《琅琊刻石》比对可见其渊源。乾隆帝以中国历代统治者继承人自居，保持秦皇以来法统，沿用正宗秦篆，最爱标榜自己沿用"李斯虫鸟之旧"、"（嬴）政、（李）斯之物"。清代宝玺精雕细琢，印文底面平整光洁，各处均在同一平面上，这也是宝玺与民间印章的不同之处。

以宝玺数字寄寓特殊理念，由来已久，不是乾隆帝的发明和清朝的专利。《史记·秦始皇本纪》，始皇帝二十六年（前221）完成统一大业，开创新纪元，同时决定："数以六为纪，符、法冠皆六寸，而舆六尺，六尺为步，乘六马。"符，符信，就是印玺，位列第一。在秦始皇之前，印、玺是通称，就像普通人也可以称"朕"一样。秦始皇开始专以"玺"称皇帝印信。汉末蔡邕《独断》指出，秦始皇规定"皇帝六玺"：皇帝行玺、皇帝之玺、皇帝信玺、天子行玺、天子之玺、天子信玺，均饰"玉螭虎纽"（玉制，龙虎印纽）。这是秦始皇定制，《晋书·舆服志》称："乘舆（指皇帝）六玺，秦制也。……汉遵秦不改。"秦汉数字尚六，或许与《易》六爻，以及"大明（太阳）终始"，"时乘六龙以御天"有关，沿用上古神话。

图19 碧玉"大清受命之宝"为"盛京十宝"第一宝 中国国家博物馆藏

图20 碧玉"皇帝之宝",为"盛京十宝"第三宝 中国国家博物馆藏

图21 碧玉"皇帝之宝"印文 中国国家博物馆藏

五 "洞房花烛夜"

坤宁宫在明代是皇后的寝宫，清代皇后则住在东西六宫的一个宫院，坤宁宫大殿辟为满族萨满教祭祀的神堂，延续在关外时的习俗，而将东暖阁作为皇帝举行大婚合卺礼的洞房。清入关后有10位皇帝，其中婚后登基的成年皇帝5位，未成年登基的5位：顺治帝、康熙帝、同治帝、光绪帝、宣统帝。溥仪结婚时已是民国十一年（1922），但按照《清室优待条件》，清帝退位后尊号仍存不废，按照中国古代优待前朝帝王惯例，民国政府以对待外国君主之礼礼遇之，溥仪、婉容夫妇成婚仍称帝后大婚。如前所述，顺治帝、康熙帝在保和殿结婚，以坤宁宫为洞房的是同、光、宣三位皇帝。现在坤宁宫东暖阁恢复的是光绪大婚情景。

同治大婚

"洞房花烛夜"，是人生美事。唐代朱庆余《近试上张水部》诗："洞房昨夜停红烛，待晓堂前拜舅姑。妆罢低声问夫婿，画眉深浅入时无？"那是民间新婚洞房夫妻相亲相爱的描述。皇帝与皇后成婚称"大婚"，婚礼远非民间婚礼可比。清朝这五场大婚婚礼都操办得极为隆重，以同治帝为例，从准备到完成，前后用了3年时间，单是正式举行婚礼，也有3个月。

历时3月

同治皇后阿鲁特氏，清代唯一旗人状元崇绮之女，祖父为道光时大学士赛尚阿。帝后大婚大体要进行纳采、大征、册立皇后、奉迎、合卺、朝见、庆贺颁诏、筵宴等礼仪程序。

纳采，就是向皇后娘家赠送订婚彩礼，彩礼包括大量马匹、甲胄、丝帛等。中国人一向喜欢大送彩礼，皇家也不例外。送彩礼的队伍由皇帝特命的大婚专使持节带队，从太和殿出发，出太和门中门，浩浩荡荡来到皇后娘家。皇后的父亲、兄弟早已迎候在大门外，见专使赶到，急忙叩头谢恩，仪式完毕，专使回宫向皇帝复命。

天子富有四海，只送一次彩礼似显小气，所以迎娶之前，还要再来一次大征礼，除了鞍、马之外，再加黄金200两、白银1万两、缎1 000匹、金银茶具和银盆等实用财物若干。

光有财物不行，更重要的是要"名分"，这就是册立皇后礼。皇帝在太和殿举行隆重典礼，宣布册立某女为皇后，并将颁给皇后的金印、金册（相当于身份证书）交给专使。专使奉命护送皇后金印、金册来到皇后娘家，先向皇后父兄宣示，再由宫中女官向皇后宣读册文。

上述仪节完成，迎娶便可以进行了。奉迎礼是皇帝大婚礼仪中最隆重、最繁杂的一项。同治皇帝大婚于同治十一年（1872）

七月十五日举行奉迎礼。奉迎前一天，紫禁城内外一片喜气洋洋。宫中前三殿、后三宫都用绸带搭起彩架，大红双喜字、吉祥语句图案随处可见。从大清门到坤宁宫的两三里地青白石御道上，铺上红地毯，御道两侧有路灯400对、各式彩灯30对，仿佛天河上的鹊桥。

中门入宫

十五日，钦天监（当时的中央天文台）官员严密推算了吉利的时辰，吉时一到马上报告。总管太监奏请皇后梳洗打扮，并请皇后拿上两个苹果，亲王福晋（亲王的妻子）为皇后披上盖头，又把皇帝亲笔书写的"龙"字和一柄金如意放进喜轿中，接着恭恭敬敬地把皇后送上轿子。根据《清穆宗实录》记载和婚礼背景可知，婚礼是在晚间进行的。

皇后的喜轿由16个人抬着，侍卫手执藏香提炉在前，40名身着红色驾衣的护军把灯，160名校尉执杆灯40对、提灯40对，文武大臣前引后扈，轰轰烈烈地进大清门中门，踏着大红地毯穿过天安门、端门、午门、太和门的中门，经中左门、后左门、乾清门，来到乾清宫内。喜轿停放在正南天喜方位，亲王福晋率女官开启轿帘，扶皇后下轿。亲王福晋接过皇后手中的苹果，同时把装有珠、宝、金银小如意和米谷的宝瓶递给皇后。福晋又扶皇后迈过一个火盆，以寄寓蒸蒸日上之意。皇后接着在女官的引导下，从交泰殿到达坤宁宫。坤宁宫门口安放着两具喜鞍，鞍下是皇后从娘家带来的那两个苹果，以求平平安安。皇后跨过马鞍进

图1 坤宁宫外景

图2 坤宁门北向直通御花园

图3 康熙皇帝便装写字像　　　　故宫博物院藏

图4 养心殿明间简洁的装修

图5 养心殿三希堂装修的意趣

图8 宣统皇帝朝服像

故宫博物院藏。

图9 坤宁宫东暖阁光绪大婚洞房复原

图10 坤宁宫东暖阁光绪大婚洞房通往坤宁宫东穿堂的双喜字门

图11 坤宁宫东暖阁光绪大婚洞房双喜字桌灯

到洞房,把刚才拿过的宝瓶交给福晋,福晋把瓶放到龙凤喜床上。这时,皇帝给皇后揭去盖头,双双坐到龙凤喜床上。宫中女官捧上子孙饽饽,请皇后食用。福晋、命妇(大臣之妻)和女官为皇后梳妆上头,戴凤钿、双喜如意、富贵绒花,换上明黄龙凤八团龙褂,再佩上朝珠、项圈。

打扮齐整,宫中女官端上酒宴。洞房之外,皇帝侍卫中结发夫妻们唱起《交祝歌》。皇帝、皇后这对新郎、新娘在一片祝福声中相对而坐,饮下交杯酒,完成合卺礼。宫中女官扶新娘坐上龙凤喜床,为她摘下凤钿,换上龙凤长袍。入夜,洞房之内花烛融融,温馨一片,新郎、新娘吃完长寿面,双双步入红帷,共度良宵。大婚礼仪高潮基本结束。

第二天,皇帝率皇后拜见慈安、慈禧两位太后。第三日,帝后到太后的礼殿慈宁宫正式拜见两位太后,完成朝见礼。十八日,皇帝升太和殿,以大婚礼成颁诏天下,以使天下臣民同庆天喜。然后,皇帝在太和殿宴请他的岳父及其族人。这是一场盛大的宴会,殿内、殿外设宴桌189张,王公即皇亲、文武大臣中二品以上者、蒙古王公等均出席作陪,另外还邀请外国使节。

皇帝册立妃子的仪式往往与册立皇后同时进行,但礼节要简单得多。册立完毕,即由四人暖轿抬着,由皇城北门地安门、皇宫后门神武门入宫。

婆媳不睦

同治皇帝是慈禧太后的亲生儿子,慈安太后的养子。两宫太后为同治举办隆重大婚，既是礼制也是出于真诚。同治大婚后，帝后关系融洽，皇后阿鲁特氏居住储秀宫，直到光绪元年（1875）二月去世。同治帝本来就与养母慈安太后关系亲近，婚后小两口仍与慈安关系更亲切些，皇后与慈禧太后逐渐由疏远到失和。有一次这位大小姐出身的皇后，被慈禧太后整得气急败坏，故意揭慈禧太后的短，说："我是从大清门用龙凤喜轿抬进来的。"慈禧太后入宫时名分为"贵人"，在皇贵妃、贵妃、妃、嫔之下，比皇后低五级。帝后大婚前，往往先将贵人、答应、常在等非"主位"女子纳入宫中，帮助年轻皇帝熟悉夫妻生活，入宫时只用两人抬的蓝布小轿从神武门抬进宫。咸丰皇帝是婚后继位当皇帝，那拉氏于咸丰二年（1852）被封为贵人，虽然儿子同治帝继位后母凭子贵升为太后，但当日的确是乘蓝布小轿由后门入宫。慈禧太后因此对阿鲁特氏耿耿于怀。同治帝病逝时，皇后已有身孕。宫中相传同治帝临终遗言，说将来生男即继承皇位。但慈禧太后强立同治帝的堂弟载湉（即光绪帝），断了她出头的希望。阿鲁特氏被气不过，吞金自尽，胎儿不幸死于腹中。

小朝廷大婚

清朝最后一位皇帝溥仪3岁时登基，3年后民国建立，到他虚岁17岁结婚时已是民国十一年（1922），仍按大婚礼仪举行婚礼。溥仪在他的自传《我的前半生》中写道："按着传统，皇帝和皇后新婚第一夜，要在坤宁宫里一间不过十米见方的喜房里度过。这间房子的特色是，没有什么陈设，炕占去了四分之一，除

图12 清穆宗孝哲毅皇后阿鲁特氏画像

故宫博物院藏

了地皮，全涂上了红色。行过'合卺礼'，吃过了'子孙饽饽'，进入这间一片暗红色的屋子里，我觉得很憋气。新娘子坐在炕上，低着头，我在旁边看了一会，只觉得眼前一片红：红帐子、红褥子、红衣、红裙、红花朵，红脸蛋……好像一摊融化了的红蜡烛。我感到很不自在，坐也不是，站也不是。我觉得养心殿好，便开开门，回来了。"溥仪的回忆不太准确，比如炕占洞房四分之一。这时按照《清室优待条件》："大清皇帝辞位之后尊号仍存不废，中华民国以待各外国君主之礼相待。"紫禁城里依然保持着小朝廷，沿用宣统年号，但历经袁世凯称帝、"张勋复辟"失败等几番打击，这位末代皇帝的心境好不了，热烈的婚礼反而更使他烦躁不安，新婚之夜撇下漂亮的新娘子婉容，独自跑回养心殿躲清静去了。

明宫悲剧

我国古代社会生活不是三千年一贯制。从政治模式看，宋代率先进入近世"精英政治"。从人们的生活方式来看，宋代也开始进入近世模式，衣、食、住开始越来越接近今人。但若从帝王和后宫生活看，明代依然继续沿袭着汉、唐、宋的模式，包括后宫争宠、宦官干政、妃嫔宫人命运多舛等"古代"后宫常态，甚至存在以妃嫔殉葬这种野蛮社会才有的行为。清代则基本进入"近世"生活，如今影视剧不少清宫"宫斗"戏码，其实是古代的桥段。明代皇帝对待皇后，在历史上算刻薄的。坤宁宫在明代是皇后长期居住的寝宫，这里曾发生过一场场宫廷悲剧。

打入冷宫

皇后虽经国家大典册封，但若无子嗣，往往不被皇帝喜爱，或干脆被废掉。明宣宗的皇后胡氏，在宣宗还是皇太孙时，就被选为王妃（王的正妻），在宣宗登基后成为皇后。胡皇后身体不好，没能生儿育女，宣宗并不念多年夫妻之情，每当朝见自己的母亲张太后时，总要说上一通皇后的坏话。宣宗醉心于年轻貌美的孙贵妃，可孙贵妃也不能生子。为了博取皇帝欢心，孙贵妃将一名宫女刚生下的孩子夺来，说成是自己的儿子，鼓动宣宗将之立为太子，就是后来的英宗。所以，英宗是宫女所生，但这名宫

图13 明宣宗马上像　　　　　　　　　　　　台北故宫博物院藏

图14 孝恭章皇后（孙氏）与明宣宗半身像　　台北故宫博物院藏

女的姓名及后来的下落，谁也不知道。太子确立之后，宣宗和孙贵妃便逼胡皇后辞位。为了糊弄大臣，宣宗对大臣说："皇后再三要求辞位，我都不同意，可她执意不肯，只好批准了。"后来，宣宗又赐给胡氏一个不伦不类的封号，叫什么"静慈仙师"，把她送到冷宫。明代陈建《皇明通纪法传全录》卷十七称，宣宗后来后悔当初少不更事，自嘲说："此朕幼年事。"与宋仁宗晚年后悔废郭后差不多，直到宣宗的儿子明英宗二度当皇帝，天顺年间根据宣宗遗愿，才最终恢复了胡皇后的位号，入祀太庙。

有些皇后知书达礼，对皇帝的过失加以规劝，结果惹怒了皇帝，被打击迫害。景泰皇帝在明英宗"土木之变"中被瓦剌兵俘虏后继位，上台后不希望哥哥获释回朝，想子子孙孙把皇帝当到底。英宗被俘之初朝中立了皇太子，这时景泰帝想把他废掉，改立自己的儿子，景泰帝的皇后汪氏主持正义，认为不可，说："你的皇位是替哥哥坐，怎么能把人家的儿子赶走，让自己的儿子来顶替呢？"景泰帝一怒之下将皇后废掉，幽禁到冷宫中。景泰帝死后，朝中讨论让妃嫔殉葬，有人又提起汪氏，还是大学士李贤极力阻止，才得以幸免。

万贵妃之宠

还有的皇后因为与后妃争宠，被排斥打击。明宪宗的皇后吴氏聪敏知书、通晓礼乐，是一个才貌双全的女子，但宪宗并不喜欢她。宪宗为太子时，父亲明英宗宫中有个叫万贞儿的宫女，比他大19岁。万氏见巴结皇帝无望，转而讨好比自己小19岁的太子，后来终于被

派去侍候太子。宪宗17岁即位，万氏已36岁，但宪宗对万氏仍十分宠爱，将她封为贵妃。有的史书记载万贵妃长得丰满漂亮，宪宗见到她就眉飞色舞。但有的史书说她是"假小子"，没什么吸引人的。宪宗的母亲曾问宪宗："她有什么美的，让你这样神魂颠倒？"宪宗说："每当她抚爱我，我就感到非常舒心，并不是因为她的相貌如何漂亮。"吴皇后对万贵妃越发气愤，瞄准她有过失，狠狠地杖责了一通。按古代规定，皇后负责管理后宫事务，对妃嫔、宫女进行处罚，是其职权内事。但在宪宗看来，吴皇后找碴教训万贵妃，分明是跟自己过不去，不禁勃然大怒，当即下诏将其废掉，皇后的父亲被罚戍边。之后，宪宗立了一个老实软弱的王皇后。王皇后性情清净恬淡，从不去管那些闲事，宪宗还算满意。但这位皇后一生也不过有十来次与皇帝在一起，夫妻关系名存实亡。

明朝版"狸猫换太子"

　　万贵妃专宠一时，生了儿子却不能成活，于是天天盯着别人，怕别人生下儿子夺了宠。有一个姓纪的宫女怀了孕，万贵妃知道后大怒，派自己的心腹宫女去给纪氏堕胎。宫女心中不忍，回来告诉万贵妃说不是怀孕，是那女子生病肚中长了硬块。万贵妃仍不放心，鼓动宪宗将纪氏赶到安乐堂（在今中南海）冷宫去。纪氏不久生下一子，秘密地不敢张扬，但还是被万贵妃知道了，派太监张敏去杀害此子。张敏知道宪宗尚无皇子长大，心想若此子留下，也算保住宪宗一条龙脉，于是偷偷地把此子藏了起来，并时时拿了吃的来喂他，已废的吴皇后住在附近，也不时来照料。

图16　明孝宗（弘治皇帝）坐像

台北故宫博物院藏

转眼之间已过6年。有一天，宪宗让张敏给他梳头，宪宗看到镜中白发，不禁感叹，张敏见机会已到，忙匍匐地上，奏道："万岁早已有子了。"宪宗惊异地问："在何处？"张敏忙将前后经过说了一遍，并说皇子今已6岁，宫中很多人已知晓，只背着皇上和万贵妃二人。宪宗喜出望外，忙下令接皇子。关在冷宫中的纪氏怀抱儿子凄怆伤怀，眼含热泪说："儿去，母便不得为生了。儿看见穿黄袍有胡须的，那就是你的父亲。"不多日，此子被立为太子，他就是后来的明孝宗。儿子被立为太子后，纪氏也被立为淑妃，可不过几日，就被万贵妃害死，太监张敏也被害。为了保护这位小太子，宪宗的母亲孝肃皇太后将他留在身边。万贵妃曾召太子吃饭，太子照太后嘱咐，说已吃饱，万贵妃又让他喝汤，也不喝，说怕有毒。万贵妃至此才感到自己末日来临，不久便忧愁病死，机关算尽丢了性命。

正德时期进士、兵部侍郎陈洪谟《治世余闻》所记更详细：当初成化年间，纪氏得幸有娠，万贵妃就设法加害，实际上宪宗皇帝知道此事，密令纪氏托病遣送西苑安乐堂，而嘱咐门官照管。孩子诞生之后，又密令内侍、近臣谨慎护视。贤妃柏氏所生二皇子朱佑极夭折后，内廷渐传西宫有一皇子，有一二近臣还请宪宗赐名，付皇家玉牒馆记录在案，并访其外祖父家，略加封赠，使外廷晓然知之。如不然，日后突然称有皇子，何以信服于天下呢！大学士彭时又托太监黄赐好好照看，说："汉高祖连与民间外妇所生之子都领入宫中，如今皇子是货真价实的金枝玉叶，有什么见不得人的！"太监张敏厚结万贵妃的主宫太监段英，找机会劝说万贵妃。万贵妃惊道："人人都知道，为什么唯独不告诉我？"于是整装拜见宪宗，表示祝贺，又厚赐纪氏母子，择吉日请入宫中。这是成化乙未即十一年（1475）五月的事。宪宗当即于十九日"下勅定名"，即将皇三子（前二子均早夭）朱祐樘晓谕天下。纪氏移居西内主要宫殿永寿宫，礼数待遇视贵妃级别。"中外臣僚喜惧交并"，还是担心万贵妃下黑手。果然，后来说纪氏得病，黄赐、张敏带领太医院院使方宝、治中吴衡，前去治病。万贵妃请以黄袍赐之，俾得活着见到。次日纪氏病势减轻，从此就不许复诊，拖至六月二十八日病故。"是日天色皆赤"，宪宗为七月初一祭祀太庙，正在斋戒中。祭祀大典完成后才发丧，追封纪氏为"淑妃"。孝宗即位后追尊生母为"孝穆皇太后"，为母亲上"哀册"说："睹汉家尧母之门，增宋室真皇之恸"，把母亲的不幸遭遇，比作汉武帝临终杀害的妃子、汉昭帝生母钩弋夫人，和被"狸猫换太子"的宋仁宗生母李氏。孝宗要处置害死母亲的万贵妃一家，大臣们劝说宜粗不宜细，不要株连太广。

像这样宫女偶尔被皇帝宠幸，但不被记念，生了皇子却被打进冷宫的，明代宫廷中还有。明光宗朱常洛生母王氏，本为慈宁宫李太后（就是万历初期支持张居正改革、京剧《二进宫》里的李娘娘）宫中的宫女。有一天，万历皇帝来给太后请安，适逢太后不在，他见这个宫女长得漂亮，就动了念头。王氏怀孕后，被封为恭妃，但生下孩子后，就被关进冷宫，一关就是二十多年，最后双目失明。到临终之时，她的儿子即后来的明光宗去探望她时，还是砸碎了大门上的铁锁才得以进入。王氏听说儿子来了，伸出瘦骨嶙峋的双手，颤抖着抚摸儿子的衣服，哭着说："儿长大如此，我死何恨！"

图18 明光宗（泰昌皇帝）半身像

故宫博物院藏

图19 孝端显皇后（王氏）与明神宗（万历皇帝）半身像　　台北故宫博物院藏

妃嫔殉葬

然而，还有更残酷的事情，明初皇帝死后强迫妃嫔、宫女殉葬。人殉是野蛮社会的一种现象，到文明社会逐渐消失，我国唐代已基本停止。但是到了明代，殉葬制度死灰复燃，而且变本加厉，上升到杀殉大量的妃嫔。明太祖朱元璋死后殉葬达38人。这些悲惨的女性，死后大多得到名义上的褒奖，仿佛是心甘情愿地随先帝于地下的，其实大多数是被杀害的，情状异常残酷。有关殉葬的具体情节，在中国的史籍中很难寻觅，但在当时朝鲜的《李朝实录》中，却详细地记载了永乐皇帝朱棣死后妃嫔殉葬的情形。

永乐时，朝鲜女子韩氏、崔氏被选入明宫为妃。永乐皇帝死后，有16人殉葬。当死之日，先让这些女子吃饱，然后领到指定的室内，准备就死。这时，继位的皇太子朱高炽还前来看望为他父亲殉葬的妃嫔们。韩氏苦苦请求新君饶她一命，放她回国侍奉老母，但遭到拒绝。这时，"哭声震殿阁"。堂上安置着一个个小坐床，妃嫔们站到床上，将头套到悬在梁上的绳扣里，被活活吊死。韩氏临死，眼望着陪她入宫的乳母金黑哭道："娘，吾去！娘，吾去！"话没说完，太监就将脚下的坐床撤掉，韩氏立时断气。

明仁宗朱高炽、宣宗朱瞻基在死后都有妃嫔殉葬，分别为5人、10人。明英宗在蒙古草原的一年囚徒生活中，常于夜里在草地上仰望苍天痛哭流涕，然后昏昏睡去，久而久之感染了风寒湿气，致使一条手臂麻痹伤残。英宗有这许多痛苦经历，认识到人生艰难，人到世上走一遭不易，于是生了几分恻隐之心，重新当皇帝后比较与人为善，临终前又特别在遗诏中明令废止宫妃殉葬制度，算是留给后代的仁德。

六　漫话养心殿

从清代雍正朝起养心殿成为皇帝的寝宫，因此与许多历史事件密切相关。实际上在雍正朝之前，此处已是皇帝的别宫。由于它地处西六宫南端，来往于前朝、东西六宫各处之间十分方便，又庭院深邃、隐蔽，建筑低矮、灵活，保密性强，所以雍正帝决心将寝宫迁至此处，相沿200年不替。

嘉靖启用

养心殿在明代建于何时，史料记载得不甚清楚，据已知史实分析，应在宣德时期。因为大内之中，皇帝寝宫除乾清宫"正寝"外，还有"东宫""西宫"等别寝，这既是明太祖朱元璋所创的"祖制"，也是实际生活的需要。宣德初将外西路原"西宫"用作奉养太后，皇帝便有重辟别寝的打算，养心殿可能就是当时拓"南内"的同时，在内西路前头所辟新的"西宫"。

嘉靖时起，关于养心殿的记载多了起来。明代吕毖所著《明宫史》记载："过月华门之西曰膳厨门，即遵义门。（门内）向南者曰养心殿，前东配殿曰履仁斋，前西配殿曰一德轩。后殿曰涵春室，东曰隆禧馆，西曰臻祥馆。"这和清代以来保存至今的养心殿情形一致，特别是后殿两侧的耳房一曰隆禧馆、一曰臻祥馆，与清代燕禧堂、体顺堂名称相似，显然不是皇帝居住，而是供后妃们临时休息使用的。清代最大的变化，是在前后殿之间加了工字廊，使皇帝从后殿寝宫到前殿办公更方便了。因为工字廊是后加的，所以后院显得有些拥挤。

顺治驾崩养心殿

顺治帝是清朝入关后第一位皇帝，年仅6岁时在盛京（沈阳）继承帝位，24岁时在养心殿病逝。顺治帝一生册立过两位皇后和一位皇贵妃。第一位皇后是蒙古科尔沁卓礼克图亲王吴克善之女。两年后，他因此女是多尔衮指定的，将其废掉，于顺治十一年（1654）六月十六日立科尔沁镇国公绰尔济之女博尔济锦氏为皇后，她是顺治帝的母亲孝庄皇太后的内侄孙女。但顺治帝很快便不喜爱此女，转而爱上董鄂妃，她是顺治十三年（1656）八月二十五日被册立为贤妃的，年龄18岁。

就是这位董鄂妃，成为近代以来的传奇人物。传说她是明末江南名妓董小宛，曾嫁与江南名士冒辟疆，南明覆亡，董小宛辗转进入清宫，成为顺治皇帝的宠妃。这与清初孔尚任的传奇剧《桃花扇》相互衬托，引人入胜，后来一度成为小说、戏剧、影视作品的主题。

"秦淮八艳"

翻查清初诗文，不但有董小宛丈夫冒辟疆的专著《影梅庵忆语》、他们的朋友的见证，甚至有董小宛自己在江苏如皋影梅庵的坟墓为证，根本就没有入宫为妃一事。

冒襄（1611—1693），字辟疆，号巢民，明代南直隶扬州府泰州如皋县（今江苏如皋）人，江南才士。其《影梅庵忆语》卷一记叙："亡妾董氏，原名白，字小宛，复字青莲。籍秦淮，徙吴门（即苏州）。在风尘虽有艳名，非其本色。倾盖（一见钟情）矢（矢志）从余，入吾门，智慧才识，种种始露。凡九年，上下内外大小，无忤无间。其佐余著书肥遁（退隐），佐余妇精女红，亲操井臼，以及蒙难遭疾，莫不履险如夷，茹苦若饴，合为一人。"他不避讳小宛本为风尘女子，有"秦淮八艳"之名，二人一见钟情，董矢志追随冒，九年间又是佐理他著述，又是佐理正妻料理家务，获得阖府上下爱戴。经历了明朝亡国之变，他们归隐江湖，不期她忽然离世，冒沉溺于生离死别而不能自拔。

查为仁《莲坡诗话》称：董小宛死后，冒的文坛朋友、江南名士吴蔼次等人，曾赠诗哀悼。关于董小宛的生卒年已有定论，为明天启四年至清顺治八年（1624—1651）。

冒襄妻妾

顺治元年（1644），少年顺治帝入主北京，年仅7虚岁，还是小孩子，而董小宛时年20岁。顺治八年（1651）正月顺治帝开始"亲政"，时年14虚岁，而董小宛28虚岁。这年正月初二日董小宛病故，恰好这年八月顺治帝"大婚"。不少人以丰富的想象力，把这几个节点联系在一起，执着地认为董小宛实际上是这年入宫，并成为顺治帝"董鄂妃"。此等年龄的男女结合，是中年或中年以上的男人才会有的想法。清兵南下江南时大开杀戒，"嘉定三屠""扬州十日"，民族矛盾白热化。清室入关之初，江南地区反清复明抗争如火如荼，贸然征江南异族女子进宫风险可想而知。清初也未至皇权一言九鼎地步，做出违反清室家法决定，纳汉族女子入宫，顺治帝当时还没有这样的权威。顺治帝母亲孝庄太后（1613—1688）当时大权在握，也不会答应让仅小自己11岁、却长儿子14岁的中年女人做儿媳妇。

董小宛短暂一生，经历了从"秦淮名妓"到"江南名媛"的前后两段生活。以在清初朝廷为官的吴伟业为代表的多位江南才士，亲眼见证了她的两段经历。吴伟业与董小宛夫妇都是旧识，《题冒辟疆名姬董白小像八首并序》，特别记述董、冒结合后，正赶上明末李自成攻陷北京城，"时遇漂摇"，南京福王朱由崧被拥立即位，南明小朝廷马士英、阮大铖等一班奸臣阉党，此时还争权夺利、残害忠良，冒辟疆被他们构词陷害，流离失所，缠绵疾苦，全靠小宛"慰劳羁愁"。八首诗从董尚未归嫁冒写起，由南京出游黄山："白门移得丝丝柳，黄海归来步步云"；归嫁："京江话旧木兰舟，忆得郎来系紫骝"；冒被阮大铖陷害："恨杀南朝阮司马，累侬夫婿病愁多"；最后写到影梅庵墓前凭吊："欲吊薛涛怜梦断，墓门深更阻侯门。"还有《又题董君画扇二首》："过江书索扇头诗，简得遗香起梦思。金锁涩来衣叠损，空箱须记自开时。""湘君浥泪染琅玕，骨细轻匀二八年。半折秋风还入袖，任他明月自团圆。"（以上见《梅村家藏稿》）这两把扇子应是董小宛归嫁冒辟疆之前赠吴伟业的。

康熙时人陈维崧是冒辟疆好友、弟子，比冒小14岁，知道的更多，其《吴姬扣扣小传》记载冒辟疆感情生活更为曲折。董小宛早亡后，他又相识了一位美女吴扣扣，名湄兰，字湘逸，真州（今江苏仪征）人，久居如皋。清顺治十八年（1661）中秋后二日，扣扣芳龄将届十九，冒与她订下婚期，准备花轿迎娶。不料一个月前她忽然患病，竟至一病不起，原定迎娶之日竟成永别之日。冒对他说："自董姬小宛没后，为《影梅庵忆语》千二百言哭之，不惟奉倩神伤，抑亦醴陵才尽。自谓衰年永销情累，何图今日复罹兹戚！"（陈维崧《陈迦陵文集》）如果说称董小宛病故是掩饰其入宫，那么吴扣扣病故也是被征"入宫"了吗？

冒辟疆身后，康乾时期查为仁与陈文述，曾相约撰写《影梅庵传奇》。嘉道时期王豫《淮海英灵续集》，提到董小宛著有《奁艳》一书，并收录她的诗《绿窗偶成》："病眼看花愁思深，幽窗独坐弄瑶琴。黄鹂亦似知人意，柳外时时送好音。"直到光绪时期雷瑨《青楼诗话》，对董小宛身世也无异议。

"军人之妻"

董鄂妃，是满洲正白旗内大臣董鄂·鄂硕之女，以其姓氏"董鄂"称呼。有人从供职清廷的德国人汤若望所著《汤若望传》中检索出一些隐史，说董鄂妃原来是顺治帝之弟襄亲王博穆博果尔之妻。实际上，董鄂妃并非襄亲王遗孀，倒可能是一位八旗官员的妻子，她的入宫时间应在顺治十三年（1656）三月，早于襄亲王病逝四个月。《汤若望传》记述道："顺治皇帝对一位满籍军人之夫人，起了一种火热爱恋，当这一位军人因此申斥他的夫人时，他竟被对于他这申斥有所闻知的天子，亲手打了一个极怪异的耳掴。这位军人于是乃因怨愤致死，或许竟是自杀而死。皇帝遂即将这位军人的未亡人收入宫中，封为贵妃。"

董鄂妃病亡

董鄂妃入宫后第二年即顺治十四年（1657）十月初七日为皇帝生下一子，顺治帝当即决定立他为太子。但此子天命不永，不过两个月便夭亡了。董鄂妃因失去皇子，郁郁成疾。同时，由于董鄂妃宠冠后宫，不免招人嫉妒。为换取别人理解，她对太后、皇后乃至其他妃子，都十分尊重，异常恭敬谦逊。特别是顺治帝对她的宠爱直接动摇皇后的地位，而皇后又是太后的内侄孙女，因此对太后又要格外尽孝。恰恰在她生子后刚满月，太后又在南苑大病一个多月，这期间董鄂妃"朝夕奉侍，废寝食"。一面是丧子的悲伤，一面要强颜承欢，使她落下了病根。尽管她的良好表现赢得太后的赞赏，也为顺治帝二次废后以她取而代之提供了条件，但她的身体已完全垮掉。顺治十七年（1660）八月十九日，董鄂妃虚岁仅22岁便死去。

图1 董鄂妃居住的东六宫之承乾宫

万念俱灰

顺治帝是多愁善感型青年，这从他与汉族老师金之俊等人的深厚感情可以看出。爱子夭折、爱妃早逝，使顺治帝精神崩溃而不能自拔。他自己撰写了4 500字的《董妃行状》，又命大臣为她作传，还破例追谥她为皇后，最后又让30名太监和宫女为她殉葬。但这一切都不能使他感情的创伤得以弥合，孝庄太后没有办法，只好派很多人天天看守着他。

据时人释德清门徒汇编的《憨山老人梦游集》、毛奇龄《西河集》、王士禛《居易录》等所记，顺治帝早先就对佛教十分入迷，这时更万念俱灰，整天沉迷于佛法，天天召见一向关系密切的茚溪森、旅庵等和尚，在不到两个月的时间里38次造访他们，有时作彻夜长谈，昏昏沉沉，让他们用迷茫的禅机来麻醉自己的神经。经此变故，他决意披缁山林，孑身修道，终于在顺治十七年（1660）十月初，请茚溪森为自己履行了净发仪式，准备到山西五台山当和尚。经人们反复规劝，方才放弃出家的念头。这年冬天，他书赠宁波天童寺和尚木陈道忞唐诗一首："洞房昨夜春风起，遥忆美人湘江水。枕上片时春梦中，行尽江南数千里。"倾诉对亡妃的怀念。

但是，经过四个多月出世与入世的反复折腾，顺治帝本就虚弱的身体已支持不住了，到年底终于病倒，很快染上当时的不治之症——天花。顺治帝让江南名僧玉林琇为自己念经祈祷，又亲自把平日最亲昵的太监吴良辅送到法源寺剃度，作为自己的替身，但他的病情仍不断恶化。

顺治十八年（1661）元旦，顺治帝因病免去元旦大朝，只把亲近王公大臣召入养心殿赐茶小坐。初六日半夜，顺治帝自知势将不起，急命学士王熙、麻勒吉速到养心殿记录遗诏。王熙垂泪听命，在床前匆匆写下遗诏的第一段。这时顺治帝已疲惫不堪，王熙担心皇上支持不住，便奏请先将遗诏全部拟出，再呈皇上过目。顺治帝点头同意，王、麻二人到乾清宫西庑连夜起草了皇帝遗诏，又赶回养心殿请皇帝过目。顺治帝挣扎着将遗诏修改了三遍，天亮时才定稿。又挨过了一天，初七日半夜，顺治帝在养心殿病逝，虚岁24岁。

灵柩火化

满族入关前实行火葬，清初此俗相沿不改。顺治帝临终时，特别嘱咐最好邀茆溪森和尚来为他举行火化仪式。茆溪森已于上年十月二十八日回杭州，此时奉诏兼程晋京。四月十七日，即顺治帝死后百日这一天，茆溪森在景山寿皇殿（今景山东北角的观德殿）院中，为顺治皇帝举行了火浴。茆溪森口中念道："释迦涅槃，人天齐悟。先帝火化，更进一步。"又问左右说："大众会吗？寿皇殿前，官马大路。"于是举火炬点燃了柴铺。这是茆溪森与顺治帝最后以偈语告别。

雍正移居养心殿

康熙皇帝在世时，不在养心殿居住，而将这一带作为内务府下属作坊——养心殿造办处。到康熙四十七年（1708），才将造办处完全移至慈宁花园之南，但仍称"养心殿造办处"，所以至今许多器物上仍有此字样，但并不能说明该作品是在养心殿制造的。当时养心殿还收存有许多奇珍异宝，康熙曾召亲臣高士奇进殿观赏塞外所产盘羊、夜光木。盘羊即羚羊，羊头鹿身，夜间挂角树上休息，以防其他兽类侵害。夜光木生于塞外深山之间，积岁而朽，月黑时发光，阴雨天里尤其明亮，外藩进至皇帝，置于宫殿之中，其光可以照明。

康熙皇帝去世后，其子雍正帝以养心殿为"倚庐"。所谓"倚庐"，是古时孝子为父母守孝的住处，意思是临时搭起的草庐。

以养心殿为倚庐，殿内当时不能设床，而是席地而卧。但是27日孝满，雍正帝却看中了这个舒适、隐蔽的住处，于是以乾清宫为圣祖一生临御之圣地不敢亵渎为托词，不再到乾清宫去住，而在养心殿扎了根。乾隆即位，又以此殿为皇考十三年临御之地，不忍离去为由，继续留在养心殿居住。于是，以后皇帝都以此处为寝宫，日常办公、理事、引见官员也经常在此处。当然乾清宫也是每天必去之地，乾清宫西庑月华门与养心殿外遵义门相对，来往十分方便。

"勤政亲贤"

养心殿前殿分明间、东暖阁、西暖阁三单元三大间，但每间又用方柱分成三小间，从殿外看很像九间。明间是礼制性活动场所，如引见官员等。西暖阁南北分前后两部分，前部分隔为中间大、两头小的三个空间。东间为通道，中间为"勤政亲贤"，西间为"三希堂"。后部分却罕为人知，它在平面上被分成两间，一间名"无倦斋"，一间名"长春书屋"。它在立面上又被分成上下层，上层为仙楼，内供木制佛塔及佛像等。穿过西山墙的小门，却是附于前殿外侧的一间小房屋，称"梅坞"。这些颇费匠心的精舍构筑，都出于乾隆皇帝的闲情逸致。如他自号"长春居士"，故宫中、圆明园等处都有"长春书屋"。

"勤政亲贤"是悬于室内上方的一块巨匾，雍正帝御笔，此间故称"勤政亲贤"殿。处理日常政务主要在此处，如召见军机大臣及六部、八旗等文武衙门长官，面授机宜。为保密起见，窗外的月台之上装设了板墙围挡，以防他人靠近。在室内西门上，挂有全国各省总督以下、知府以上，将军以下、总兵以上的职官姓名表；西壁上则为全国职官员额繁简表。皇帝观此表格，即可知地方军政大员任、缺情况及任职官员姓名，真可谓是"日理万机"，现在这两张表都已收存入库。晚清同治皇帝去世后，慈安、慈禧两太后在此召开王公大臣会议，决定立醇亲王之子载湉为嗣君，这就是光绪皇帝。

图2 养心殿前殿明间

图3 养心殿前殿西次间前部"勤政亲贤"殿

三希堂

三希堂以乾隆帝收藏晋人王羲之《快雪时晴帖》、王羲之之子王献之《中秋帖》、王羲之之侄王珣《伯远帖》而命名。乾隆帝书法远追二王、近习元赵孟頫（赵也是学王），每到快雪初霁，他总要临一通快雪帖，有时在帖上再写一段跋语。乾隆四十三年（1778）夏，他在殿中临写王羲之《兰亭序》，然后写下一首诗，诗末是："薰风来殿阁，亦自生微凉。近正抚'兰亭'，即景玩词芳。"表现了这位风流天子的文采雅趣。

图4 养心殿前殿西暖阁南部"三希堂"

晚清垂帘听政

养心殿前殿东暖阁以"垂帘听政"闻名于世。晚清发生过两次太后垂帘听政，一在同治初年，一在光绪初年。咸丰十一年（1861），咸丰帝在承德避暑山庄病逝，慈安、慈禧两太后与咸丰之弟恭亲王奕䜣联合发动"辛酉政变"，从十一月一日开始两后"垂帘听政"。垂帘听政的有关规定，见于咸丰十一年（1861）十一月十六日大臣进奏的《垂帘章程》，其中载明：召见内外臣工：拟请两宫皇太后、皇上同御养心殿，皇太后前垂帘。于议政王、御前大臣内轮流派一人，将召见人员带领进见。这是指京官而言，召见时在养心殿东间。而地方官召见时则在明间，该章程载明：京外官员引见：拟请两宫皇太后、皇上同御养心殿明殿。议政王、御前大臣带领御前，乾清门侍卫等照例排班站立。皇太后前垂帘设案，进各员名单一份，并将应拟谕旨分别注明。皇上前亦设案。带领之堂官照例进绿头笺，议政王、御前大臣捧进案上，引见如常仪。其如何简用，皇太后于单内钦定，钤用御印交议政王、军机大臣传旨发下，该堂官照例述旨。看来引见外官时较为慎重，特别是保卫人员全都到场。由此可知，垂帘听政的地方不单现存这一处，养心殿明间也应有，根据史料推证，此处应为黄纱屏风。

翁同龢随其父翁心存于咸丰十一年（1861）十一月二十四日到养心殿觐见，当时垂帘不到一个月，他在日记中记载的是，两宫皇太后垂帘，"帘"为纱屏八扇，黄色。皇上在帘前御榻坐，皇上的六叔恭亲王立于榻左，七叔醇亲王立于榻右。吏部堂官递上绿头笺，恭亲王接过去递到案上。这是接见地方官的仪节。

图5 养心殿前殿东暖阁晚清"垂帘听政"处，原为乾隆时期"明窗"

同治七年（1868），曾国藩结束平定太平天国最后战役以后，于十二月十四日入宫觐见，他在日记中记载的是，入养心殿之东间，皇上西向坐，皇太后在后黄幔之内。慈安太后在南，慈禧太后在北。曾国藩入门后跪奏：臣曾国藩恭请圣安。旋又免冠叩头，奏称：臣曾国藩叩谢天恩。言毕，起，行数步，跪于垫上，开始奏对。这是以接见京官的仪节接见曾国藩。奏对语言也相当简练：

太后问："汝在江南事都办完了？"

对："办完了。"

问："勇（指曾国藩湘军兵勇）都撤完了。"

对："都撤完了。"

问："遣撤几多勇？"

对："撤的二万人，留的尚有三万。"

问："何处人多？"

对："安徽人多，湖南人也有些，不过数千。安徽人极多。"

问："撤得安静？"

对："安静。"

问："你一路来可安静？"

对："路上很安静，先恐有游勇滋事，却倒平安无事。"

问："你出京多少年？"

对："臣出京十七年了。"……

问："你从前在京，直隶的事自然知道！"

对："直隶的事臣也晓得些。"

问：“直隶甚是空虚，你须好好练兵！”

对：“臣的才力怕办不好。”旋即叩头退出。

以上对话主要是慈禧太后与曾国藩一问一答，因为慈安太后对朝政不感兴趣，垂帘听政也不过是陪慈禧太后而已。就这样，两宫太后垂帘一直到同治十二年（1873）正月同治帝亲政。

同治帝死后，慈禧太后又通过扶持年仅4岁的载湉，重新垂帘听政。先是两宫太后同坐帘后，光绪七年（1881）三月初十，慈安太后暴亡，只剩慈禧太后一人，到光绪十五年（1889）二月光绪亲政。光绪二十四年（1898）戊戌变法失败后，慈禧重新“训政”，并公然撤去帘子，与光绪帝并列而坐，俨然二君。《清稗类钞》记载，慈禧太后训政时之殿，一切铺设皆黄绒，偏左置长案，铺黄缎。孝钦入殿升宝座，两旁有孔雀毛所制之扇各一柄。皇帝之座其左。大臣皆跪于案前，面向慈禧太后。我国古代讲究“严男女之大防”，男女授受不亲。所以女人当政时，既要保证政治运转正常，又要保持纲常伦理不失常，垂帘听政便成最佳选择。

链接：女主临朝

南朝范晔《后汉书·皇后纪》称“秦芈太后始摄政事”，是历史上女主临朝第一人，“专任妇人，断割重器”，就是近年来电视连续剧《芈月传》故事原型。汉代“权归女主外立者四帝”：安、质、桓、灵；“临朝者六后”：章帝窦太后、和熹邓太后、安思阎太后、顺烈梁太后、桓思窦太后、灵思何太后。我国历史上第一位真正执政的女性是西汉吕后，所以当时司马迁在《史记》中为她立《本纪》，与皇帝同等。但《史记》中并无垂帘的记载。汉代男女之别尚未如后代那样认真，可能那时并不垂帘。宋谢维新《事类备要》前集卷二十一《帝属门》专设"女主临朝"一项：晋康帝崩，穆帝即位，时年二岁。"皇太后设白纱帏于太极殿，抱帝临轩"。这是最早的"垂帘听政"。武则天干预唐高宗朝政，"上每视朝，天后垂帘于御座后，政事大小皆预闻之"。宋代宣仁高太后垂帘，大臣请按旧例御正殿，高太后说，"母后当阳非国家美事"，天子正衙不应亵渎，坚持在便殿崇政殿垂帘。慈禧太后晚年曾在外东路太上皇正衙皇极殿受朝贺，但始终未敢到前朝三大殿。据说她从宫中经由西华门到西苑，途经三大殿西廊后檐时，总是放下轿帘，以示回避。

后殿皇帝寝宫

养心殿后殿是皇帝的寝宫五间，正间正面是坐炕，东次间设宝座、紫檀长条案，西次间有紫檀大龙柜、坐炕，东、西两个稍间靠北墙，就是炕床，民间所谓"龙床"是也。有人要问，一个寝宫里为什么要设两张床呢？有人附会说，是为防避暗害，有两张床，别人不知道皇帝究竟在哪张床上。其实，这种情况在古代建筑中是非常多见的。到如今北方民间建筑，许多还是"一明两暗"的三间布局或"一明两暗"的五间布局，这两个内室，都有床或炕，主人可以随意使用。

图6 养心殿后殿东暖阁寝室

图7 养心殿后殿西暖阁寝室

"龙床"

养心殿后殿的陈设非常豪华，但又非常文雅。据宫中陈设档记载，同治时期殿内陈设有724件。除了一些必要的家具外，都是奇珍异宝及艺术品，就连门洞里的贴落画（装裱后贴在墙上的书画），都是著名画家郎世宁的手笔。两间卧室中，东头的更为精致，据说那是皇帝和皇后同居时使用的。卧床外面镶嵌着玻璃水银镜子，床上铺着大红毡、明黄毯，这些都是只有皇帝才能使用的特殊制品。褥子、床单、幔帐、绣花被，都是由江宁（南京）、苏州、杭州"江南三织造"特供的丝织品。床帐上，还挂着精美的香囊、荷包，内装香草、香料，一入寝宫，便如入芝兰之室，不但能得到物质的享受，而且能得到精神的享受。

卧床两头，各有一个隔扇门，门内为小小的空间。其中东头的为皇帝更衣、沐浴所用，西头为化妆室，当时宫中称为"净房"。净房内净盆是用银、锡制造的，上面有软垫，用完，随即由太监倒掉、洗净。据清宫太监回忆，小便用锡夜壶；大便用腰圆盆，有瓷的、锡的或木的几种，有蹲足架盆，用时盆内垫纸。洗澡除在净房也在寝室里，澡盆也是腰圆形，或瓷或锡，还有木制或柳条编外罩刷厚漆的。洗澡时地上铺油布，冬天洗澡地上临时安小白煤炉。西稍间卧室比东稍间卧室略为简朴，卧床前为碧纱隔扇，床帐上也设有香囊等物。据说这里是皇帝与妃子同居时使用的。像民间室内陈设随事而设一样，遇有大事，养心殿的用具也是随事而设的。

在现存清朝帝后妃嫔使用过的被子中，有一种尺度非常宽大，而且被头一端做成圆弧形，而不是常见的平口状。对此，保管研究者大惑不解。笔者估计，这是一种双人加大形被子。那时宫中寝宫虽有地炕，但热度毕竟有限，与现今暖气无法相比，冬季室内还是冷的。这从留下那么多皮毛服饰可以得到印证。因为室内冷，两人共寝时，之间的肩头便透风。为此将被头的中间做成伸长的弧形，挡住空隙。事实上，即使室温高，肩头也极易着凉不适。可见这种被子应是皇帝与妃嫔同居时使用的，将其放在储秀宫慈禧太后生活陈设里，则不适宜。因为这种被子若是单人使用，反而造成两肩透风着凉。

光绪原状

光绪帝大婚时，养心殿前殿明间，地上铺明黄毡绣龙凤双喜地毯，宝座上加明黄缎绣龙凤双喜坐褥和靠背、足踏套，两旁门上挂大红缎绣龙凤双喜镜帘。后殿寝宫铺大红毡绣龙凤双喜地毯、炕毯，椅子上铺大红缎绣百子椅垫；东暖阁床上铺大红缎绣百子帐、大红缎绣龙凤双喜粉被、大红缎绣百子粉被和枕头；西暖阁床上铺明黄缎绣龙凤双喜大褥，其他铺垫比东暖阁的少。

人们对养心殿后殿的东西耳房及东西两厢围房的用途很感兴趣。养心殿后殿耳房、东西配殿、围房等处，基本是光绪时期原状。东耳房现在有匾："体顺堂"；西耳房匾："燕禧堂"。体顺堂是皇后来养心殿陪皇帝住时临时使用的，燕禧堂是妃子来养心殿陪宿时临时使用的。后妃在宫中都各有自己的宫院和住处。东西耳房还有一段特殊的历史，同治朝两宫太后垂帘听政时，东太后即慈安太后住在东耳房，西太后即慈禧太后住在西耳房。过去人们认为东、西太后的称呼来自东太后居东六宫的钟粹宫、西太后居西六宫的储秀宫，其实是不知道这段历史。

东西围房陈设比较简单，但各物件都十分珍贵，那是嫔、贵人、常在、答应等到养心殿侍寝前临时居住的，里面曾挂有"祥衍宜男""定生贵子"等匾额。光绪十五年（1889）皇帝大婚后，皇后那拉氏住在东耳房体顺堂。据《光绪十五年大婚典礼红档》记载，当时体顺堂明间铺大红毡绣百子地毯，床悬百子帐，门帘、炕毯、坐褥、靠垫、桌套等都是大红缎百子图案，墙上挂横披、画条、斗方等95件，内容都是双喜、百子、凤凰、鹤、花卉等。光绪帝的两妃：瑾妃、珍妃姐妹二人，当时都是嫔。瑾嫔住东围房，室内铺垫仅有大红缎绣子孙万代双喜帐子一、板帘二、大褥一、坐褥四；珍嫔住西围房，铺垫也是大红缎绣子孙万代双喜帐子等，比东围房多一幔、一板帘、一大褥。后来皇后住在钟粹宫，瑾妃住永和宫，珍妃住景仁宫，都在东六宫，而光绪帝却在西六宫前头的养心殿，帝与后妃来往并不方便。

"广造"家具、陈设

在养心殿后殿的不大空间里，起码有两组大型"广造"家具和陈设：西次间北壁前的"云龙纹紫檀大立柜"、东稍间东壁上悬挂的画珐琅对联。它们进宫的具体时间不详，《宫中进单》乾隆三十六年（1771）七月十七日两广总督李侍尧进单："紫檀雕云龙大柜一对"，与此最为近似。

这组云龙纹紫檀大立柜，由一对两米多高的大立柜、一件低矮的小柜组成，总面阔有4米多，与北壁空间尺寸吻合，是专门为这里量身定制的。两高柜之间空档，下为小柜，上部为垂花罩门，自成一纱橱。纱橱内置挂屏，陈设自鸣钟，钟表的高低位置与成人视线相对应。两口大立柜又分别由立柜、顶柜组成，是两百多年前的"组合柜"。每件立柜的两扇门，浮雕相对的两条五爪团龙、如意云纹，下为海水江崖。每件顶柜的两扇门，浮雕相对两条行龙。柜门铜合页、门环、铺首，均浅刻云龙纹，柜腿包镶云龙纹护套。宫中家具除了用料高档、讲究之外，工艺尤为考究。比如浮雕纹饰之下，板面平滑，浮雕的纹饰仿佛是贴在水平的门板上。这是外间即使是官僚贵族之家也难以企及的。重华宫乾隆结婚时孝贤皇后从娘家带来的嫁妆——一组黄花梨立柜，浮雕纹饰之下的面板，就不在一个平面上。

岭南广造家具，与长三角苏、扬等地"南作"家具相近，但有自己的特点。从这组组合柜可见，广东为宫中加工的硬木家具，用材上力求坚实，采用整料，很少拼接凑合；也不使用边角料，及带疖子、纹理不正、色泽不一的普通木料，因而木色、纹理一致，浑然一体。结构上起支撑作用的框架，较苏式粗壮，不惜工本；附加装饰构件精雕细刻，灵巧而突出，具有强烈的装饰效果。还有传自欧洲的錾铜、花笺，丝织品上的大卷叶写生花卉、贝壳等"洋花"图案，乃至"巴洛克""洛可可"风格的纹饰。乾隆帝对带有西洋风格、中西融合的广造艺术品情有独钟，乾隆元年（1736）就在清宫造办处开设"广木作"，经过60多年的推动，广造家具、广式家具终于取代宋、元、明至清初延续七八百年的苏式家具的主导地位，而进入广式家具时代。

在紫檀木器上采用象牙、点翠、錾铜、铜镀金、珐琅等工艺及玻璃画作装饰，呈现多彩效果，是广式硬木家具的又一重要特征。清宫和粤港澳民间，收藏有不少清中后期这种工艺的插挂屏、屏风。清宫旧藏"紫檀嵌珐琅五伦图宝座屏风"，广东制造，《宫中进单》明确记载："乾隆四十年（1775）七月二十九日，广东巡抚德保跪进紫檀嵌珐琅五屏风一座。"此屏风共五扇，中间一扇最大，高294厘米，向左右尺寸递减，通阔395厘米。紫檀木框，五屏风顶通体镂雕流云蝠磬纹帽，两侧为雕花站牙，下置须弥式紫檀木底座。屏心以錾胎珐琅技法起线刻山水树木花鸟图画，五扇分别饰凤凰、仙鹤、鸳鸯、鹡鸰、莺五种禽鸟图案，分别表现君臣、父子、夫妇、长幼、朋友等五种人伦关系。五扇画面相连作传统中国画海漫形式，色彩绚丽的珐琅画，正适宜中国画的"青绿山水"科。画面上是岭南、粤西石灰岩丘陵状山体，远处为山脉、近处为丘岭，如大湾区肇庆七星岩式散落；其间是低缓起伏的绿野，溪水如练，横贯山前，构图巧妙，设色典丽，是广造珐琅家具名品。

广东家具、广式家具、广州造钟表、珠宝盆景、广绣等工艺品，已经成为清代宫廷生活物资的主体，这可能是以往人们不太注意的。

七 清宫生活记

自古人们对皇家宫廷生活充满好奇，从古诗文戏剧，到如今影视、网络小说，诸多描绘层出不穷。如唐代白居易的《长恨歌》，讲述西汉王昭君故事的元代马致远杂剧《汉宫秋》，讲述唐明皇与杨贵妃爱情故事的清代洪升戏剧《长生殿》。普通人尚且保护个人隐私，皇帝对宫闱之事，更是讳莫如深，于是民间只好猜测。但皇帝是绝无仅有的"小众"，一时天下"唯予一人"。大家谁也没当过皇帝，本是按常理的猜测，却往往与历史事实南辕北辙。总的看，从秦汉到明清，约两千年的宫廷生活，不能一概而论。具体说，清宫生活并不像外间想象的那样不堪，也不像清宫戏那样充满戏剧色彩。通过康熙、雍正、乾隆等性格外向的皇帝的一些口谕、文字及所作所为，还是可以找到清宫生活的一些蛛丝马迹；晚清太监、宫女入民国之后的一些回忆，也可以还原一些清宫史实；还有大量官书及机要官员的私家笔记，可以参考。清宫至今保留着康熙二十年（1681）出差在外的康熙帝写给皇妃、公主的满文家书，信中亲情洋溢、爱心爆棚，并非想象的那么薄情寡义。

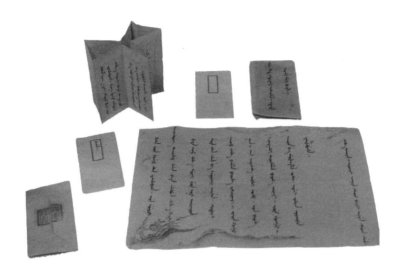

图1　康熙二十年（1681）出差在外的康熙帝写给皇妃、公主的满文家书，亲情洋溢、爱心爆棚

中国第一历史档案馆藏

皇帝起居作息

清朝的皇帝，特别是康、雍、乾、嘉、道等几代皇帝，生活起居是非常有规律的。以乾隆皇帝为例，每天生活大致是：卯时二刻起，进早膳后，先览中外庶政，次引见公卿大臣与之议决，至午而罢。晚膳（清宫每日两餐，晚膳时间即现在午饭时间）后，接着处理未了公务，间或看书、制诗、写字，夜分乃寝。

一年四季的住处和行踪也大体固定：冬至前由圆明园回居紫禁城，正月初五前后"大搬家"到圆明园，夏秋之交启銮赴承德避暑山庄，八月十三日过完生日，由承德避暑山庄到木兰围场进行秋狝演兵习武，九月底还居圆明园。养心殿是皇帝在宫中的起居和日常生活的地方，接见官员、处理公务则在乾清宫，也在养心殿。

未建圆明园之前，顺治常在南苑；康熙常在西郊畅春园、承德避暑山庄；道光厉行节约，在位三十年未去避暑山庄；圆明园被毁后，晚清园居主要是颐和园。

乾隆轶事

乾隆帝是风流韵事比较多的清代皇帝，他还在世的时候，关于他出生、身世、后宫以至生平事迹的传说就很多。比如说他的生母是雍亲王府的普通侍女，后来他出生在承德避暑山庄、康熙帝封给胤禛的"狮子园"草棚里。奇怪的是，乾隆帝对于这些流言蜚语似乎司空见惯，并不介意，有时甚至推波助澜。

图2 25岁即位之初的乾隆皇帝画像

故宫博物院藏

调包婴儿

康熙后期，众皇子争夺储位，各显神通，其中一项就是生个好圣孙，为自己加分。有一天，皇四子雍亲王胤禛府中（即今北京雍和宫）福晋（正妻）生下一女婴，恰好好友内阁学士陈世倌（1680—1758）夫人生下一男婴。亲王府要陈家把孩子抱来看看，等到看完送回，陈家傻了眼：男婴变成女婴。陈世倌知道兹事体大，密嘱家人不得声张。这名男婴就是胤禛四子弘历，深受康熙帝宠爱，养育宫中，胤禛最终胜出，25年后弘历接雍正帝的班继位，就是乾隆帝。

弘历长大后，从乳母口中得知此事。登基后于乾隆元年（1736），就将陈世倌由内阁学士，擢任左副都御史（副部长级），不久升任工部尚书（部长）；六年（1741）再授文渊阁大学士（正一品），故而人称"陈阁老"，陈世倌深得乾隆帝倚重，两次指派他担任会试主考官"总裁"。二十二年（1757）78岁的陈阁老以年老请求退休，乾隆帝又为他加"太子太傅"荣誉职衔。他荣归故里，翌年逝世。乾隆帝从二十七年（1762）第三次南巡起，便借机到陈氏夫妇墓前，行孝子三跪九叩大礼，为掩人耳目，用黄幔遮着。

这些在京城和浙江海宁一带流传的往事，民国以来有孟森等清史专家考证，结论是子虚乌有。例如弘历出生两个多月之后，弘昼便出生，雍亲王根本不需要抱别人家的孩子，何况雍亲王在弘历之前已经有一个儿子。这些事情外间并不知晓。

妻舅夫人"小条"

乾隆帝对自己的身世之谜，可以睁一只眼、闭一只眼，对福康安是自己的私生子的传言，则一定龙颜大怒。可就在乾隆当时，这一传言就不胫而走。综合私家笔记和民间传说，大意是：乾隆孝贤皇后富察氏的娘家弟弟傅恒的夫人，到宫中探望大姑姐，乾隆帝迷上她了，于是托词传这位小舅媳妇进宫。后来为幽会方便，干脆派小舅子傅恒出长差。诸如乾隆十三年（1748）率兵到西南平定金川；十九年（1754）进军西北伊犁，平息准噶尔部叛乱；三十三年（1768）督师云南，次年征缅甸。

就在乾隆十九年（1754），傅恒夫人生下了儿子福康安。于是就有传言，说他是乾隆帝与傅恒夫人的私生子。另一种说法是，孝贤皇后连续生了两个皇子：永琏、永琮，乾隆帝还密立永琏为太子，无奈两位嫡出的皇子相继夭亡。福康安是孝贤皇后的内侄子，是永琏、永琮的表弟，乾隆帝在他身上看到永琏、永琮的影子，所以格外亲切。但不管哪种说法，事实都是乾隆帝把福康安接入宫中，亲自教养，视同己出。福安康长大后乾隆帝让他立功疆场，乾隆六十年（1795）其被封为"贝子"。嘉庆元年（1796）福康安逝于征战途中后，被追封"嘉勇郡王"。贝子、郡王，都是皇室子孙才能得到的封爵，乾隆帝如此固执，人们不得不怀疑其为乾隆帝血肉，其中言之凿凿的证据是，乾隆帝有多位公主，都下嫁给满族英俊少年。唯独大家建议让福康安"尚主"（招为驸马）时，乾隆老爷子严词拒绝。人们更怀疑他与公主，实为同父异母。这些传言捕风捉影，不可能得到确证。但雍正帝九世孙、文史学家启功先生，20世纪三四十年代在故宫博物院档案馆整理档案时，却无意中发现重要物证。香港商务印书馆出版的《启功口述历史》第231页云：

在文献馆还发现很多看似价值不大但很有趣的线索。如有一张傅恒傅四中堂的太太写给乾隆皇帝的请安帖子，等于是大舅子的媳妇写给他的"小条"，这很不合礼制，说明他们之间有暧昧关系。再联系傅四中堂的第三子康安（后改成福康安）为乾隆和傅四太太私生子的传说，以及福康安一直得到格外的重用，被委派参与收复台湾（平定林爽文事件），立有战功，想参谁就参谁，如诬害柴大纪，最后居然能封到一般非嫡宗所不能封到的郡王等事实来看，这种怀疑绝不是空穴来风。当有人给我看这张字条时，我只能马虎过去说："这很平常"，其实心里还有点"家丑不可外扬也"的意思。不知这些东西是否还留在档案馆。

香妃传奇

清宫没有明宫那么多缠绵悱恻的故事，乾隆时期维吾尔香妃是较具传奇色彩的后宫人物。香妃的住处在东西六宫中的一宫，乾隆二十七年（1762）封其为容嫔后，按规制是内廷主位之一，即某一宫的主人。

"香妃"即容妃

传说乾隆在平定回部（今新疆南疆和田一带）大小和卓叛乱

时，得到一个美女，此女遍体异香，人称"香妃"。古物陈列所时期，在从沈阳皇宫和承德离宫运来的文物中，发现一幅戎装女子画像，便附会成香妃；又把武英殿后浴德堂及浴室说成是香妃沐浴处，把这张画挂上去，供人参观，画像下写了一段文字介绍：

> 香妃者，回部王妃也。美姿色，生而体有异香，不假薰沐。国人号之曰"香妃"。或有称其美于中土者，清高宗闻之。西师之役，嘱将军兆惠一穷其异。回疆既平，兆惠生得香妃，致之京师，帝命于西内建宝月楼（即今新华门）居之；楼外建回营（指牛街），氍幕韦韝（帐篷），俱如西域式。又武英殿之西浴德堂，仿土耳其式建筑，相传亦为香妃沐浴之所。盖帝欲借种种以悦其意，而稍杀其思乡之念也。讵香妃虽被殊眷，终不释然，尝出白刃袖中示人曰："国破家亡，死志久决！然绝不肯效儿女子汶汶徒死，必得一当以报故主！"闻者大惊，但帝虽知其不可屈，而卒不忍舍也，如是者数年。皇太后微有所闻，屡戒帝弗往，不听，会帝宿斋宫，急召妃入，赐缢死。

香妃确有其人，但名为"容妃"，是乾隆帝唯一的维吾尔妃子。清代称新疆为"回部"，故称香妃为"回妃"。她不是乾隆皇帝派大将抢进宫的，更不是叛乱头目的妃子，也没有被太后处死，而是自愿入宫，在加强内地与边疆的联系、维护祖国统一方面做出了很大贡献，是得以终老天年的一位杰出女性。

自愿入宫

清东陵文物专家于善浦先生经过严肃考证得出结论：容妃生于雍正十二年（1734）九月十五日，比乾隆帝小23岁。她是秉持回教的始祖派噶木巴尔的后裔，世居叶尔羌，即今新疆塔里木盆地西南部的莎车，其族为和卓，故称和卓氏。容妃的父亲为台吉（封号）和扎麦。乾隆二十年（1755）五月，清军平定蒙古准噶尔部阿睦尔撒纳叛乱，解救了和卓氏首领的两个儿子，史称大、小和卓。但不久，大、小和卓发动叛乱，反清自立，并杀死朝廷派驻当地的副都统。容妃之兄图尔都不屈从叛酋兄弟，全家被迫由南疆叶尔羌迁到北疆伊犁。乾隆二十三年（1758），清军征讨大、小和卓，容妃的叔父额色伊、哥哥图尔都、堂兄玛木特，都奔赴叶尔羌，配合清军作战。第二年，大、小和卓叛乱被平定，容妃的叔父、兄长奉召入京，叔父被封为辅国公，哥哥被封为扎萨克一等台吉。

乾隆二十五年（1760）正月，容妃的叔父、哥哥入京朝贺，乾隆帝在圆明园正大光明殿宴请他们。就是在这年二月初四，图尔都的妹妹入宫，时虚岁27岁，最初被封为"和贵人"。皇太后很喜欢这位维吾尔女子，第三年便册封她为"容嫔"。同年，容嫔之兄图尔都也因前功晋封辅国公。兄妹二人蒙皇上恩宠，曾随驾南巡。乾隆帝很尊重他们的伊斯兰教信仰，赏给容妃的都是清真饭菜。乾隆三十三年（1768）六月，35岁的容嫔晋封为"容妃"。容妃进宫后一直穿本民族服装，此次为显示其荣耀，乾隆帝特命为她置办清宫妃子制服，十月初六，钦命大学士尹继善、学士迈拉逊为正、副使，持节举行册封典礼。

终老天年

乾隆帝对容妃十分照顾，宫中有一名维吾尔厨师名叫努倪马特，专门侍候容妃饮食。每当新疆哈密瓜贡入宫中，乾隆帝总将挑选御用的上等花皮瓜分给容妃一些，让她尝到家乡特产，而其他妃嫔只能吃青皮瓜。

时间飞快，转眼间容妃已在宫中度过28个春秋。乾隆五十三年（1788），55岁的容妃在宫中病逝。同年九月二十五日，安葬于乾隆裕陵的裕妃园寝地宫。1979年，清东陵文物管理处清理1926年"东陵大盗案"中被破坏的容妃墓地宫，只见容妃红漆棺木头上，用金漆书写着伊斯兰文《古兰经》，字迹虽已不甚清晰，但依稀可辨认，其中有一句是"以真主的名义"。棺内外财宝已被掳掠一空，遗骨也被破坏，只在棺外西侧发现一具头骨和一条93厘米长的花白发辫。这是罪大恶极的土匪孙殿英盗陵后留下的现场。

不住宝月楼

现存有关香妃的遗迹，除清东陵容妃墓外，还有新疆喀什的一座"香妃墓"和中南海宝月楼、故宫内武英殿后浴德堂。但除清东陵容妃墓外，其余都不可靠。

新疆喀什的香妃墓是容妃的曾祖父阿吉·穆罕默德·优素福·霍加的坟墓，坐落在喀什东门外，历史学界已有定论。

中南海南岸的宝月楼，是乾隆二十三年（1758）建造的园林建筑，前文已作介绍。此处欣赏湖山光景可以，但与西长安街仅一墙之隔，私密性极差，妃嫔们居住楼上，甚或乾隆帝前来双栖双宿，显然绝无可能。

武英殿后面的浴德堂浴室，是一座穹窿顶建筑，内壁以白琉璃砖砌成。它是元大内崇天门（午门）外元大都城留守司（卫戍机构）衙门的浴室，明永乐建紫禁城后，留在皇帝便殿武英殿后，皇帝在此斋戒时可能用此浴室沐浴。到清代，文献称之为"罗大天"，康熙帝曾在此洗澡，但到乾隆时皇帝已不临御武英殿，此处改作修书处，大臣们在此编书、刻书，不但后妃不可能到此洗澡，即使皇帝也是不可能的。

图3 故宫武英殿后与浴德堂相通的土耳其式穹窿顶浴室

"后宫佳丽"

"后宫佳丽三千人，三千宠爱在一身。"此话原本带有浓厚的诗人想象成分，古籍文献里提到的并不多。且不说到底有没有三千人，纵然有，大部分是宫女——服务人员。清康熙时官修《渊鉴类函》卷五十八，收录南宋学者洪迈《容斋随笔》说，自汉以来，帝王妃妾多达万人，白居易《长恨歌》说"后宫佳丽三千人"，杜甫《观公孙大娘弟子舞剑器行》说"先帝侍女八千人"，《新唐书》说开元、天宝时期，宫嫔大率至四万人。这些说法虚虚实实，无法细究。近代思想家王韬《原人》（《弢园文录外编》卷一）就天子三宫、九嫔、二十七世妇、八十一御妻（或三宫、六院、七十二嫔妃）之说，以及东汉学者郑玄所谓"此百有余人，一月之间，必使循环一周"等，提出质疑："上古帝王如此纵欲娱情，殊不可信也！"总的看，这些书生似乎把后宫佳丽、侍女，与皇帝的老婆混为一谈了；也不管他是在哪个年龄段，统统是每月一百人雨露均沾一遍。这大抵出于普通人的想象，在当事人却是不堪重负。

"秀女""宫女"

事实证明，根据记载，清宫的情况要简单得多。宫中女子通过两个渠道选拔：选"秀女"，对象是八旗官员家女儿，目的是备皇帝、皇家婚龄男子婚配；选"宫女"，对象是内务府上三旗包衣（奴仆）家的女孩子，目的是做宫中服务人员，发工资，最晚25岁出宫，以便人家女孩子结婚成家。故宫博物院成立之初，章乃炜辑《清宫述闻·储秀宫》，录《宫中妃嫔差务集录》记载，光绪时慈禧太后居住的储秀宫，有贵寿等宫女20名，都是上三旗包衣等人家的女儿；慊张等"如意妈妈"（保姆）4名，"嬷嬷"（老妈子）12名。这36人是慈禧的服务人员，与光绪帝没有任何关系。有些宫女不满服役年龄就被打发出宫，比如《内务府奏销文件》记载，咸丰三至九年（1853—1859），储秀宫先后交出未满年限出宫女子10名，其中有5人是"因笨出宫"；三年（1853）二月兰贵人（即后来的慈禧太后）位下，因病出宫1名。

咸丰皇帝即位时20岁，据清宫档案记载，到咸丰元年（1851）十一月二十三日，后宫中只有一位云贵人，是咸丰帝做皇子时的侍妾，于是开始选秀女。由户部主办，行文到八旗各都统（八旗首长）衙门、直隶各省驻防八旗及外任旗员，将13～17岁的适龄备选女子，由族长层层上报到都统那里，再汇总到户部备案，于十二月二十四日由内务府最终呈报咸丰帝。名单里包括镶蓝旗17岁少女兰儿，即后来的慈禧。

这次选秀女于咸丰二年（1852）二月完成，咸丰帝十一日传旨，将他选中后给了名位和封号的女子陆续召进宫中。慈禧当时被封为"兰贵人"，在皇后、皇贵妃、贵妃、妃、嫔之下，常在、答应之上。同时入选的贞嫔（即后来的慈安太后）、云嫔，于四月二十七日进宫。而兰贵人与丽贵人（即电影《垂帘听政》里的丽妃），是五月初九入宫。按清朝规章，皇帝与皇后为初婚，方举行大婚礼，皇后乘喜轿由大清门入宫，其余俱由神武门入宫。慈禧是贵人，只由一顶蓝布小轿将其由神武门抬入宫中。后来她的儿媳、同治皇后阿鲁特氏以此挖苦她，说："我是从大清门八抬大轿抬进宫的。"

咸丰三年（1853），按例又选秀女。众女孩哭泣不止，太监怒斥她们。其中一个女子大声抗言：天下不靖，天子不谋将求帅，而犹留情女色，强攫民家女，幽禁宫中，以纵自己一日之欲，弃宗社不顾！咸丰帝闻言大惊，感慨良久，称其为"奇女子"，将她指婚给某王公，并罢此次选秀，放众女回家。

图4 同治时"秀女记名牌"　　　　　　　中国第一历史档案馆藏

"红绿头牌"

从民国初年以来就流传清宫"绿头牌"之说，说皇上吃晚饭时，太监捧上写有妃嫔名字的"绿头牌"，皇帝像如今在餐馆点菜那样翻牌子。事实上，皇权专制统治在清代登峰造极，所有政务均由皇帝亲自处理，而不假手他人。比如明代总理国务的内阁，在清代弱化为办理例行公事的衙门，雍正起另设"军机处"，《清史稿》称其"军国大计，罔不总揽"。军机处无定编、定员，军机大臣等都是奉命"在军机处行走"，就是临时值班，本职工作是什么品级还是什么品级，为的都是避免掣肘或制约皇权。对于自己的家事，他们自然不容别人插手了。清代任何一位皇帝，都不至于弱智到不记得自己有几位老婆。

实际上，看看清东、西陵每位皇帝"妃园寝"埋葬着几位，就知道他生前有几位老婆了：顺治29位，康熙55位，雍正24位，乾隆41位。康熙、乾隆高寿，在位达60年，这些老婆是不同时期入宫的，很多人无法与之偕老。与所有常人不同的是，生育后代是皇帝的第一要务，如果这方面积极性高，那是敬业。这方面还是康熙、乾隆祖孙两位表现不错。康熙帝少年登基，一生育有皇子35人、公主20人，共55个子女，在包括入关前努尔哈赤、皇太极在内的清朝12位皇帝中排第一；乾隆帝育有皇子17人、公主10人，排第二。康熙、乾隆等几位强势而且后宫人员较多的皇帝，甚至连岗位职责明确是"统摄六宫"的皇后，都长期悬而不设，仅指定皇贵妃、贵妃"暂摄"后宫事务，也是为保证自己的意志不折不扣地贯彻。要跟哪一位妃嫔在一起，这种绝对隐私，怎么会假手于人呢？

清中期嘉庆后宫14位，道光22位，晚清咸丰帝，在位11年，后妃17位。他们的后宫生活显然是独立自主的。晚清同治、光绪比较弱势，但他们的后妃分别只有5位、3位。翻来覆去这几个人，根本用不着"翻牌"。

"红绿头牌"实际上是皇帝引见官员时所用。乾嘉时宗室成员昭梿《啸亭杂录》卷九"绿头牌"载：按规定，凡召见官员商讨政务、引见官员当面考察，其名次排序，皆用粉牌书名，依次进见。王、贝勒，用"红头牌"，公以下，皆用"绿头牌"，在牌上缮写姓名、籍贯及入仕年岁、出师勋绩等，以便上之观览焉。因为这些名牌常常利用皇帝用膳这类公务间歇时间呈上，故也称"膳牌"，但并非是菜谱。陈康祺《朗潜纪闻》卷十说得更具体：凡是各省地方大员出现空缺，先由军机大臣写下官职，而空其名，要等待皇上御笔填注，决定引见。就是说，准备让谁出任，用不着别人操心。凡是引见记录在案备用的文武官员，吏部、兵部分头把绿头牌交给军机处，存放在专用的文件匣里，准备随时供皇上调阅。红头牌、绿头牌往往配合着写有官员简历的《牌样簿》一起使用。清代官方文献、私家笔记，没有把"绿头牌"与妃嫔们联系起来的。当时的野史小说，也是说用来召见官员。《儿女英雄传评话》第十八回："出入衙门，便要走黄土道；验看武弁，便要用绿头牌。"

图5 咸丰、光绪、宣统时期召见官员使用过的红头牌、绿头牌

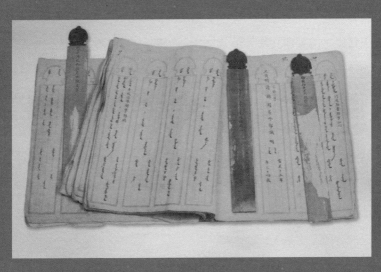

图6 道光二十九年（1849）《牌样簿》，红头牌、绿头牌往往配合着写有官员简历的《牌样簿》一起使用

中国第一历史档案馆藏

御膳、筵宴

根据《大清会典》《钦定宫中现行则例》等典章制度汇编，清代皇帝、后妃们的吃饭问题，都由御膳房负责，筵宴由光禄寺负责，比妃嫔更低的宫眷、宫女、太监们如何解决每天的吃饭问题，笔者也做了考证。

御膳房

膳房在养心门广场南院，是一排长房，康熙帝御笔亲书匾额"膳房"。《清史稿·职官五》总结说："御膳房，执守侍总管三人、侍监首领十人，专司上用膳馐、各宫馔品，及各处供献、节令宴席。后省总管一人、首领二人。"御膳房负责内廷餐饮服务，编制是总管3人、首领10人，后来分别减1人和2人。他们是皇上信得过的管理食物大臣，之下是尚膳正、尚膳副、尚膳、主事、委署主事、笔帖式（文书记录）等，具体做饭的是厨役、掌灶等。清朝入关268年间，后宫人数不断变化，为后宫服务的御膳房规模随之变化。康熙、乾隆在位时间长，其后宫人员也多，御膳房就主要负责皇上的御膳，皇后另辟内外膳房，皇太后居住的寿康宫设外膳房，皇子、皇孙结婚了也结束集体生活，单设饭房。晚清同治、光绪后宫人员很少，一个御膳房足矣，主要是满足两宫太后特别是慈禧太后的吃喝。

总的说来，御膳房职责范围，一是专司皇上吃的膳馐。各代皇帝口味不尽相同，御膳的风味也各异。比如乾隆帝下江南爱上名厨张成、宋元、张东官、双林、郑二、常二做的淮扬菜，后来就把扬州厨师请到北京宫中；末代皇帝溥仪喜欢吃西餐。故宫现存各时期大量茶餐具。二是各宫馔品，即东西六宫，每宫的食用。清代后宫编制是，皇后1位、皇贵妃1位、贵妃2位、妃4位、嫔6人；嫔以下有贵人、常在、答应三级，这三级人数没有限制。嫔及其以上的是"内廷主位"，每座宫院只有1位，带领嫔以下的贵人、常在、答应若干，居住一处宫院。所以，清宫嫔以上存量一般都不超过12位，往往仅数人而已。

图7 清宫花梨木酒膳挑盒　　　　故宫博物院藏　朱诚如主编《清史图典》

图9 清"乾隆年制"粉彩滕王阁山水纹
暖锅

故宫博物院藏
朱诚如主编《清史图典》

图8 清『乾隆年制』画珐琅山水花
鸟西洋式提梁壶　　故宫博物院藏

"塔塔"搭伙

内廷主位住在这个宫院的后殿正房里，贵人、常在、答应住东西配殿及耳房里。清人吴振棫《养吉斋丛录》记载："内廷主位，别有承应茶膳之地，清语（满语）谓之'塔塔'。"嫔以下贵人、常在、答应无力自办膳食的，就把自己分配的份钱，依附在一位主位名下的塔塔，就像如今"搭伙"。另外，根据慈禧太后的宫女荣儿口述写成的《宫女谈往录》载，清宫宫女、太监等宫中服务人员的膳食，也是由御膳房或塔塔等处统一提供。

在后妃居住的东西六宫、皇子居住的南三所，当时每个宫院前殿西配殿的南耳房，还可以看到灶台，说明原先那里是一个简易"小茶炉"，为该宫院里住的人烧水和加热奶、茶等饮品时使用，但并不是自己做饭。就像如今写字楼每层都有茶水间。《宫女谈往录》记载：慈禧住储秀宫期间，"奶、茶不由御茶房供应，由储秀宫的小茶炉供应，一来近，二来张太监干净可靠"。

另外，御膳房还承担的"各处供献"，指宫中奉先殿、景山寿皇殿及各处佛堂的供献祭品；"节令宴席"，指节日宫中宴会，比如除夕皇室近支本家聚会的"宗亲宴"。

后妃"口份"

皇帝、太后，在清代是同一级别，吃的待遇基本相同；皇后就低一等，皇贵妃、贵妃等依次累降。他们每人每天有固定的米、面、肉、菜及调料定额，称为"口份"，类似如今所说"口粮"。例如皇帝每日份额，有盘肉22斤，汤肉5斤，猪油1斤，羊2只，鸡5只，鸭3只，各种蔬菜，牛乳100斤，玉泉水12罐，乳油1斤，茶叶75包，等等。皇后降一级，例如每天盘肉16斤。皇后以下妃嫔、皇子、福晋相应递减。这些食物不是都要吃下去，而是说只能够使用采办这些东西需要的金额。清宫每餐具体菜谱，至今保存有不少档案，本文不赘。

图11　晚清慈禧太后某年九月初一早餐膳单

故宫博物院藏　朱诚如主编《清史图典》

不供珍味

启功先生回忆家传皇室旧事，说御膳房一般不会给皇上提供难以搞到的食品，比如反季节蔬菜。如果皇上一吃觉得好，下顿饭还要吃，可他们弄不到了，岂不是跟自己过不去？所以尽量给他弄些大路货，但造价不菲。

大家都认为乾隆帝奢侈，但当时清宗室人士昭梿《啸亭杂录》说他自奉俭约，御膳开支屡次核减，至乾隆末年压缩至年经费两万余两。有一次问大臣汪由敦，早餐吃什么。汪说："臣家计贫，每晨餐不过鸡子（蛋）数枚而已。"乾隆帝大吃一惊："鸡子一枚需十金（十两银子），四枚则四十金矣。朕尚不敢如此纵欲，你还哭穷！"

林则徐《软尘私札》称，道光帝在位期间尤其节俭，"宫中嫔侍，非庆典不得食肉"。以往惯例，御膳备四份，其中两份赐给在内廷军机处、南书房、上书房等处值班的大臣，两份赐给妃嫔，他从牙缝里挤经费，妃嫔都有"口份"，这两份就免了。

光绪帝身子虚，每天吃四只鸡蛋，"而御膳房开价至30两"。

明后期隆庆皇帝做皇子时，住在东华门附近的端本宫，经常到东华门外买果馅饼。当皇帝后有一天还想吃，御膳房报账：发面的、剥果的、制糖的，共需50两银子。他一听笑了，说："只需银5钱，便可在东华门口买一大匣也。"

惯吃独食

清代帝、后平时吃饭，称"传膳""用膳""进膳"。清宫沿用在东北时的一日两餐制，早膳辰正（早晨八点），晚膳未正（下午两点）。这肯定坚持不到晚上睡觉，所以两餐之外，还有酒膳和各种小吃，一般在下午或晚上。膳前由内务府大臣开单备案，单上注有某人烹制某菜肴，以防不慎。

到开饭时间，皇帝命御前侍卫传膳。御膳房官员立刻行动，摆膳太监迅速到膳房取饭菜，盛在食盒里，双手捧到皇帝膳桌上，御膳全部摆好后，皇帝身边的随侍太监"尝膳"，每样饭菜尝一口，以防有人投毒。末代皇帝溥仪《我的前半生》，说是每个盘碗里放一枚银牌，银遇到砒霜等大多数毒药会变黑。还相传清代皇帝尽量不暴露自己的饮食喜好，"吃菜不许过三匙"。大抵传说而已，实行起来因人而异。比如明末崇祯帝朱由检，继其兄朱由校即位，其时宫中阉党魏忠贤刚除，他由王府入宫后格外小心，起初连宫中的御膳都不敢吃，二十多天，天天吃皇后从娘家带来的干粮。乾隆帝晚年记忆力变差，吃完饭不久又吩咐传膳，御膳端上来了，又觉得腹中不饿，懒得下箸。

东汉学者蔡邕的帝学专著《独断》说，皇帝自称是"予一人"。皇家基本上是独自进膳，即使聚餐也是一人一席。晚清恭亲王奕䜣的孙子、现代大书画家溥心畬先生，作为"旧王孙"，始终保持"吃独食"的习惯。台湾画家詹前裕《溥心畬先生渡台后的晚年生活》称："心畬先生的吃相，真是旁若无人，喜欢的菜，摆在自己面前，旁人伸一筷，会向你瞪眼，只有等他吃够了，才能分尝他的余羹，这种吃相，熟朋友见怪不怪，在陌生场合，就往往传为笑谈。曾听朱骝先先生说起，他在韩国政府的官宴上，表现过这种移盘面前、狼吞虎咽的吃相，主人都停筷欣赏，害得他和董作宾（甲骨文学家）先生非常难为情。"这是因为他们不知帝王用膳，本来就是一人吃、众人看，吃够了才赏别人分一杯羹。

赏赐"克食"

清代吴振棫《养吉斋丛录》卷二十三记述：乾隆帝每日膳毕，会指出某物赐某处，赐某人。当时内廷主位、阿哥、公主，御前侍卫，内务府、军机处、南书房等入直（值班）内廷的大臣，都不时会得到皇上赐食；每日召见的外省文职按察使以上官员、武职总兵以上军官，也常常是赐饽饽即馒头、点心，谓之"克什"。他的解释是：满语"克什"，赐也，赐进膳之物。林则徐于道光二年（1822）获道光帝破格擢升江苏按察使，三年（1823）十一月进京述职，他的日记记载：初八、初九"两日召对，皆赐克食"。林则徐是道光帝赏识和重点培养的干部，把他作为可以依靠的股肱之臣，赐克食以示关怀。

嘉庆二十年（1815），翰林朱方增奉皇上命，到乾清宫西庑懋勤殿编写《石渠宝笈三编》，每天"辰入未出"，即早晨八点上班，下午两点下班，而"上命御膳房备晨餐"，这是当初乾隆时期编写一编、二编时未曾有过的待遇。清代实行低薪制，以五品官员为例，年基本工资白银80两，加一倍"养廉银"，一年收入不过160两。按现代经济学的恩格尔系数，当时五品官，大致在温饱至小康之间，不少文人不善理财，经常处在贫困线下。所以皇上赏饭确实是一笔外财，并非仅是礼遇而已。

集资开宴

筵宴是清宫膳食的重要部分，很多时候也是政治活动。乾隆十九年（1754）《避暑山庄万树园赐宴图》，表现设宴款待平定准噶尔立功的蒙古杜尔伯特部三位首领的情形，宴席准备就绪，皇帝（左下部黄罗伞下）乘步辇大驾莅临。而元旦即大年初一和皇帝生日万寿节，由国家专责筵宴事务机构光禄寺负责，在太和殿举行的国宴最为隆重，通常筵宴开210席。皇帝御宴桌在太和殿中央地坪上的宝座前，生果盘上搭松篷；御前大臣、起居注官、王公和大学士等一、二品文武大臣的宴桌共105张，也在殿内；殿外屋檐下为六部侍郎等官员的宴桌；殿前丹陛上为二品以上世爵、侍卫大臣及内务府大臣的宴桌43张；三台之下御道两侧，各设8个蓝布帐篷，帐下设三品以下文武官员的宴桌，外国贺年使的宴桌在西班之末。数九寒冬的北京，在露天开宴，也是够酷的。

更加热闹的是，殿前丹陛正中，搭起一座黄色帐篷，里面烧着两个火盆，上面支着两口大铁锅，一口锅盛肉，一口锅烧热水温酒。全部宴会，用羊百只、酒百瓶。席间中和韶乐、丹陛大乐按序演奏，与宴官员依照音乐的篇章节奏行礼、进觞、用茶、进馔，并非随意大快朵颐。宫廷绘画《光绪大婚图·太和殿赐宴》，

图12 清乾隆《避暑山庄万树园赐宴图》，宴席准备就绪，皇帝（左下部黄罗伞下）
乘步辇大驾莅临　　　　　　　　　　　　　　　　　　　　故宫博物院藏

图13 《光绪大婚图·太和殿赐宴》，筵宴情形与元旦大宴基本相同

451

表现的是光绪大婚时大宴场景，图中可见殿内宴桌很多，三台之上和院内也有宴桌，与元旦大宴差不多。故宫博物院现存乾隆五十一年（1786）制白玉错金嵌宝石碗，大宴上进茶大臣献茶后，乾隆帝就用这只碗赐他奶茶，与宴群臣随之举茶，不可造次乱来——三台下御道两侧，有监察御史监视。

图14 "光绪年制"黄釉万寿无疆大碗 故宫博物院藏 朱诚如主编《清史图典》

图15 乾隆五十一年（1786）制白玉错金嵌宝石碗，大宴上乾隆帝赐大臣奶茶所用

故宫博物院藏

有趣的是，太和殿大宴是皇族集资开办的。皇帝的御宴桌由皇家内务府自备，而皇家王公不但要实行AA制，自备自己吃的、用的，还要向文武大臣提供吃的、用的。似乎是皇家成员一起集资宴请国家官员，答谢他们为国效力。如果再不足，才由光禄寺补齐。具体方案是：亲王每人进8桌、羊3只、酒3瓶（每瓶10斤）；郡王每人进5桌，羊、酒与亲王相同；贝勒每人进3桌、羊2只、酒2瓶；贝子每人进2桌，羊、酒与贝勒相同；入八分公每人进1桌、羊1只、酒1瓶。

亲王、郡王所进桌中有一桌"大席"，其余桌和其余人进的为"随席"。大席内容包括银盘碗45件、盛羊肉的大银方1件、盛盐的银碟1件，随席内容包括每桌铜盘碗45件、大铜碟1件、小铜碟1件。大宴食物除肉、菜外，还有方酥、夹馅、白蜜印子、黄白点子枚饼、大馉饳、小馉饳、红白馓子等各种点心，摆起来要求达到1尺（约为33厘米）高。

清廷宴会一般是一人一席，或两人一席，不像今天10人、8人一席，从《光绪大婚图》中可见每桌食物是何等丰盛。当然，国家大宴一般不许大吃大喝，以免有失体统，但剩下的可以带走，就是老北京说的："吃不了，兜着走。"

太和殿大宴

元旦太和殿大宴，是最盛大隆重的宴会。乾隆帝25岁继位，年届四旬才第一次举办，规定以后一般每十年举行一次。由于多年不办，业务生疏及管理松散，嘉庆二十四年（1819）那次闹出了笑话。"本年元旦，朕御太和殿筵宴，亲见殿内所列桌张，空设者竟有五六十处，成何体制？岂不虑外国使臣所窃笑乎！此非承办衙门预备过多，即系与宴人员，有应入宴而未到者。"皇上请吃饭，竟然还有胆敢不给面子的？"且是日，朕甫经起座，即闻殿内人声嘈杂，大乖体制。"我刚起身还没走，殿内赴宴大臣们就像电影院散了场，这哪里像庄严朝堂啊！

帝后服饰

清代帝后妃嫔的舆服规制载于"会典"，由江南三织造督办，来龙去脉清清楚楚。朝臣官服，特别是文官官服，笔者考证均为官员自己花钱置办。

图16 嘉庆皇帝朝服像

故宫博物院藏

朝服、龙袍

皇帝在登基即就职典礼，大婚，祭天地、太庙等重大典礼及每年元旦、冬至、万寿三大节时，着"朝服"、戴"朝冠"；召见群臣时，皇帝穿"吉服"即"龙袍"，戴"吉服冠"。二者的显著区别是，朝服分上下两部分，上衣、下裳，合起来是"衣裳"；吉服是上下一贯的长袍，好比我们如今穿的大衣。朝冠立面分三层，冠顶部再加金累丝镂空云龙嵌大东珠宝顶；吉服冠只有一层，冠顶满花金座，上衔大珍珠一颗。

图17 清乾隆孝贤皇后朝服像

故宫博物院藏

图18 金镶东珠皇帝朝冠顶
　　台北故宫博物院藏

图19 清乾隆金镶东珠猫睛石后妃朝
冠顶　　　　台北故宫博物院藏

　　而臣子参加典礼，与皇上步调一致，穿属于自己品级的"朝服"；平常办公和皇上召见时，也是穿"公服"，就是办公的服装，不必像举行大典时那么郑重其事。清人震钧《天咫偶闻》卷一说："召对、引见，皆服天青褂、蓝色袍，杂色袍概不得服，羊皮亦不得服，恶其近丧服也。……夏不得服亮纱（透明的纱衣），恶其见肤（暴露）也，以实地纱代之。"以上服装都不是下班后在家穿的。皇上退朝回到后宫老婆孩子身边，也没必要穿朝服、龙袍，就好比我们下班回家后不必西装笔挺。

　　因为实际穿着较少，故宫博物院所藏朝服、龙袍并不多，每一代皇帝其实没有几件，只有像乾隆帝这样在位时间很长的，留下的龙袍才较多。反向推理，从清宫所存朝服、龙袍文物有限，也可知当时服用不多。像如今穿过的衣服一样，有不少龙袍领口、袖口处因汗渍而变黄，也说明当时的确是穿过。皇帝朝服、龙袍，后妃朝服、凤袍材质高级，工艺考究，造价昂贵。例如清宫档案所见，单是织一件缂丝龙袍的面料就需要：缂丝匠1 036工，每工银2钱5分，计259两；画匠25工，每工银2钱4分5厘，计6两3钱4分5厘。缂丝冬朝袍一件，连同披肩、腰襕、印绶、袖头、综袖等，工料银计330两3钱9分8厘。清人陈康祺《郎潜纪闻》卷十一记载，道光帝有一件黑狐端罩，衬缎稍阔，想在四周再添点皮裘，不料内府报告需银千两，于是作罢，还向军机大臣提起此事。大臣赶忙跟风，"自是京官衣裘不出风者，十有余年"。1 000两白银，约合如今人民币20万元，内务府尚衣监敛财疯狂至极。

常服、衮服

帝后们平时主要是穿蓝色、红色等单色的"常服"，与旧时代文人士大夫平常穿的好衣服差不多。康熙、乾隆的不少读书、赏古画像，都是着常服。乾隆皇帝喜欢汉装，不少画像着汉服，以致辛亥革命后有人说他是汉人。20世纪80年代，故宫博物院老前辈单士元、牛德明先生回忆，抗战期间故宫文物南迁时，为减轻装运负担，只揪下帝后朝冠上的宝顶、东珠，不要帽子本身，所以现在台北故宫博物院多"金镶东珠皇帝朝冠顶""清乾隆金镶东珠猫睛石后妃朝冠顶"等皇冠零部件。

朝服、吉服都是华赡富丽，冬至祭天，皇帝作为"天子"，向自己的顶头上司"天帝"述职时，就不能在老天爷眼前摆阔，要在朝服外罩上单一石青色缎子"衮服"，正好把朝服辉煌的纹饰罩住，只露出下摆底部的"平水江牙"，代表着天下江山，红、黄、蓝相间的色彩，与石青色衮服和谐一致。

图20 《康熙帝读书像》轴，着常服　　　　故宫博物院藏

尧舜十二章

清朝皇帝朝服、龙袍除醒目的龙纹之外，寓意最深刻丰富的，其实是"十二章"：日、月、星、山、龙、华虫、宗彝、藻、火、粉米、黼、黻。这是从《尚书》帝尧开始，天子服装的十二种传统纹饰。

唐代学问家贾公彦解释说：日、月、星，取其光明，天子要给天下带来光明，当然也要光明正大；山，天子道德人品要做到高山仰止；龙，取其能变化，有灵活机动的战略战术；华虫，就是锦鸡，取其文采斐然；宗彝，是一只虎和一只猿，取其忠孝，虎代表严猛，猿代表智慧；藻，水藻，取其洁净，现在环境学揭示，只有水的洁净度达到一定标准，才会长出有益的水藻，古人竟有如此超前认知；火，人类因发明火而超出一般动物，取其文明；粉米，取其养人；黼，就是斧头，取其决断；黻，是两张相背的弓，背恶向善。

"十二章"在朝服、龙袍上的分布为：日、月，分别在左肩、右肩上，这与日坛、月坛分处北京城外东、西两侧一样。星，在前领口，《汉书·五行志》说东方苍龙星宿，心星代表天王。山，在后领下，对应的是紫禁城后靠山镇山（景山）。前身上方为黼、黻，下部为宗彝、藻；后身上部为龙、华虫，下部为火、粉米。

"十二章"只有皇帝可以使用，太后、皇子、亲郡王概不能用。

"入八分公、未入八分公"

清朝有一个特殊概念，"八分公"。八分（份）：宝石顶、团龙褂、开气袍、紫缰、朱轮、门钉、茶壶、家将。清代皇家子弟有亲王、郡王、贝勒、贝子、镇国公、辅国公、镇国将军、辅国将军、奉国将军、奉恩将军共十级封爵。镇国公、辅国公设入八分公、不入八分公，入八分公就是他虽是公爵，但享受贝子以上才有的八种待遇，其中前三项就是衣冠。这项制度在乾隆时定型，基本上是现任皇帝"五服"以内的皇室成员，都可以享受"入八分公"待遇。

原来，从亲王到贝子，朝冠上都是红宝石顶，入八分公也可以使用红宝石顶，不入的就不能用。团龙褂，指冬天出席重要活动时穿的裘皮衣"端罩"上的团龙图案，从亲王到贝子都有。元旦大朝，天寒地冻，入八分公和二品以上大员可以着裘皮衣，其余只穿朝服。震钧《天咫偶闻》卷一称："元日，皆貂服，二品以上同，三品以下朝服。余日则皆朝服。"

从皇帝到贝子，不管朝服、龙袍，还是别的长袍，都是四开气袍，行动起来方便；未入八分公，就只能是下摆左右两侧开气了。清人作诗说："持比诸王恩稍杀，殆如'九锡'宠勋臣。""八分"类似汉末曹操以魏王加"九锡"。

"顶戴花翎"

"顶戴花翎"是清代富有满族特色的舆服制度。顶戴，指代表官员品级的顶子，比如一二品官红宝石顶。花翎，是皇帝特赐的插在帽子上的装饰品，起初宗室贝子戴三眼花翎，镇国将军、辅国将军戴单眼花翎。后来自御前大臣、领侍卫内大臣，到二等护卫等御前侍卫，均戴单眼花翎，显得威风。再后来赏给有功之臣，到清末汉人也有赐戴花翎的，包括文臣兼提督、巡抚衔者。李鸿章曾获三眼花翎、赐云龙补服，曾国藩、曾国荃、左宗棠赏戴双眼花翎，所以戏剧里才有台词"摘去顶戴花翎"。

花翎即孔雀翎，又有单眼、双眼、三眼之分，三眼最高贵。双眼、三眼翎，就是拿两个或三个孔雀尾羽后梢的彩色翎斑，垂直排列连接，将翎根插入翠、玉等材质的翎管内，缀于冠后，就成顶戴花翎了。鲜为人知的是，赐亲王、郡王三眼花翎为的是美观，甚至竟是为了小孩子好玩，乾隆皇帝还想定五眼花翎之制呢！

图21 翠翎管　　　　　　　　　　　　　　　　　故宫博物院藏

· 清宗室昭梿《啸亭续录》卷一："亲郡王、贝勒，为宗臣贵位，向例皆不戴花翎，惟贝子冠三眼孔雀翎，公冠双眼孔雀翎，以为臣僚之冠。"乾隆时顺承勤郡王泰斐英阿任护军前锋统领，向乾隆帝乞花翎。乾隆说，花翎是贝子们戴的，诸王戴上不是降格了吗？乾隆的小舅子傅恒也趁机提出，有一位小王爷看到花翎认为美观，也想要呢。乾隆帝答应了，他老人家可能忽然想起自己英年早逝的长子永璜，同时决定赐给永璜的儿子绵德一支三眼花翎，说："都是朕的孙子辈，孩子们喜欢，就赏给他们吧！"乾隆帝赏得兴起，想干脆来个五眼花翎，作为亲郡王顶戴花翎的定制，但最终为和珅所劝阻，未能实行。

图22　《英嫔春贵人乘马图》轴，图中咸丰皇帝的英嫔和春贵人戎装骑马，戴双眼花翎　故宫博物院藏

　　由清代宫廷绘画可见，花翎还是妃嫔们喜爱的装束，例如《英嫔春贵人乘马图》轴，描绘咸丰皇帝的英嫔和春贵人戎装骑马的情景，英嫔与春贵人顶戴花翎暖帽，身穿黄马褂，腰佩弯刀。图中明确显示英嫔所戴为双眼花翎。英嫔，伊尔根觉罗氏，咸丰初赐号为英贵人，咸丰二年（1852）十一月，册封英嫔。春贵人，疑为瑃常在，具体在何时晋为贵人史籍无载。据此画可推测，在英嫔晋封为嫔时，她也晋为贵人。

官服自备

　　以往关于清代官服的研究并不深入，其式样载于"会典"等官书，但其来源、制作没有明确记载，近年来笔者通过考察有不少收获。官员的公服既不是朝廷制作和配给，也不是官家出资报销，而完全是自行解决。衣食住行，衣居首位，在当时低薪制条件下，官服是官员沉重的负担。

图23　光绪朝宫廷画家沈贞摹紫光阁《大学士一等诚谋英勇公阿桂像》

故宫博物院藏

图24 《黄钺朝服像》轴　　故宫博物院藏

图25 清人绘《和素像》轴　　故宫博物院藏

图27 清乾隆"平金绣云鹤纹补子"
　　　　　　故宫博物院藏

图26 清乾隆"缂丝云鹤纹补子"　　故宫博物院藏

换装频繁

中国作为衣冠王国，朝廷官员服饰，中外观瞻所系，通常情况下是比较讲究的。光绪时期大学士王文韶，于光绪四年（1878）三月署兵部左侍郎，并在军机处上学习行走，后以户部尚书、协办大学士之职入直军机处。浏览《王文韶日记》，从七月底到十月中的三个月里，服装换了十多次、十五件："穿花衣""换芝地纱袍褂""换实地纱袍褂""换绒帽单袍褂月白绸领""换毡冠绒领夹袍褂、蓝衬衫""换棉袍褂""换珠皮袍褂、羊皮冠、黑绒领""换海龙冠、黑袖头银鼠袍褂、仍黑绒领""换灰鼠袍褂""换白凤毛褂"，平均每月约三次、五件。

新官上任三易服

朝廷命官到地方上任，也是服装集中展示之时。按《（道光）遵义府志》卷二五"上任礼"记述，履新之初起码要三易其服：凡新官到任，本地衙门预备仪仗，前期出城迎接，新官这时身穿"公服"，当地原有为首官吏率下属，导引新官先到城隍庙献祭致告，行一跪三叩头礼。接着导引至本衙门仪门前致祭，行一跪三叩头礼；到大堂站台上设香案，身穿"朝服"，遥望北京宫阙，向皇上行三跪九叩头礼。完了再换回"公服"拜印，行一跪三叩头礼。三日内行香讲书，身穿"礼服"依次去文庙、关帝庙、城隍庙、土地祠行礼，到府学（或县学）举行学术报告会。

京官多不能具衣冠

王文韶可能属于衣着讲究且经济状况较好的，实际上，不少官员多年置不起服装。晚清山西道监察御史李慈铭光绪十五年（1889）一月一日日记说："京官多有不能具衣冠者，余为郎（六部郎官）三十年，去岁始得一称。"十六年（1890）他补授山西道监察御史，说行年六十，才由从五品转正五品，始具舆服，换下御史特有的獬豸冠，买一头小毛驴，总算草创威仪了。可叹尚未上任，已经倾家荡产了。

贫官租衣引见

雍正帝倒也知道一些苦衷，《世宗宪皇帝上谕八旗》卷一载："雍正元年（1723）四月十四日，吏部带领月官引见，奉上谕：'引见月官，衣服颇甚整齐。闻贫窘之员，有赁觅衣服者。朕之观人并不在于服饰也，嗣后引见官员，各量己力，寻常洁净衣服，亦可引见。勿图鲜华，强为备办。至于侍卫等，只务被服华美，亦当量力服用。并着晓谕传示。特谕。'"

至廉死无锦衣

康熙时，闽浙总督陈瑸"在官，衣布素，起居止一厅事，昧爽治事，夜分始罢，自奉惟草具蔬粝，以劳卒官。属纩时，一绨袍覆以布衾而已，同寮入视者，莫不感泣。上谕阁臣曰：'朕亦见有清官，然如陈瑸者，实罕见。'前在台湾道任内，所应得银三万两，俱于公事动用；署总督印务，应得银两，亦未分毫入己。

来京陛见时曾奏称'贪取一钱，即与百千万金无异。人所以贪取者，皆因艰于用度。臣初任知县，便不至穷苦，即一钱不取，臣衣食亦能充足'等语。今观其居官，实能践所奏之言，诚清廉中之卓绝者，不加表扬，何以示劝？其追授礼部尚书"。

官服专营店

清代处于古代社会向近现代转变阶段。清中期起，在明末资本主义萌芽的基础上，商品经济进一步发展。以宫殿等国有基建工程为例，已经实行"工给值、料给价"的市场化运作。根据文字史料和中国国家博物馆藏《乾隆南巡图》、故宫藏广东贡品"广东彩元字号"广告单张等资料，可以推断清代乃至明清官服制作情况大体是，衣服以在成衣店加工为主，鞋帽、补服在成衣店或专营店购买成品，也不排除个别官员采购或受赏赐苏、杭、江宁诸地已经织绣有品级图案纹饰的丝织品衣料，在家中加工成衣。例如晚清《王文韶日记》记载：光绪四年（1878）十一月初十，"本日蒙赏大卷'年年吉庆'江绸袍褂料一套（原注：代皮衣）"；十二月十九日，又获赏"帽纬（帽缨）一匣、袍料二卷、褂料一卷"。

中国国家博物馆藏《乾隆南巡图》开卷描绘：正阳门外路西二条，打头是一家三间门面的绸缎庄，店内是各色丝织品，接着拐角五间门面也似绸缎庄；转至正面，是四开间大门面，檐外牌楼式招牌写着"本铺定做时式朝靴缎鞋镶袜俱全不误主顾"，显示这是一家制作官服的专营店，店外街上有官员或骑马或乘车，不时流连店前；店内有身着冠服的官员，正坐在八仙桌前等候服务。"朝靴、缎鞋、镶袜"具体表明是鞋帽，自家制作比较麻烦；"俱全""不误主顾"，显示是包括衣服，而且有量身定做的过程。实际上官服工艺比较复杂，从乾隆时小说《野叟曝言》可见，清代在京官员制作官服，经济条件好的，就在"内兴隆"等成衣店定制。晚清小说《官场现形记》，包括请裁缝上门做衣服及成衣店量体裁衣的细节都有。

图28　清徐扬《乾隆南巡图》所绘北京城正阳门外西二条专业制作官服的成衣店，招牌上有"本铺定做时式朝靴缎鞋镶袜俱全不误主顾"的招徕文字
中国国家博物馆藏

　　苏州阊门之内是绸布店集中区域，右首是"雅制缎□"，有官服专营店，挂着"大红朝服（？）时款朝帽""冬夏朝冠"等招牌，店内一摞一摞缨帽；接着有"大红绉纱""湖绣□□"等。

　　杭州春波门附近也是挂着"京装布""绸缎店""时式朝靴""各色衣着""冬夏朝冠"等招牌，成品仍以鞋帽为主。《官场现形记》描述了一场杭州官场大换装全过程，各成衣店为老主顾昼夜赶工，连带着全城羊皮销售一空。

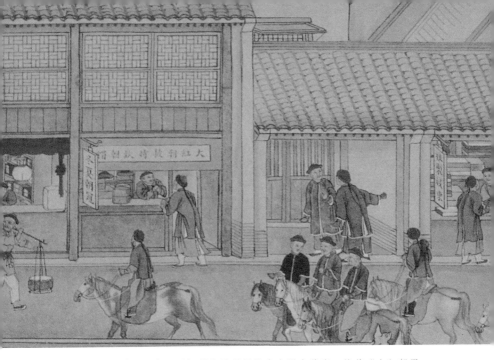

图29 清徐扬《乾隆南巡图》所绘苏州阊门内官服专营店，挂着"大红朝服
（？）时款朝帽""冬夏朝冠"等招牌　　　　　　　　　中国国家博物馆藏

图30 清徐扬《乾隆南巡图》所绘杭州春波门附近官服专营店，有"时式朝
靴""各色衣着""冬夏朝冠"等招牌　　　　　　　　　中国国家博物馆藏

<h1 style="text-align:center">"彩元字号"广告</h1>

　　故宫博物院旧藏清晚期广东贡品"广绣花鸟博古插屏"，插屏背面背板内夹有一份"广东彩元字号"刻印的广告单张"仿帖"。单张作展开的传统卷轴书画状，右、左卷轴上为基本对仗的广告语："原始老铺，向在广东藩台前，朝北门面开张""分设一栈，在广府前小马站口，朝北门面发货"，分别是老店、分店地址。中心文字内容依次介绍字号的业务范围："本号承办进呈、入贡各等绣货；专办各省文武蟒袍、珍珠补褂、朝衣朝裙、女蟒霞帔，各式挽袖、花边裙花、宫妆云肩、旗妆绣货，珍珠翎花，洋金古龙，缂丝戳纱，拉锁顾绣；大小满汉荷包、朝带，上绣翎毛、花卉、鸟兽、亭台、楼阁、山水、人物；围屏寿帐、桌上插屏、斗方挂屏、炕上围屏、八扇挂屏、大小座屏、中堂对联、条幅挂屏、檐彩铺垫、被褥帐檐、灯燧幛燧，洋金银线、叮款裤带、翎毛围扇、栏杆衣边、胭脂宫粉、绒线杂货，一应俱全。"

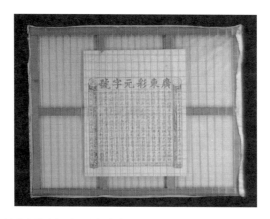

图31　"广绣花鸟博古插屏"背板内夹"广东彩元字号"广告"仿帖"

故宫博物院藏

这件"仿帖"声明"广东彩元字号"第一项业务,就是"承办进呈、入贡"朝廷的"粤绣"贡品,说明广东地方官的贡品,已经进入市场化采办,而不是由官办工厂提供。也因此,彩元字号老铺,开在广东布政使司(藩台)衙门对面,分店开在广州府衙门对面。第二项业务是"专办各省文武蟒袍、珍珠补褂、朝衣朝裙、女蟒霞帔""大小满汉荷包、朝带",即承接文武、满汉官员官服、朝带乃至荷包的制作,一应俱全。这件"仿帖"是清代官服按品级统一标准,自己出资、自行制作的最直接证明。

家庭自制

在成衣店加工官服应是主流,但也不排除有的官员从市场上买回已有官样图案纹饰的衣料,在家中进一步剪裁、缝制。比王文韶、李慈铭早的林则徐,他的日记中,在外聚餐、琉璃厂买眼镜等均有记录,但唯独没有买官服的记录,推测应是家中自制。

中国国家博物馆藏明中期《南都繁会图》,图中描绘南京城东门外"南市街""北市街"商业区,有"京式靴鞋店""极品官带"等文字,说明当时官服也是通过市场置办。明代官服玉带是品级标志,非清朝腰带可比。

工料市价

从《曾国藩日记》里可以看到当时北京市面上的衣料、裁缝工钱:衣料部分,绸袍二件计6 500文,貂褂20千文;裁缝工钱,袍子每件1 500~1 800文。有人推算,道光初年,一两白银换钱一吊，也就是一千文；至道光二十年（1840）鸦片战争爆发，一两白银就可以换到制钱一千六七百文了；咸丰以后，一两白银可以换到制钱两千二三百文。

著名绸缎庄"瑞蚨祥"崛起于同治时期，光绪初年设店于大栅栏。中央文史馆馆员、著名收藏家张伯驹在《袁世凯登极大典之筹备》中回忆他参与袁世凯复辟登基大典："黄龙袍由庶务司长郭宝昌承办，命大栅栏瑞蚨祥制衣，特绣金龙，双目皆嵌以精圆珍珠。"袁世凯的冠服花了30万大洋。瑞蚨祥一直承做官服，晚清内务府江南三织造停摆后，皇家衣冠也由其代为加工。

八 太后、太上皇宫殿

在清乾隆三十六年（1771）改建外东路宫殿之前，外东路、外西路都是太后太妃的宫院。乾隆将外东路改建为太上皇宫殿、花园之后，太后太妃等先帝遗孀居住的宫院就集中在外西路，其中慈宁宫为太后举行典礼仪式使用的正殿。

慈宁宫

慈宁宫是明代最早开辟并至今保存最完整的太后宫院。慈宁宫通常包括：慈宁宫本宫区，即慈宁宫大殿及后殿大佛堂；寿康宫本宫区及后边、东边附属建筑。

慈宁宫本宫区

慈宁宫本宫区域南北进深98米，东西面阔75米，占地7 350平方米。乾隆三十二至三十四年（1767—1769），为筹备三十六年（1771）十一月生母崇庆太后八旬庆典，对此区进行改扩建，包括前殿改建重檐大殿，后殿移位改建大佛堂，改建宫门及在宫门至前殿月台之间加设"阁道"等，现在保留的基本是这时确定的格局、规模。乾隆六十年（1795）谕旨："慈宁宫最为吉祥福地，后世子孙逮事慈帏，即可于此承欢隆养。"这是后来此处相沿不替的祖训。慈宁宫的主题就是"吉祥福地"，佛堂、古松，都体现这个主题。

图1 慈宁宫大殿

寿康宫本宫区

寿康宫位于慈宁宫西侧，系乾隆皇帝为其生母崇庆皇太后建造的颐养起居之所。内务府《奏销档》记载："恭建寿康宫，择吉于雍正十三年（1735）十二月初四日兴修，至乾隆元年（1736）

十月二十四日告成，皇上钦拟'寿康宫'嘉名。"本宫由正殿、东配殿、西配殿、后殿、三面转角围房、顺山房、净房等房屋组成，分为三进院落。乾隆元年（1736）十一月初六，"恭奉皇太后移居寿康宫"，直到乾隆四十二年（1777）皇太后去世。其后，乾隆皇帝两次在御制诗中特意注明"其地宜留为万万年奉养东朝"，寿康宫遂成为乾隆朝之后奉养皇太后的宫殿。慈宁、寿康本宫之后有横街，里面是并排三所三进院的陶瓦顶建筑，谓之寿中宫、寿东宫、寿西宫；慈宁宫之东，还有头所殿、二所殿、三所殿。都是名分较低的老东朝妃嫔、贵人等的居所，其建筑格局形成于乾隆元年（1736），占地面积约14 000平方米。

图2 寿康宫前殿

寿安宫

寿安宫在明代称咸熙宫，嘉靖十四年（1535）改称咸安宫，清初设咸安宫官学，为筹办乾隆十六年（1751）崇庆太后六十庆典，在西华门里另建咸安宫，而在此建寿安宫。后来有道光皇帝的如贵妃在此居住。《清文宗显皇帝实录》记载：道光三十年（1850）十月初二，刚继位的咸丰帝"奉皇贵太妃居寿安康宫，诣前殿拈香，后殿皇贵太妃前行礼，侍午膳"。初七又"诣寿安（康）宫西所，问如皇贵太妃安"。

英华殿

此处是明代佛堂，万历时期，万历皇帝之母李太后（京剧《二进宫》角色李艳妃参照李太后原型，而故事系杜撰）在此礼佛。晚明刘若愚撰《酌中志》称："英华殿前有菩提树二株，结子可作念珠。词臣张士范作偈，其序文略曰：大内西北之隅，建有英华殿一处。殿前菩提树二株，闻系九莲菩萨慈圣皇祖母所植。叶如楸，子不从花得，乃生于叶之背。拾作念珠，较南产者惜不甚大，然色黄润，而分瓣之线色微白，名衲多宝之。神庙（万历皇帝）以圣母上宾，奉御容于树之东北别殿。"清代实录所见，只有咸丰皇帝到寿安宫西所问如皇贵太妃安之后，顺道到英华殿拈香。

"钧庭福地"

嘉庆亲政后编定的《国朝宫史续编》，总结康雍乾之大成。慈宁宫项下指出，慈宁、寿康、寿安三宫是"万亿年钧庭福地"、

"慈云环荫之吉祥"处所。修书诸臣既领会了乾隆皇帝的谕旨，也深入体会了御笔匾联的含义。如慈宁宫大殿正中原有的"宝篆骈禧"（慈禧太后五十岁生日时换成"仁德大隆"）、"庆隆尊养"，楹联："爱日舒长，兰殿春晖凝彩仗；慈云环荫，萱庭佳气接蓬山。""兰殿颐和尊备养，萱庭集庆寿延禧。"钧庭福地，指天帝居住的钧天，《吕氏春秋·有始》称："中央曰钧天。"务使老太后高高在上，别接地气。这些祝愿都是把太后、太妃捧上天，但有一条，绝对不能接触现实政治。道光皇帝为此专门拿出乾隆皇帝的训示，说谁敢再拿俗务事劳烦太后，绝不姑息。

乾隆生母、养母轶事

乾隆时期与崇庆太后一同住在寿康宫区域的，还有和亲王弘昼的生母耿氏（1689—1784），又称耿佳氏，管领耿德金之女。生于康熙二十八年（1689）十一月，康熙四十二年（1703）入雍正府邸为格格，年14岁，康熙五十年（1711），生皇五子弘昼。

亲生不亲养

弘昼后来封"和亲王"，是当代著名学者启功先生十世祖。按照启功先生祖上传说，清代皇家有个不成文的规矩，或曰"潜规则"：皇子出生后，交由别的后妃抚养，而不由生母抚养，以免将来他们母子串通一气。可是世间母子之情，往往是在养育之间互动形成的，所以养母与养子女之间，往往比亲生母子感情更深一些。像晚清同治皇帝生母是慈禧，但从小由皇后慈安抚养，长大后与慈安亲近，和生母慈禧太后却有些生分。

雍正帝还是雍亲王时，两位妻子钮祜禄氏、耿佳氏，在康熙五十年（1711）相差不到一个时辰（两小时），先后生下四子、五子，就是后来的乾隆帝弘历、启功先生十世祖和亲王弘昼。

图3 寿康宫前殿宝座，乾隆帝、和亲王等向崇庆皇太后请安处

弘昼自幼是乾隆帝的生母崇庆皇太后抚养长大，这位老太后对弘昼就亲过亲生儿子弘历。比如同是到太后居住的寿康宫请安，乾隆来了就是磕头行礼，寒暄两句，妈妈跟他没有多余的话可说。弘昼来了，行完礼就半跪半坐在养母身边，越说越高兴、越近乎，干脆盘腿坐在太后的宝座前。还有一位小兄弟，同

样不是太后亲生儿子的果亲王弘曕（yàn），也照样如此。惹得乾隆皇帝羡慕嫉妒恨，于乾隆二十八年（1763）五月革去弘曕的王爵，对弘昼罚俸三年（好比三年不发工资）。宣布他们的过错是："和亲王与弘曕，恭诣皇太后宫请安，其仪节僭妄，尤非情理所有……直于皇太后宝座之旁，膝席而跪坐。按以尺寸，即朕请安所跪坐之地也。是尚知有天泽之辨哉！""和亲王于皇太后前跪坐无状，亦着罚王俸三年。"（《大清高宗纯皇帝实录》卷六八六）说这两位小兄弟跪坐的位置是他才配享受的。

亲疏有别

与养子感情深，体现在具体事情上，就是偏袒养子。和亲王府就是现在北京东城区张自忠路的北洋政府国务院（执政府）旧址所在地。当时户部造币局和贮存货币的宝泉局分处王府两端，运送新币的车辆经常从府门口经过。有一天，当车队进入王府大门外两端的卡子门时，王爷突然下令关门，命车队进府。运钞车被劫，押运官飞报朝廷，可是谁也不敢管，只有禀报皇上定夺。乾隆帝要拿问这位御弟，此后太后终日闷闷不乐。乾隆帝听宫女说，太后念叨：没见过金山、银山什么样。于是他马上命户部，送来金山、银山孝敬太后。不料老人家转手就赏给了弘昼，说：都以为皇帝富有四海，皇帝的弟弟竟然穷到拦路抢劫，要不是穷疯了，何至于此啊！

同样，养子也"亲疏有别"，偏益养母。乾隆帝对养母也就是弘昼的生母，也格外亲近。耿佳氏在雍正当皇帝后册封为"裕嫔"，雍正八年（1730）晋封为"裕妃"。乾隆继位后尊封她为"裕贵太妃"，从"妃"到"贵妃"，升一级；乾隆四十三年（1778）她九十大寿，乾隆帝为她上尊号"皇贵太妃"，从"贵妃"到"皇贵妃"，又升一级，比太后只差一格了。级别升高，意味着各种待遇提高。这位老人家得养子孝敬，一直活到96岁，死后安葬规格仅次于太后。

弘曕对生母谦妃也是感情不深。乾隆二十八年（1763）谦妃生日之前，太后嘱咐他，把你给母亲准备的生日礼物，提前摆放在宫殿丹陛上，好让妈妈自豪。但迟迟不见他行动，太后问他，他说皇上都没送，我摆什么阔，跟皇上斗富。乾隆说，你妈妈能跟裕贵妃比吗？先帝把你过继给府中财产最多的果亲王为嗣，你不但不好好孝敬你亲妈，反而时不时"向母妃多所索取"，当啃老族。你的所作所为像做儿子的吗？帝王家原来也跟老百姓差不多，也是"清官难断家务事"。若非"实录"所载，真难以置信！

乾隆格局、晚清原状

慈宁宫全区域，是在明嘉靖时奠定建筑布局和建造主要宫殿，清乾隆时改造和补充，道、咸、同、光时一直使用，目前留下的是以慈禧太后时代为主的历史状态。现在实际工作中有一种倾向，什么东西都要追求乾隆时期。文物在成为"文物"之前是活着的实体，必然是运动中的存在，即本身处在不断发展变化的过程中，这是辩证唯物主义的观点。如果当时在某个点上给她冻结了，她可能早就消亡了，不会留存到今天。例如北海琼华岛，从辽代萧太后的梳妆台到金代琼华岛，再到元代广寒殿，明初永乐皇帝决定后世不得踵相增饰，而留下"存殷鉴"，到万历时期，广寒殿等建筑就相继倾圮了。

乾隆遗孀居慈宁

现存慈宁宫区域在乾隆时期是供孝圣宪太后为首的雍正遗孀居住，而自从乾隆皇帝把外东路改为太上皇宫殿之后，从嘉庆时期起，前朝的遗孀只能住外西路。所以《清实录》所见，从嘉庆四年（1799）也就是乾隆皇帝去世那一年的十二月起，"上诣慈宁宫、寿康宫行礼"，这种完全相同的记载一直持续到嘉庆二十四年（1819）十二月。这时没有太后，嘉庆皇帝行礼的都是乾隆朝的太妃太嫔。

图4 寿康宫后殿

图5 寿康宫后殿东暖阁

道光恭慈太后

　　嘉庆帝在木兰围场（今赛罕坝）遭遇雷击猝死，仓促之间，他的遗孀孝和睿皇后，放弃已经成年的亲生儿子皇三子和皇四子，而拥立非亲生的皇次子旻宁，即道光皇帝。据《大清宣宗成皇帝实录》记载，嘉庆皇帝去世的当年，嘉庆二十五年（1820）十一月初十，就记载道光皇帝展开寿康宫维修工程，准备将居住在景仁宫、已成为太后的钮祜禄氏（恭慈太后）奉移此处。"上诣慈宁宫拈香，视寿康宫工程；诣景仁宫问皇太后安。"钮祜禄氏在嘉庆二十五年（1820）七月尊奉为皇太后，道光二十九年（1849）十二月十一日薨于寿康宫。当年寿康宫维修完工时，还在慈宁宫举行了恭上皇太后徽号的盛大典礼。此后，"上诣慈宁

宫、寿康宫前殿行礼，后殿问皇太后安"的记载不绝于书。道光
八年（1828）十一月初七再上徽号，仪式颇为隆重：

> 遣官告祭天地、太庙、社稷。上礼服御中和殿，恭阅奏书毕。
> 上升舆，由右翼门至永康左门降舆。大学士捧奏书，由中路前行
> 至慈宁门。上由东阶升至门下东旁立。皇太后礼服升慈宁宫座，
> 仪驾全设。中和乐作，上诣正中拜位跪。大学士捧奏书，在左旁
> 跪进，上受奏书恭献，授右旁大学士跪接，置正中黄案上。宣读
> 官捧起跪宣奏书。

图6 嘉庆帝孝和睿皇后画像

故宫博物院藏

上率王大臣官员行礼。礼成，皇太后还宫。诣皇太后前问安，侍午膳。

这位太后虽非道光帝生母，但道光帝也非常敬重她，直至为其"寝苦枕块"而丧了命。这位太后去世之后，大殓"奉安梓宫于慈宁宫正中"。

"双非"太后

咸丰时期无太后，"实录"每每记载"上诣慈宁宫、寿康宫前殿行礼，后殿问皇贵太妃安"。这位皇贵太妃就是恭亲王奕䜣的生母、咸丰皇帝的养母、临终前被尊为太后的孝静成皇后。她既非先皇生前的皇后，也非新皇生母，可谓"双非"，正常情况下是当不了太后的。临终被尊封太后，是因其子恭亲王身份特殊，咸丰帝又是其养子。她于咸丰五年（1855）七月初一被尊为康慈皇太后，一直住寿康宫，初九崩，"上哀恸号呼，摘冠缨，易素服，诣灵驾前奠酒。还养心殿。申刻，复诣寿康宫，奉大行皇太后灵驾至慈宁宫"，也是"大殓，奉安梓宫于慈宁宫正中"。

图7 道光帝贵妃、恭亲王奕䜣生母、咸丰帝养母康慈皇太后玉册　故宫博物院藏

晚清沿用慈宁宫

同治皇帝继位后，同治元年（1862）元旦，"母后皇太后、圣母皇太后御慈宁宫，上率王以下文武大臣，诣慈宁门行礼"。接着加两宫太后"慈安""慈禧"徽号，也是在慈宁宫举行典礼。但从同治二年（1863）停止到慈宁宫受朝贺，而改在养心殿。直到同治十一年（1872）同治皇帝大婚，两宫太后在慈宁宫受朝贺，皇后到慈宁宫拜见两宫太后。到光绪七年（1881）慈安太后去世，也是停灵慈宁宫。

光绪十年（1884）十月初十，慈禧太后五十大寿在慈宁宫大摆排场。九月初一，"谕内阁：本年十月初十，恭逢慈禧端佑康颐昭豫庄诚皇太后五旬万寿，礼部等衙门题请照例行礼筵燕"。至日，"慈禧端佑康颐昭豫庄诚皇太后御慈宁宫，上捧觞上寿，彩衣躬舞；王、贝勒、贝子、公等，以次进舞。礼成，赐近支亲藩等食"。后来光绪大婚、上徽号等，也在此举行典礼。

光绪皇帝即位后，按例，同治帝的遗孀应移居外西路。近年故宫研究者发现慧妃、瑜妃在此居住的记载。慧妃于同治十三年（1874）十一月被"封为皇贵妃"，光绪帝即位后号敦宜皇贵妃，曾住在寿康宫，光绪三十年（1904）正月二十八日去世。宣统皇帝逊清皇室时，同治帝的瑜妃被封为敬懿皇贵太妃，亦居住在寿康宫，直至1924年11月出宫。

慈宁宫盗窃案

慈宁宫在光绪时期发生过一起盗窃案。光绪七年（1881）

十二月初一，"实录"记载："上月三十日夜，慈宁宫前殿及大佛堂，瓦上失去铜链八挂，并有遗弃木杆在地，及揭去瓦片情形。宫禁森严，竟有窃贼混入。该官兵等所司何事？叠经降旨申严门禁，竟敢视为具文，怠玩至于此，极实堪痛恨。着前锋统领、护军统领、总管内务府大臣，查明直班官弁兵丁，严行参办。该处总管首领太监，交总管内务府大臣严讯。并著步军统领衙门、顺天府五城，一体严缉贼犯，务获究办。"几天后，查明："所有拏获叠窃慈宁宫等处铜链各物之贼犯：袁大马，即袁得山；袁立儿，即袁顺儿；王五，即王立儿；连毛儿张大，即张升儿；大胡，即胡大；王群儿；徐志详；侯善详，即善子侯；侯三，即侯善殿；侯复山；张大海；李朋。均着交刑部严行审讯。其未获之王六、顺儿等，著步军统领衙门、顺天府五城，按名严拿，务获归案审办。"

慈宁宫花园

慈宁宫花园东西长50米、南北长130米，有大小建筑11座，布局较疏朗。园内建筑按轴线布置，左右严格对称。园内树植花木，点以湖石，形成园林景观。此园是以"寿国""九如"为主题的。《国朝宫史续编》记载：

园中，为咸若馆，供佛。高宗纯皇帝御笔匾曰："寿国香台"，联曰："证最胜因，金界庄严欢喜地；赞无量寿，宝轮拥护吉祥云。"馆前有池，池上为临溪亭。馆东为宝相楼，西为吉云楼，西南为延寿堂，联曰："梳翎闲看松间鹤，送响时闻院外钟"……
东南为含清斋……北为慈荫楼。……楼下联曰："旭日正辉三秀
草，光风不动万年枝。"

诗词结构

　　现存花园状况基本与旧时相同。这处园林实际上是像词的结
构那样，以揽胜门东西横线将花园北、南一分为二，划分为上下
两阕的。北半部为上阕，以咸若馆为中心，突出"寿国"，即"寿
国福苍生"。一方面是皇上以天下奉养母亲，另一方面老人家为
国家祝福。北有慈荫楼，东、西为宝相楼、吉云楼。南半部为下
阕，以临溪亭为中心，突出"九如"，祝愿太后"九如凝釐"，最
南端以大型太湖石清供，祝福太后"寿比南山"。

图8 慈宁宫花园咸若馆

图9 慈宁官花园咸若馆内"寿国香台"

　　咸若，《尚书·皋陶谟》："皋陶曰：'都！在知人，在安民。'
禹曰：'吁！咸若时，惟帝其难之。'"谓王道教化，顺时施宜，
实现天下大治。唐李邕《春赋》："律何谷而不暄？光何容而不灼？
植也知归，动焉咸若。尔乃杨回曲沼，李杂芳园。"宋沈遘《三
司狱空道场功德疏右语》："伏以至仁当天，品物咸若。"明归有
光《嘉靖庚子科乡试对策》之三："古者百姓太和，万物咸若。"
咸若馆含义一是春光明媚，二是由此不忘王道教化之功，似乎在
提醒因为皇帝治国安邦，太后太妃才得以安度晚年。

　　寿国，《管子·霸言》："夫一言而寿国，不听而国亡；若
此者，大圣之言也。"《吕氏春秋·求人》："有能益人之寿者，
则人莫不愿之。今寿国有道，而君人者而不求，过矣！"寿国，
指保全国家，使国家长治久安。此语演绎成俗话，类似"家有一

图10 咸若馆北慈荫楼

图11 咸若馆西配吉云楼

老，好比一宝"之意。南宋王迈《水调歌头·寿黄殿护母》："天上一灯满，引起万灯明。不知今夕何夕，平地有蓬瀛。西母瑶池称寿，南守锋车催观，二美一时并。一点魁星现，长侍老人星。□□心事好，天与寿，鬓长青。不将钟鼎为乐，念念在朝廷。此母宜生此子，须有医时良策，寿国福苍生。子自坐黄阁，母自课黄庭。"

寿国香台，明末瞿式耜《再叠前韵感事》诗曰："匡王亦拟赋同裳，且向山灵献一觞。欲展迂筹前又却，未消热血吐还藏。祈年愿降苏民雨，礼佛先添寿国香。但得清夷还大地，桑麻暇日倍舒长。"所咏环境与慈宁宫花园相同，意思是说，太后拈香礼佛，为国添寿。

图12 咸若馆东配宝相楼

如川之方至

《明宫史》记载："宫后苑鱼池之水，慈宁宫鱼池之水，各立有水车房，用驴拽水车由地灌以运输，咸赖此河（内金水河）。"

临溪亭下本来是"车水"入池，属于死水，何以明代名为临溪馆、临溪亭，非要强调下面是溪流呢？笔者认为此处是援用《诗经·小雅·鹿鸣·天保》"九如"诗意："天保定尔……如山如阜，如冈如陵；如川之方至，以莫不增。……如月之恒，如日之升；如南山之寿，不骞不崩；如松柏之茂，无不尔或承。"山、阜、冈、陵，园中假山、山石都代表了；园中也不乏古松、古柏；日升月恒，

图13 慈宁宫花园临溪亭背立面

日日月月永恒不变；园中只差"川之方至"了。那么俯临溪水的亭榭，正可检阅、回顾"逝者如斯"的川流和岁月！

"九如"是明清皇家都喜欢采用的典故。皇极殿东次间紧靠"仁德大隆"匾，然后就是光绪皇帝御笔"九如凝釐"匾额。而崇庆太后万寿庆典展览，恰恰展出一件乾隆御笔《松柏之茂》图。证明乾隆皇帝作为慈宁宫花园最终格局的确定者，当时一定想到了"九如"之义。

如南山之寿

《明内廷规制考》记载："慈宁宫花园：咸若亭，万历十一年（1583）五月内，更咸若馆扁"；"花园内桥中，万历六年（1578）添盖临溪馆一座，十一年（1583）五月内，更临溪亭"。临溪馆、临溪亭的增设，是慈宁宫花园造园艺术的神来之笔！还需要注意的是，园子最南端湖石清供假山，应是象征"寿比南山"，慈宁宫花园建筑乐章至此达到顶峰。

太后当家明清版

近年来由于清宫戏频出，人们了解到清初孝庄文皇后和清末慈禧太后。孝庄先后辅佐顺治、康熙父子两代皇帝，从他们顺利即位到成功处理朝政，但并未走到台前成为"太上皇"，于是史家和世人交口称誉。慈禧太后扶植同治、光绪两代皇帝，自己"垂帘听政"，实际执掌晚清政权48年，包括1860年"英法联军"入侵北京并劫掠焚毁圆明园之后，在承德发动政变，1900年"八国联军"入侵北京，她的统治祸国殃民。对清朝一前一后两太后的评价，自是天差地别。在皇权专制登峰造极的明清，后妃干政或外戚擅权已无可能。明清两朝，特别是清朝，非常强调后妃不得干政，但并没有说太后不得干政。太后的地位仅次于皇帝的父亲太上皇，不论具体执行上是什么样子，在以孝为先的封建时代，哪个皇帝敢教训自己的母亲，说"太后不得干政"？以自我感觉最良好、"内外庶政悉出亲断"的乾隆帝为例，太后的权力也毋庸置疑。历史文化学者、雍正帝第十世孙启功先生指出："太后在清朝有很大权力，甚至有废立大权。"（《启功口述历史》）

历史巧合的是，明清两朝太后当政，都是出现在前后两段，中间一段是成年皇帝即位，太后实际上或多或少存在"预政"现象。

张太后辅佐两代皇帝

明永乐迁都北京后第二位皇帝明仁宗朱高炽的遗孀张太后，是紫禁城里第一位太后，在明初历史上发挥过重大作用。首先是对朱高炽、朱瞻基父子立有大功。《明史》记载朱高炽为太子时，永乐帝几次意欲易储，但由于永乐帝及徐皇后，对这位儿媳颇为中意，加之喜欢高炽之子瞻基，终使高炽储位得以保住。仁宗死后，张太后扶助儿子宣德皇帝朱瞻基，"宣德初，军国大议多禀听裁决"。明宣宗继位时已经二十八岁，但人们并不认为张太后"干政"。

如果说宣宗继位，是因为永乐生前已指定其为隔代继承人

"皇太孙"，那么在明宣宗36岁英年早逝后，张太后的抉择便至关重要。当时宣宗的太子朱祁镇年方9岁，有传言说太后准备让另一个儿子襄王朱瞻墡继位。《明史》记载，张太后召诸大臣至乾清宫，指着太子朱祁镇，哭着说道："此新天子也！"于是群臣山呼万岁，浮言乃息，政局稳定下来。

明陈建撰《皇明通纪法传全录》卷十八记载："宣庙宾天（逝世），时张太后以'国有长君，社稷之福'，取襄府金符入内，欲召襄王立之。以二杨学士议不谐（内阁大学士杨士奇、杨荣提出异议）而止。"这位张太后以国家安定为第一考虑，接纳内阁大臣意见，依据明朝"父死子继""兄终弟及"两个传位顺序，与"立嫡立长"相权衡，最后维持第一顺序，决定由孙子继位。受张太后高风亮节感染，大臣请太后"垂帘听政"，但张太后坚拒不受，说："毋坏祖宗法。"关键时刻中流砥柱，大事底定之后不恋权位，这就是她的个性。这也说明，太后临朝听政不是禁区。

而且按照《明宣宗实录》所记，宣宗对儿子的遗嘱是"国家重务白太后"。嘱咐儿子，国家大事要报告祖母张太后裁夺。宣宗的遗孀是孙皇后，但她没有政治才能；张太后此时已经是太皇太后，但当家作主还得靠她。这与清初顺治皇帝死后，孝庄太后做主决定康熙继位，康熙未成年时太皇太后当家作主完全一样。

李太后支持张居正改革

明后期隆庆皇帝遗孀李太后，扶持年仅10岁的万历皇帝继位，当时正是古人所谓"主少国疑"（君主年少，国家没有主心骨）之际，李太后知人善任，选定忠君体国的张居正担任首辅，忠诚正派的冯保为司礼监掌印太监（相当于皇帝与内阁之间联络人），建立起由她主政、内阁与司礼监协调一致的政权运行体制，稳定了政局。由张居正辅佐小皇帝，并推行"张居正改革"，开辟了明后期一段辉煌历史。

相反，明中期明武宗死后，其母张太后比较软弱，造成内阁首辅杨廷和与少年新君嘉靖皇帝，围绕"大礼议"持续斗争。嘉靖皇帝继承他的堂兄武宗的皇位，上台后欲追尊他的生父兴献王为帝，遭到大臣强烈抵制，文武群臣200多人在左顺门前哭谏。此时嘉靖帝年方15岁，血气方刚，正跃跃欲试，于是下令就地廷杖，当场毙命17人，另有数十人被皇帝打入狱中。

孝庄辅佐两代皇帝

清初孝庄皇后，蒙古科尔沁部人，博尔济吉特氏，名布木布泰，清太宗皇太极之妻，顺治皇帝生母，谥号"孝庄文皇后"。明崇祯十六年（1643），清军对明作战过程中，皇太极去世，朝中当即陷入皇位之争。孝庄利用丈夫生前对正黄、镶黄两旗的指挥权，联合皇太极的十四弟、正白旗旗主、睿亲王多尔衮，达成一个拥戴自己6岁的儿子福临继位、多尔衮与另一亲王济尔哈朗同为摄政王的妥协方案，实现了皇权的平稳过渡。18年后，正值盛年的顺治皇帝突然死于天花，皇位继承危机再现。孝庄果断地否决了选成年亲王即位的意见，而选择了患过天花已具免疫力的8

岁嫡孙玄烨继承皇位。8年后当康熙皇帝欲剪除专权跋扈的鳌拜时，孝庄又出谋划策，一举"智擒鳌拜"。

图14 清太宗孝庄文皇后便装画像

故宫博物院藏

孝庄入关进入紫禁城后，除短暂住在乾清宫之外，一直住在慈宁宫。康熙皇帝为她盖了一座五间的新殿。康熙二十六年（1687）十二月，孝庄皇太后病危，康熙隔着床幔看护，衣不解带，水米不进，昼夜不离左右，并亲自率领王公大臣步行到天坛，祈告上苍，祈求祖母平安。十二月二十五日，孝庄终于走完了她的一生，以75岁的高寿安然薨于慈宁宫，上谥"孝庄仁宣诚宪恭懿翊天启圣文皇后"。根据孝庄的遗愿，她死后没有与皇太极合葬盛京昭陵，而是跟随儿子顺治帝，葬于清东陵大红门附近，称"昭西陵"。因为清东陵祖陵是顺治帝孝陵，孝庄若葬入陵园之内地位很难处理。而在大红门附近，后世子孙们凡来祭祀，先给太祖母行礼，然后入陵依次拜祭。

昭西陵的享殿就是迁建的慈宁宫新殿。康熙帝说："伏思慈宁宫之东，新建宫五间。太皇太后在日，屡曾向朕称善。乃未及久居，遽尔遐升。今于孝陵近地，择吉修建暂安奉殿，即将此宫拆运所择吉处，毋致缺损。着拣选部院贤能官员前往敬谨料理。天气甚寒，务期基址坚固，工程完备。"

道光太后反对"割让香港"

其实，在清朝发挥过重要影响的，还有嘉庆皇帝遗孀孝和睿皇后。据《翁同龢日记》同治五年（1866）四月十六日记载，道光帝的七皇子、后来成为醇贤亲王的奕譞（光绪皇帝生父）回忆：鸦片战争期间，英军攻占浙江定海的消息传到宫中后，道光帝在向太后问安时勉强安慰老人家。"太后厉声曰：'祖宗创业，尺土、一民皆艰难缔造，何今轻弃之耶？'上长跪引咎。"

慈禧自许"周公辅成王"

慈宁宫殿中"仁德大隆"匾，是光绪十年（1884）慈禧五十万寿举行庆典时挂上去的，上钤"慈禧皇太后御笔之宝""和平仁厚与天地同意""数点梅花天地心"等印。这是汉焦赣（延寿）《易林》里的话：师之节、否之贲都有"日月相望，光明盛昌。三圣

图15 美国画家卡尔绘《慈禧太后便服像》屏
故宫博物院藏

茂功，仁德大隆"。近人尚秉和《焦氏易林注》曰："坎月离日，坎西离东，故曰相望。离为光明，坎为圣，离卦数三，故曰三圣，谓文、武、周公也。乾为功、为德、为大、为隆。"总的看，慈禧太后是把自己比作辅成王的周公和乾纲独断的周文、武王。

图16 慈宁宫大殿正中慈禧太后"仁德大隆"匾

　　既然乾隆皇帝明确定义此处是"庆隆尊养",住到这里就是"兰殿颐和尊备养",那么她当然不会搬过来。她五十万寿庆典点题匾额"仁德大隆",可以说是对"庆隆尊养"的回敬。到她六十大寿在外东路太上皇宫殿宁寿宫举行庆典时,在皇极殿正中又挂上此匾。大概在她看来,很有必要重申自己的作用和地位。她对以祖制抵制她的人说:"百年之后,我就是祖宗。"《大清德宗景皇帝实录》光绪二十年(1894)十二月(甲午战争中)记载:"本日御史安维峻呈递封奏,托诸传闻,竟有'皇太后遇事牵制,何以对祖宗、天下'之语。"间接证明此事。

　　晚清不同于晚明,不但有强势的慈禧太后,而且就连不擅长政治的光绪遗孀隆裕太后,也顾大局、识大体,在武昌起义发生后不久,就与革命军达成妥协,顺应民心,率领6岁的宣统皇帝自动逊位,避免国家内战、生灵涂炭,人称"女中尧舜"。

太上皇乾隆花园

乾隆改建外东路为太上皇宫殿，为的是六十年"倦勤"之余，在此颐养天年。因此特别在后寝部分的西路，设计了宁寿宫花园，俗称乾隆花园。这是一条南北长160米、东西宽约40米的狭长地带，于是将南北分隔成四进院落，每个院落都成为正方形，布置成各具特色的四个园林景观。

曲水流觞

第一单元一进门就是高大的湖石假山，曲径通幽，位于全园

图17 晚年乾隆皇帝画像

故宫博物院藏

最南端，取《诗经·小雅·鹿鸣·天保》"如南山之寿，不骞不崩"之意，表达长寿愿望。乾隆皇帝是文人士大夫型皇帝，不像汉代宫殿直接命名"千秋""万年"那样直白，而是以象征千秋的古华楸，命名中心园亭为"古华轩"。轩东山峦上有承露台，轩东南角有曲廊、矩亭、抑斋围成的小院。东南堆砌假山，山上小亭名"撷芳亭"。"东壁图书府，西园翰墨林。诵诗闻国政，讲易见天心。位窃和羹重，恩叨醉酒深。缓歌春兴曲，情竭为知音。"（唐张说诗）在西厢安排了与南书房翰林三月三日曲水流觞、赋诗饮酒的"禊赏亭"，效法他最仰慕的晋王羲之《兰亭序》"修禊"故事。

禊赏亭南连登山斜廊，北山有旭辉庭。禊赏亭内石凿流杯渠，总长27米。南傍假山上有铜缸，缸底有孔，缸中贮水，水随漏孔通过暗道流入流杯渠，又由渠中流出进入地沟。皇帝和大臣们列坐渠旁，两旁有长沿的"羽觞"置于渠水之中，羽觞至某人面前停住，某人便赋诗联句。笔者根据宋代《营造法式》流杯渠图，认为这处流杯渠属于"国字渠"。北京现存古代流杯渠有5处，其他4处在中南海"流水音"、圆明园清夏斋、西山潭柘寺行宫猗玕亭、恭王府花园沁秋亭。

古华轩后垂花门内即第二进院，是厅堂式园林建筑。正房遂初堂，东西有配房、转角廊、倒座廊。遂初堂后第三院以山景为主，院中峰峦起伏，山间有深谷，山下有隧洞通向四方。上山有蹬道，山上有天桥，耸秀亭屹立山顶。院北有萃赏楼，西有延趣楼，东南麓有坐北面南的三友轩，三面出廊，东面靠中路乐寿堂。

图18 禊赏亭下流杯渠

图19 三友轩内的装修隔扇

　　萃赏楼北是花园第四单元。主体建筑是高大豪华的符望阁，符望阁的南山屏之上建有碧螺亭，其造型设计及装修均采用五瓣梅花形或折枝梅花纹。亭南有小虹桥通萃赏楼。南山屏西南养和精舍平面为曲尺形。阁西有玉粹轩，阁北有倦勤斋，玉粹轩北依西墙有小楼竹香馆，外围一道南北向弓形矮墙。倦勤斋南、玉粹轩北接有爬山廊，可达竹香馆二层。

图20 宁寿宫花园玉粹轩明间的通景画　　黄希明供图

图21 如亭什锦透窗　　　　　　　　　　　　黄希明供图

倦勤斋戏台，是室内亭式小戏台，斋内天花及墙壁满裱彩画的藤萝架，画中斑竹篱笆与戏台仿竹篱笆和谐地连接，戏台好似置于藤萝架下。此处"全景画"式天花所绘天顶画和壁画，依据西洋画透视学原理绘制，艺术手法巧妙。比如天顶画的藤萝花朵，不论你在室内哪个角度举目仰望，花朵都朝你所在方向倾注。北壁壁画月亮门下有一只白鹤，是供职清宫的意大利画家郎世宁生前绘制，此处建筑落成于郎世宁去世之后，室内装修由郎世宁的学生法国人王致诚主持，将老师生前作品接裱在新作壁画中。

宁寿宫花园是乾隆时期造园艺术的浓缩，山石树木、亭台楼阁都精心安排，单是屋顶造型就变幻多端，瓦色采用了黄、绿、蓝、紫、翠蓝等，梁枋彩绘大量使用金线苏式彩画。既有苏杭私家园林玲珑秀巧的风貌，又不失皇家园林富丽堂皇的气象。

图22 宁寿宫花园倦勤斋外景

图23 倦勤斋内西洋式"全景画"剧场

图24 倦勤斋小戏台对面的乾隆帝观众席

九　慈禧与储秀宫、长春宫

储秀宫是西六宫之一，慈禧太后少女时代初入宫时即居此宫后殿（即今丽景轩）西配殿，并在此生下咸丰帝的皇子、后来的同治皇帝。为纪念这段光荣的历史，并彰显自己的非凡业绩，慈禧太后50岁生日时对此大加拓展、修饰，形成现存局面。慈禧六十万寿移居西六宫长春宫，七十万寿移居外东路太上皇宫殿后寝部分的乐寿堂。而五十万寿庆典在皇太后礼殿慈宁宫接受朝贺，六十、七十万寿则在太上皇宫殿前朝的皇极殿接受朝贺。从中可见其野心越来越大，独断专行越来越无所顾忌。

家世

慈禧太后为满族叶赫那拉氏，原属满洲"下五旗"的镶蓝旗，被尊为太后之后，"抬旗"入"上三旗"之首的镶黄旗。中国第一历史档案馆研究人员的研究揭示，她的祖上三代为官，虽非达官显宦，但也是四五品官员，属中等官僚家庭，她入宫之前是一位养尊处优的官宦之女。慈禧的曾祖父吉郎阿，字蔼堂，生活于乾隆、嘉庆时期，历任内阁中书、军机章京、内阁侍读、户部银库员外郎、刑部员外郎等职，于嘉庆十九年至二十年（1814—1815）去世。祖父景瑞，监生（太学生）出身，生活于嘉庆、道光时期，曾任刑部员外郎、郎中等职，因受户部银库亏空案牵连入狱，后以重金赎出，不久致仕（退休）。父亲惠征，生于嘉庆十年（1805），也是监生出身，道光八年至十九年（1828—1839）长期任笔帖式之职，二十六年（1846）前补授吏部文选司主事，二十八年（1848）调升吏部验封司员外郎，二十九年（1849）二月列为京察一等，军机处记名，以道府用，同年闰四月升任郎中，兼工部保源局监督，同月放外任山西归绥道道员（正五品）。咸丰二年（1852）慈禧入宫，当年二月他调任安徽宁池太广道道员，为躲避太平天国革命，携带饷银印信逃至镇江，三年（1853）三月被咸丰帝撤职，因是"国戚"的关系，被免于查办，六月初三病死在江苏镇江府，终年49岁。

慈禧的母亲是名门闺秀，其父亲惠显在道光年间历任安徽按察使、驻藏大臣、工部左侍郎兼京营右翼总兵，最后调任归化城（今内蒙古呼和浩特）副都统，为封疆大吏，官居二品。

慈禧生于道光十五年（1835）十月初十，家住现西单辟才胡同。当时她的父亲惠征正在北京部院衙门里任笔帖式，祖父景瑞则在刑部郎中任上，所以其出生地即北京。民间传说她出生于南中（即江南）、归化城、山西，是时空错配。惠征任安徽宁池太广道是在咸丰二年（1852）二月任命，七月到任，当时慈禧虚岁18岁，这年的五月初九她被选入宫，所以慈禧不是出生于南方。慈禧出生时，她的外祖父惠显确实在归化城任副都统，但她的父祖都在京城，所以她母亲不会跑到父亲任所去生孩子。

入宫

慈禧是通过选秀女入宫的。清朝入关后，每3年在八旗内部挑选一次秀女，以备为皇帝确定后妃等后宫人选，同时也为皇子、皇孙、亲王、郡王及亲郡王之子等皇室成员指婚。咸丰皇帝即位时20岁，咸丰元年（1851）应为其选秀女之年，可能在这一年开始进行了这项工作，但选中的秀女进宫则跨到咸丰二年（1852）。根据清宫档案记载，到咸丰元年（1851）十一月二十三日，咸丰帝的后宫中只有一个云贵人，她是咸丰帝做皇子时的侍妾，此时给了"贵人"的封号。选秀女由户部主办，户部行文到八旗的各都统（八旗首长）衙门、直隶各省驻防八旗及外任旗员，将13~17岁的适龄备选女子由族长、领催、骁骑校、佐领、参领等具结报都统，再汇齐咨送户部备案。慈禧在咸丰元年（1851）虚岁17岁，正在参选年龄之内，故由其所在镶蓝旗佐领惠隆（或恩祥）报到都统那里，然后送至户部，又于十二月二十四日由内务府最终呈报咸丰帝。送选的秀女都备有骡车，每人付给车费银一两。参选的女子在神武门外下车，按次序由太监从神武门引入门内，在御花园顺贞门前集合，然后按事先排好的名单顺序，进御花园内等候太后、皇帝选看。

这次选秀女于咸丰二年（1852）二月完成，咸丰帝于当月十一日传旨，将他选中后给了名位和封号的女子陆续召进宫中。慈禧当时的名位是"贵人"，居皇后、皇贵妃、贵妃、妃、嫔之下，常在、答应之上，封号是个"兰"字，故称"兰贵人"。按咸丰

图一 咸丰皇帝朝服像

故宫博物院藏

帝谕旨，贞嫔即后来的慈安太后、云嫔于四月二十七日进宫，而兰贵人、丽贵人（即后来的丽妃）是五月初九入宫。按清朝规章，皇帝与皇后属初婚，方举行大婚礼，皇后乘喜轿由大清门入宫，其余俱由神武门入宫。慈禧时为贵人，只由一顶蓝布小轿将其由神武门抬入宫中。

储秀宫遇喜

根据清宫内务府档案记载，咸丰帝把几位选中的女子安排在储秀宫中居住，有英嫔、兰贵人、丽贵人、伊贵人、璷贵人、玶贵人、玉贵人等。按清宫规定，嫔以上属"内廷主位"，为东西六宫中一宫之主。英嫔在储秀宫女子中为主位，因此住储秀宫后寝即现丽景轩，其余则在东西配殿中居住，兰贵人当时居后殿的西配殿。

兰贵人聪明漂亮，很能博咸丰帝欢心。过了两年，到咸丰四年（1854）二月二十六日，被晋封为懿嫔。当时整个后宫共有10人：皇后（原贞嫔，后来的慈安太后）、云嫔、懿嫔、丽贵人、婉贵人、英贵人（即由英嫔所降）、容常在、鑫常在、明常在、玫常在。据晚清大臣、光绪皇帝的师傅翁同龢在日记中记载，慈禧入宫后一直居储秀宫。又据晚清政坛名人赵凤昌（晚号惜阴老人）转述礼部侍郎李文田（号芍农）听咸丰时宫中太监的讲述："西后（慈禧）先入宫，夏日单衣，方校书卷，文宗（咸丰帝）见而幸之，有娠，始册封。"（《清宫述闻》）懿嫔在夏天里穿着薄薄的单衣，在宫中看书，时虚岁25岁的咸丰帝来到储秀宫，见了心中喜欢，遂幸之，于是怀孕。这是咸丰五年（1855）七月中旬的事情，与实录记载吻合。

诞皇子

懿嫔怀孕6个月时，她的母亲及随行的妇人二名进宫到储秀宫住宿，以照看女儿。进入咸丰六年（1856）正月，产前准备工作便开始进行了。一是刨喜坑，由钦天监博士张熙相中储秀宫后殿明间东边门北边"大吉"地点，于正月二十四日进行，当时即

图2 储秀宫后殿"丽景轩"　　　　　　　　　　　　　故宫博物院藏

由姥姥两名至喜坑前念喜歌，安放筷子、红绸子、金银八宝。喜
坑是备生产后掩埋胎盘、脐带用的。将这些物质埋藏室内，是

古代的习俗。二是正月二十八日经懿嫔亲自挑选精奇呢妈妈里、灯火妈妈里、水上妈妈里各两名，俱系女仆，进内当差。从二月初三日起，再派姥姥两名、大夫六名，上夜守喜，一直到分娩后十二天小满月。三是准备"吗哪哈"（即新生婴儿穿用的衣物等）。四是准备分娩处理胎盘、脐带用的大、小木槽两个和木碗两个、木锹一张、小木刀一把，另由造办处准备吉祥摇车一件。

从二月初三日起，懿嫔食用分例加半。三月初九日，御医得脉象系妊娠近九个月，便挑选嬷嬷（乳母），讨易产名，又从养心殿西暖阁取来大楞蒸刀一把，挂在储秀宫后殿东次间内。三月二十三日，懿嫔坐卧不安，姥姥（接生婆）说似有转胎之象，至未时（下午两点前后）生下阿哥一人。总管太监韩来玉带领大方脉、小方脉（太医院看成人内科和小儿内科的御医），请得懿嫔母子脉息均安，咸丰帝听后大喜。御医见阿哥神色脉纹俱好，即用"福寿丹"开口。同日，咸丰帝发出朱笔谕旨："懿嫔著封为懿妃。钦此。"二十五日，大阿哥"洗三"，宫中从皇帝到皇后以及各妃嫔、太妃、亲王、公主、福晋每人各送礼物一件，谓之"添盆"，又对太监等服务人员予以赏赐。同治帝不是吃母乳长大，懿妃生下他3天便用"回乳生化汤"回乳。接下来是四月初二在储秀宫后殿东次间升摇车，四月初五小满月，四月二十三日满月，七月初三百禄。所有纪念日，都免不了一通赏赐，大阿哥总共得到金银器800余件，衣被鞋帽等560余件，玉器、荷包等70余件。

图4 慈禧生下皇子后晋封"懿妃"的金册，相当于荣誉证书 故宫博物院藏 朱诚如主编《清史图典》

最后一项活动是一周岁时的"晬（zuì）盘"。这项活动从南北朝时即有，男儿用弓、矢、纸、笔，女儿用刀、尺、针、缕，并加饮食之物及珍宝服玩，置于婴儿面前，观其发意所取，以试其贪、廉、愚、智。例如南北朝谢朓《拟宋玉风赋》："晬仪乃豫，冲想云浮。"清宫晬盘用玉陈设2件、玉扇坠2枚、金匙7件、银盒1件、犀钟1双、犀棒1双、弧1张、矢1支、文房用具1份。据档案记载，这位小皇子当日是先抓书，次抓弧、矢，后抓笔。咸丰帝给他起名叫载淳，这就是后来的同治帝。

懿妃省亲

懿妃诞生皇儿9月期满，搞过一次类似《红楼梦》中元妃省亲的活动，咸丰帝特赐她回家省亲一次。在宫中起驾之前，先有太监至其娘家，通知某时某刻娘娘驾到。时刻一到，只见太监、侍卫等群拥黄轿而至，彩仗前导，好不荣耀。娘家母亲率家人、亲戚等排列院中，恭候娘娘驾到。凤轿入府，径趋内堂，太监请娘娘降舆，登堂升座，接受拜见。娘家除母亲和长辈外，一概跪拜叩头，而不是《红楼梦》元妃省亲那样，长辈也下拜。接着是大排宴席，其母在下首陪坐，无关人员概行屏除。只因懿妃诞育了皇子，全家兴高采烈，那气氛自然比元妃省亲时喜庆得多。

五十万寿

慈禧生下皇子后不久，可能即升入后殿正殿，现在丽景轩西稍间，就是她当时的寝室。咸丰七年（1857）七月，她又由懿妃晋封懿贵妃。咸丰十一年（1861）七月十七日，咸丰帝在承德避暑山庄烟波致爽殿病故。载淳作为咸丰帝存世的独苗，自然即位成帝。懿贵妃当时虚岁27岁，母以子贵，被尊为"圣母慈禧皇太后"；咸丰帝生前的皇后钮祜禄氏被尊为"母后慈安皇太后"，表示为正宫太后，位居圣母之上。慈禧的"禧"为幸福之意，与慈安的"安"安宁之意相对应。因此应读一声阴平，而不是喜的异体字。咸丰十一年（1861）九月底，两宫太后从热河回紫禁城，慈禧随慈安定居长春宫，日常则在养心殿照顾同治小皇上。同治十年（1871），慈安迁居东六宫的钟粹宫，长春宫里只留下慈禧一人。这二十九年间，慈禧离开了储秀宫。到了光绪十年（1884），慈禧太后五十大寿，事先一年耗银63万两对储秀宫进行了改造、装修，又在此住了10年。

两宫合一

为了排场，首先拆除了储秀门，将储秀宫庭院与前头的翊坤宫庭院两宫合一，又将翊坤宫后殿改建成穿堂殿——体和殿。这样，原本两座两进的庭院，变成了一座四进的大型庭院，这种做法始自慈禧的丈夫咸丰时期。储秀宫的外檐，采用慈禧太后喜爱的"苏式彩画"，内容有花鸟虫鱼、博古山水、蔬果人物及神话传说，色彩淡雅，风格清秀。玻璃门窗的楠木格子，都做成"万福万寿""五福捧寿"等图案。在储秀宫的廊檐下，还特别安置了一对戏珠铜龙和一对铜梅花鹿。庭院左右墙壁，添建游廊，廊下刻满了大臣撰写的《万寿无疆赋》及"规天矩地"等原本用于皇帝的谀辞。

图5 体和殿外檐所悬"翔凤为林"匾

图6 储秀宫正殿外景

图7 储秀宫游廊下"规天矩地"等原本用于皇帝的谀词

储秀宫内装修更为精美华丽。五间大殿的正中间，迎门为楠木雕刻万福万寿裙板镶玻璃靠背，靠背前设地平台一座，台上摆紫檀木屏风，屏风前设宝座、香几、宫扇、香筒等。正间东西两侧为花梨木碧纱橱，碧纱橱的裙板上雕刻着竹子和玉兰，碧纱橱上面镶着大臣画的兰草、竹子。传说慈禧太后乳名"兰儿"，一生也非常喜欢兰草，因此室内装饰、绘画多以兰为内容。

东西两个次间为休息、娱乐的地方，家具都用名贵的紫檀木制作，陈设品中有精雕细刻的龙凤象牙船、象牙宝塔、缂丝福禄寿三星祝寿图、点翠凤鸟花卉挂屏，以及珍贵的竹簧多宝格、嵌玉石柜橱、脸盆架等。东次与东稍间之间，以透雕缠枝葡萄纹落地罩相隔，上蜡后为深紫色，其实材质为老榆木，而非紫檀或楠木。可见当时进行内装修，也并非不计工本。

西稍间为慈禧太后的寝室，床前硬木花罩上，雕刻着子孙万代葫芦图案，寓意子孙繁盛，是典型的后妃房间装饰。再向里，为第二道床罩，上悬五彩"苏绣"床帐。床上叠放的被子，绣满了龙、凤、花卉，都是十分名贵的丝织品。

当年储秀宫后殿更名丽景轩，变成听戏的地方。原本五间正殿的两面山墙上都开了门，与两面的耳房相通，成为戏台的后台化妆间。正间东侧是花梨木框玻璃碧纱橱，西侧是花梨木雕梅花落地罩。东次间东侧是花梨木雕竹枝落地罩，东稍间东山墙正中特设一丈多长的花梨木雕竹靠背的扶手宝座床，慈禧太后坐在宝座床上，透过层层似隔实不隔的花罩，直接看到西山墙前的小戏台。她的儿子同治帝婚后，此处曾是皇后阿鲁特氏的寝宫，直到去世。慈禧太后不愿再住这里，也是嫌此处不吉利，故改成戏台杀杀阴气。

这是一座绚丽奇妙的小戏台，它朝东的台前是紫檀雕梅花栏杆，台背后是玻璃板墙，而戏台顶棚与北墙壁，是全景的线法画，繁花盛开的藤萝由地面攀缘向上，将整个戏台笼罩在花团锦簇之中。

"猗兰馆"

慈禧生同治帝时应在储秀宫后殿西配殿，尽管在咸丰四年（1854）二月二十六日，她由贵人升嫔成为"内廷主位"，而英嫔却在三年（1853）十月降为英贵人，已不是"内廷主位"。这可以从慈禧五十寿辰改造储秀宫，将后殿西配殿命名为"猗兰馆"得到证实。

"猗兰"，典出《洞冥记》：汉武帝未诞时，景帝梦一赤彘从云中直下，入芳兰阁。帝觉而坐于阁上，果见赤气如烟雾，来蔽户牖，望上有丹霞蓊郁而起，乃改芳兰阁为"猗兰殿"，后来王夫人诞武帝于此殿。慈禧以此为典，显然是表示自己生同治帝于此，同时也与初入宫时"兰贵人"的称号以及她爱兰的性格相符。

慈禧太后住储秀宫时，有宫女20名、如意妈妈4名、嬷嬷12名服侍。这20名宫女名字为贵寿、当福、贵禄、锦云、小竹、小云、翠云、翠宝、小玉、林禄、林祥、小凤、小贵、采禄、福喜、来安、来顺、来喜、翠琪、玉琪。后来一个叫荣儿的宫女，慈禧将她指婚给一个为光绪帝梳头、人称"梳头刘"的太监，一位叫金易的大学先生根据她的回忆写了一本《宫女谈往录》。那12名嬷嬷，据有关专家考证，是为慈禧太后提供食用人乳的产后妇女。

储秀宫庭阶前铜龙、铜鹿、铜缸之间，有一个石凳，凳面好似石枕。故宫老人相传，说是同治皇帝儿时玩乐骑的石马，一直留在原地，也是慈禧作为母亲，对英年早逝的儿子的纪念。在储秀宫庭院举目远望，正看到西南方雨花阁屋顶飞龙似腾空而降。于是清宫又有传说，有一天雨花阁铜龙飞来储秀宫铜缸里饮水，饮罢，顺便在阶前枕着这个石枕睡了一觉。

六十万寿

清中期之后，内廷妃嫔数量逐渐减少。先是乾隆时期将东六宫之一的景阳宫改为图书室，把后殿寝宫改名"御书房"，收藏宋高宗书《毛诗》、马和之绘《诗经图》卷，乾隆御题匾额"学诗堂"。西六宫之一长春宫，明代为妃嫔所居，明天启年间李成妃曾居此宫。清代乾隆皇帝的孝贤皇后住长春宫，死后在此停放灵棺。咸丰九年（1859），将长春宫与启祥宫二宫合一。拆除长春宫宫门，将启祥宫后殿寝宫改为穿堂殿——"体元殿"，不再住人；长春宫前殿改作寝宫，原后殿寝宫变成文化活动场所"怡情书史"。同治年间至光绪十年（1884），慈禧太后一直在此宫居住。继五十万寿在储秀宫度过，六十万寿又重回长春宫，加以修缮增饰。明间设地平宝座，上悬"德洽六宫""敬修内则"等匾额。左右有帘帐与次间相隔，梢间靠北设落地罩炕，为寝室。殿前左右设铜龟、铜鹤各1对。东配殿曰绥寿殿，西配殿曰承禧殿，各3间，前出廊，与转角廊相连，可通各殿，廊内壁上绘有18幅以《红楼梦》为题材的巨幅壁画。

图8 长春宫

图9 长春宫明间宝座

图10 长春宫西次间

图11 长春宫东稍间

慈禧自比贾母

《红楼梦》问世以来一直广受欢迎，虽一度被列为"淫书""禁书"，但屡禁不止。故宫博物院成立之初，章乃炜搜集文献、逸闻编著的《清宫述闻》里提起：道光皇帝让侍卫在外边搞点书进来，这个侍卫会错意，给道光皇帝买来《金瓶梅》和《红楼梦》，结果遭到皇上一顿痛斥。晚清慈禧太后非常喜欢《红楼梦》，每每把自己比作书中的贾母史太君。

《红楼梦》壁画

为庆祝慈禧太后六十生日而修缮、装修西六宫长春宫，在东西配殿与前后殿相连的走廊墙壁上，创作了18幅以《红楼梦》故事为题材，以西洋绘画透视原理绘制的大型"线法画"《红楼梦》壁画。包括"贾宝玉神游太虚境""琉璃世界白雪红梅""宝钗扑蝶""史湘云醉卧芍药圃"等情节。最奇妙的是走廊尽头的一幅画面，也按透视原理绘制相同的游廊，经过此处的人若不注意，真会误撞壁上。故宫博物院彩画专家透露，据早年在老北京彩画行所闻前辈彩画匠师传说，这些壁画基本上创作于光绪二十三年（1897），作者是两人。人物由人称"古彩堂"的彩画匠师创作，此人学艺于鼓楼东大街的一家佛像铺，晚年还弃艺从教，在家乡设馆教书，可知他颇有才华，对《红楼梦》有心得体会，当时他40多岁。衬景则是由内务府营造司彩画师陈二先生绘制。

图12 长春宫游廊《红楼梦》壁画

如意馆画师底稿

中国国家博物馆藏有一套大型《大观园图》横披，高1.37米，长达3.62米，也是晚清作品。全图展现了蘅芜苑、凸碧山庄、蓼风轩、凹晶馆和牡丹亭五处不同形式的建筑，及以其为背景大观园女儿国人们生活活动的场景，有"秋爽斋偶结海棠社，蘅芜苑夜拟菊花题""林潇湘魁夺菊花诗，薛蘅芜讽和螃蟹咏""占旺相四美钓游鱼""憨湘云醉眠芍药裀""凸碧堂中秋赏月"等，共绘制173位人物。

图13 中国国家博物馆藏清人绘《大观园图》局部「占旺相四美钓鱼」

这两处绘画内容相同、画风接近,长春宫壁画绘制更精美些,技法也更熟练,笔者认为它应是在清宫如意馆画师主导下绘制的。清宫内廷书画创作机构叫"如意馆",在乾隆时期达到极盛,后来国家内忧外患,至道光以后沉寂下来。1860年英法联军入侵北京后,至1894年甲午战前,其间30多年,北方时局稍微稳定一点,当政的慈禧太后喜欢绘画,于是在故宫北五所重整如意馆,"画工皆苏州人"(夏仁虎《清宫词》)。长春宫《红楼梦》壁画有显著的清代宫廷绘画特点,应是供奉如意馆的苏州画师们画好底稿,而由彩画师画在墙壁上的。

图14 慈禧太后绘《鱼藻图》轴

故宫博物院藏

十　光绪被害真相

光绪皇帝载湉，道光皇帝之孙，道光帝皇七子醇亲王奕譞之子。咸丰皇帝为道光皇帝皇四子，其独子同治皇帝早逝后，慈禧太后懿旨由5岁的载湉继位。到光绪十三年（1887），光绪帝虚岁17岁，慈禧太后开始为他张罗婚姻大事。

体和殿选妃

据晚清太监唐冠卿回忆，光绪十三年（1887）冬，慈禧太后为光绪帝选后妃，地点就在储秀宫前穿堂殿体和殿。召备选的各大臣家女儿进内，依次排列。参选者5人，首列叶赫那拉氏，系都统桂祥之女，慈禧太后的内侄女；其次是江西巡抚德馨的两个女儿；最后为礼部左侍郎长叙的两个女儿。当时慈禧太后在靠后窗户的一张长桌后面南而坐，光绪帝侍立，恭亲王奕䜣的女儿荣寿固伦公主及几位福晋、命妇立于座后。长桌上放着镶玉如意一柄、红绣花荷包两对，为定选证物，也即为选中的人准备的定情礼物。清宫旧例，选为皇后的，赐如意；选为妃嫔的，赐荷包。慈禧太后手指诸女孩对光绪帝说："皇帝，谁堪中选，你自己裁

图1 光绪皇帝朝服像　　　　　　　　　　　　故宫博物院藏

决。合意做皇后的，递给她如意就行了。"说着，就将如意交给了光绪帝。光绪帝说："这是大事，当由皇爸爸主之，子臣不能自主。"慈禧太后仍坚持由皇帝自由选择。于是光绪帝拿起如意来到德馨的长女面前，刚要把如意交给她，却听太后大声叫："皇帝！"同时歪着嘴示意要他交给排在最前头的姑娘。光绪帝先是愕然，后才明白太后是想要她的内侄女做皇后。不得已，只好将如意递给桂祥之女。慈禧太后心想皇帝属意德馨之女，即使选为妃嫔，将来必有夺宠之忧，于是抛下由皇帝自主的虚情假意，不容他再选，立即命荣寿公主将两个荷包授予长叙的两个女儿，而将德馨两女排除在外。

桂祥之女是慈禧的内侄女，也是光绪帝的生母醇亲王奕譞嫡福晋的内侄女，因为慈禧与光绪帝的生母是姐妹。因此，光绪帝与桂祥之女是表姐弟关系。光绪大婚的迎娶礼在光绪十五年（1889）正月二十七日举行，瑾嫔、珍嫔提前一天入宫，二人分别15岁、13岁。

德馨家长女落选后，后来与一个名叫占鳌的世家子弟结婚，夫妻生活很美满，比入宫为后妃的女子不知幸福多少倍。据德馨、占鳌两家亲友讲，这个女子的长相与当时名旦余玉琴的舞台形象十分相似。又据内务府人员透露，光绪帝非常爱看余玉琴的戏，常常传他进宫演戏，每次都赐给很厚重的赏银。这大概是对自己意中人的一种怀念吧！真是"望美人兮天一方"！

宫监说珍妃

如前所述，光绪大婚过后，皇后住在钟粹宫，瑾妃住在永和宫，珍妃住在景仁宫，都在东六宫，而光绪帝却在西六宫前头的养心殿。在宫中太监、宫女眼中，宫廷生活没那么复杂高深和政治化。故宫博物院成立之初，相关人员访问过不少出宫不久的太监，《清宫述闻》记录，一位陈姓老宫监评论光绪皇帝在一后二妃中为什么独爱珍妃："皇后脾气特别，瑾妃娘娘身体肥胖，惟珍妃娘娘美，又能讨万岁爷喜欢。"他认为这三位女子，只有珍妃娘娘差强人意，光绪帝也只有勉为其难了。

珍嫔于光绪二十年（1894）升为珍妃，但刚过了十个月，就被慈禧太后降为贵人，比原名号还低一格。降的原因，慈禧太后懿旨称是"干预朝政"和服饰"习尚浮华"。一时期人们说成是支持光绪帝戊戌变法，所以惹恼了慈禧太后。其实，戊戌变法在光绪二十四年（1898），并不在二十年（1894）。而恰恰在变法之前，光绪二十一年（1895），慈禧太后又赏还了珍妃的皇妃称号。其真正原因，陈老太监说："照例，皇上可以随意宣召后妃，故万岁爷常传珍妃娘娘。那时，皇后住钟粹宫，珍妃娘娘住景仁宫，瑾妃娘娘住永和宫。皇后听得珍妃娘娘常常入侍，心大不悦，常于老佛爷面前诉说。"光绪帝住在西六宫南边的养心殿，这三位住处都在东六宫，隔着乾清宫大老远天天请珍妃。瑾妃是珍妃的姐姐，也就不计较；皇后是慈禧太后娘家侄女，岂能咽下这口窝囊气，就跑到姑姑面前"投诉"。可是老太后也不能明目张胆干涉人家夫妻的私事，就找了个冠冕堂皇的理由，教训他们两人。

实际上这还是夫妻的感情问题，这倒与寻常百姓家并无二致。

"月影井中圆"

珍妃与光绪帝感情融洽，戊戌变法时珍妃支持变法维新。因此，变法失败，慈禧太后将光绪帝囚禁在南海瀛台，将珍妃先后囚禁在宫中西路北端建福宫、东路北端北五所寿药房等处，最后迁至外东路景祺阁后院的小屋子里。

这个地方名叫东北三所，正门一直关着，上面打上了内务府的十字封条，看守人出入走西边的腰子门。珍妃被关在北房三间的最西头一间，屋门从外面倒锁着，窗户有一扇是活的，吃饭、洗脸，由下人把食物、水从窗外递进去。珍妃吃的是普通下人的饭，平常不准与人说话。每逢过年过节和每月初一、十五，也就是别人高兴的时候，看守她的老太监代表慈禧太后，要对她进行申斥。申斥在午饭时进行，老太监指着珍妃的鼻子，列举珍妃的"罪过"，让珍妃跪在地上聆听。申斥完，珍妃必须向上叩头谢恩。珍妃就这样过了3年囚徒的生活。

光绪二十六年（1900），八国联军进攻北京，七月二十一日早晨，慈禧太后带上光绪皇帝逃离北京。就在出逃的前一天，慈禧太后实施了她蓄意已久的杀害珍妃的罪恶计划。

这天中午，慈禧太后在她当时居住的乐寿堂睡足了午觉，醒来后，匆匆洗把脸，烟也不吸，宫女送上来的冰镇菠萝也顾不上吃，什么话也不说，铁青着脸，就向乐寿堂后头的颐和轩走去。原来，在吃午饭的时候，她就秘密吩咐领班太监崔玉贵，传珍妃于下午两点整到颐和轩。

这时，崔玉贵和太监王德环来到东北三所，叫开关着的门，把珍妃带到颐和轩。珍妃一张清水脸，头上的"两把头"（晚清满族妇女头饰）摘去两边的络子，身穿淡青色绸子旗袍，脚穿平底缎子鞋。这是待罪妃嫔的装束。

珍妃来到颐和轩，慈禧太后已坐殿中。太后说："洋人要打进城里来了，外面乱糟糟，谁也保不定怎么样，万一受到污辱，那就丢尽了皇家的脸，也对不起列祖列宗，你应当明白。"这意思很明白，就是要珍妃死。珍妃愣了一下，说："我明白，不会给祖宗丢人。"慈禧见珍妃不松口，又说："你年轻，容易惹事！我们要避一避，带你走不方便。"珍妃据理不让，说："您可以避一避，可以留皇上坐镇京师，维持大局。"这话戳了慈禧挟持天子的痛处，她恼羞成怒，呵斥说："你死到临头，还敢胡说！"珍妃说："我没有应死的罪！"慈禧说："不管你有罪没罪，也得死！"珍妃说："我要见皇上一面，皇上没让我死！"这话就是说，你管不着。慈禧嚷道："皇上救不了你。把她扔到井里去，来人！"

就这样，崔玉贵和王德环一起，连推带拉，把珍妃推进了贞顺门里的水井里。珍妃一路呼喊皇上，最后大声叫道："皇上，来世再报恩啦！"

故宫博物院老人曾采访晚清太监唐冠卿，唐称：庚子（1900）联军入侵，予率40人守乐寿堂，突见慈禧太后一人自内出，至乐寿堂左，循西廊行，抵角门转弯处，遽曰："汝可在颐和轩廊上守候。"总管崔玉贵来，扶太后出角门西去。少顷闻珍妃至，砰然一响，想妃已坠井矣。

图2 外东路北端贞顺门里"珍妃井"

珍妃被害后第二年，慈禧太后从西安回到北京，七月初四，将珍妃安葬在城外恩济庄内务府茔地。慈禧死后，珍妃的姐姐瑾妃被宣统朝尊为皇太贵妃。辛亥革命后的民国二年（1913），珍妃的陵墓由恩济庄迁到清西陵光绪崇陵旁。为了纪念妹妹，瑾妃在珍妃遇害的水井旁，立了一个小小的灵堂，名叫"怀远堂"，里面供着珍妃的牌位。牌位上头，挂着一块横匾，上书"精卫通诚"四字，颂扬珍妃对光绪的一片真情。这个灵堂，就是贞顺门门道东侧的小屋。珍妃遇害的水井，被人们称为"珍妃井"。据晚清私人笔记记载，珍妃幼时与姐姐瑾妃居杭州，9岁能诗，曾赋"月影井中圆"句，谁知竟成自己不幸命运的谶语。

百年雪沉冤

光绪三十四年十月二十一日（1908年11月14日）18时33分，戊戌变法失败后被慈禧太后囚禁于中南海瀛台的光绪帝去世，年仅38岁。然而令人倍感蹊跷的是，就在光绪去世后的第二天，即二十二日下午未时（13时至15时），他的政敌慈禧太后也病死。二人年龄相差近一倍，在不到20小时之内相继离世。从那时起，光绪帝死因就成为近代史上的一桩迷案。清朝官方编写的《德宗实录》（光绪帝庙号"德宗"）当然对"正常死亡"记载得滴水不漏；20世纪七八十年代有关机构研究了光绪帝的医案（病历），也可以看出是渐进性病变，最终死亡。这种观点逐渐为越来越多的人所接受，但以深谙皇家典故的文史学家启功先生为代表的一些人士颇不以为然。

慈禧赏酸奶

《启功口述历史》记述他的曾祖父、时任礼部尚书溥良目睹慈禧去世前一天发生的事情：

就在宣布西太后临死前，我曾祖父看见一个太监端着一个盖碗从乐寿堂出来，出于职责，就问这个太监端的是什么，太监答道："是老佛爷赏给万岁爷的塌喇。""塌喇"在满语中是酸奶的意思。当时光绪被软禁在中南海的瀛台，之前也从没听说过他有什么急症大病，隆裕皇后也始终在慈禧这边忙活。但送后不久，就由隆裕皇后的太监小德张（张兰德）向太医院正堂宣布光绪皇帝驾崩了。接着这边屋里才哭了起来，表明太后已死，整个乐寿堂跟着哭成一片，在我曾祖父参与主持下举行哀礼。其实，谁也说不清西太后到底是什么时候死的，也许她真的挺到光绪死后，也许早就死了，只是密不发丧，只有等到宣布光绪死后才发丧。这已成了千古疑案，查太医院的任何档案也不会有真实的记载。但光绪帝在死之前，西太后曾亲赐他一碗"塌喇"，确是我曾祖亲见亲问过的，这显然是一碗毒药。而那位太医院正堂姓张，后来我们家人有病还常请他来看，我们管他叫张大人。

此书为启功口述、其他学者整理，在2005年启功先生逝世这一年出版，此说早在后来科学鉴定光绪帝死因很久之前。启功先生指出，在这些关键问题上，《德宗实录》不实。该书还提及咸丰十年（1860），英法联军入侵北京，咸丰帝带着皇后即后来东太后慈安、西太后慈禧及皇子同治，逃到热河。英法联军撤出北京后，咸丰明确地吩咐西太后带着她生的儿子同治回北京，言下之意是自己不准备再回朝执政，而把大权交给西太后和同治了，这也正是西太后日后能独掌大权的原因。"而咸丰最后在热河自杀了，至于具体怎么死的不知道。但他指着同治对慈禧特意说的'你带着他走吧'的话，用意是再明显、再清楚不过的了。这恐怕也是史书中缺载的。"

遗骨成铁证

　　光绪皇帝已经去世百年，无法申辩，但他的遗骨还在。光绪皇帝去世后，地宫尚未建成，他的梓宫在北京和西陵地上停放了5年零两天，直到1913年11月16日，才和当年正月去世的隆裕太后一起下葬"崇陵"。但是，仅仅25年后，崇陵地宫即被盗掘。此后在长达42年的时间里，崇陵地宫一直未进行过必要的清理，只是简单地将盗洞用砖头填塞。1938年深秋再次被盗，地宫内的随葬物品几乎被洗劫一空。1980年6月，在国家文物局的指示下，文物部门对崇陵地宫进行了保护性清理。

图3 位于河北易县清西陵的光绪帝崇陵

　　当时地下情形是，盗墓者将光绪棺椁前端的档板凿开一个直径约3尺的圆洞，光绪皇帝的遗体被部分拉出棺外，两条小腿垂在外面。光绪棺内相对比较干燥，身穿的衣服还依稀可见，但已部分腐烂，此外没有发现其他衣物、铺盖等。其随身佩带的装饰物也几乎被盗空。尸骨下面垫有一层6厘米厚的檀香料，檀香料下面还有4厘米厚的青灰色粉面。棺内有围锦13层（相当于在世时龙床床幔）。

隆裕太后的棺椁被揭开顶板，棺内的随葬物品基本上被盗一空。由于被揭开棺椁顶板，加之地宫内进了空气，经常潮湿，长年滴水，棺内已呈烂泥状。隆裕的尸骨和发辫，就是从烂泥中清理出来的。

清理完棺内外的遗物和尸骨后，光绪和隆裕的尸骨分别装入塑料袋封好，再分别装入两个特制的木箱，然后将木箱分别放进地宫内的两具棺椁内，最后修复帝后的棺椁，修整地宫内的墓道。当时文物法尚未颁布，为了探究光绪死因，清理过程中，当地文物管理部门有意留取了光绪帝、后的发辫、遗骨等遗物，想对它们进行检测，但由于当时的技术水平有限，没能实现，于是郑重地在文物库房中保藏起来。这些遗物所包含的信息除了自然损耗外，没有受到任何外来因素的干扰和破坏。这些遗物主要包括：光绪和隆裕棺椁内的围锦，多数是相连的碎片，只有四块相对较完整；光绪帝的部分骨骼，包括肋骨、肩胛骨、椎骨等；光绪帝发辫一条；隆裕发辫一条；光绪的葬衣6件，包括比较完整的龙袍及衣裤残片。这些保存在清西陵的光绪遗物，就成为昭雪百年沉冤的最有力证据。

死于砷中毒

2000年前后，国家重点文化项目清史修纂工程上马。2003年开始，经各级文物行政管理部门批准，由清西陵文管处、北京市公安局法医检验鉴定中心、中国原子能研究院反应堆工程研究设计所29室联合对光绪死因进行检测分析和综合研究，后来又由国家清史编纂委员会纳入"国家清史纂修工程重大学术问题研究专项课题"。法医学专家按照侦查破案、"无罪推定"等原则，依据法医工作规范，充分利用"中子活化""X射线荧光分析""原子荧光亮度""液相色谱/原子吸收联用"等最新科技手段，首先重复检测了光绪帝发样。检测结果出人预料，砷（砒霜）含量最高值达2 404微克/克，是正常人的2 000多倍。权威研究表明，当代人头发正常砷含量应为0.14～0.59微克/克。将光绪帝与同时代、同在宫中生活的皇后隆裕比较，她头发中的砷含量为9.20微克/克，是光绪头发上砷值的1/261。研究人员又提取了同时代一个草料官的头发进行测试，其头发含砷值为18.2微克/克，是光绪头发上砷含量的1/132。这些数字都远远低于光绪头发中的砷含量值。课题组还研究排除了光绪帝药物、食物慢性中毒的可能性，最后集中到一次性投毒。

肠胃满砒霜

课题组对葬衣样品的检测结果显示，三件较完整的上衣，胃区部位、系带和领肩部位的含砷量较高；而两件上衣残片的砷含量，又远远高于相对完整的葬衣。从尸体的特殊部位看，葬衣掉落下来的残渣（即胃肠内容物）的砷含量极高，说明大量的砷化合物曾留存于光绪尸体的胃腹部，并随着尸体腐败，由里向外侵蚀衣物，由此造成葬衣被以胃内容物为主的高含砷物质侵蚀沾染；裤子后内层被以肠内容物为主的高含砷物质侵蚀沾染；其骨骼被胃肠内高含砷物质直接沾染；而其葬衣的领肩部位和头发上的高含量砷，则源自尸体的溢流沾染。一句话，光绪帝死前服下巨量砒霜，足以使他死几次。笔者认为，这就是老佛爷赏他的那碗酸奶。

根据历史档案和启功先生的记述，慈禧太后死于当时难以治疗的痢疾，死前一直头脑清醒，光绪帝死后还能指定溥仪为皇位继承人。以当时的条件、环境而论，如果没有慈禧太后的主使、授意，谁也不敢、不能下手杀害光绪。慈禧蓄意谋杀光绪已非一日，早在戊戌变法后，就已酝酿废立与弑杀阴谋，但迫于内外压力迟迟未敢动手。至此自知势将不起，也没什么可顾忌的了。与其自己先死，光绪复出掌权，尽翻旧案，不如同归于尽。当时溥良等朝中大臣，都知道光绪帝状况平稳，就算是耗时间也比年逾古稀的慈禧太后能耗，讵料一碗"塌喇"就令其一命归西。2008年11月14日，光绪帝逝世100周年，研究结果公布，想有一番作为、苦命的光绪帝，总算沉冤昭雪。

余 篇

从皇宫到博物院

辛亥革命之后，紫禁城变成"清宫"，逊帝溥仪出宫之后，清宫变成"故宫"。紫禁城宫殿从明清两朝皇宫转变为博物院，是分两阶段、通过两个举措实现的。民国二年（1913）起运盛京皇宫、热河离宫文物，在紫禁城前朝部分成立古物陈列所，是中华民国政府（史称"北洋政府"）与逊清皇室联合的行动。这23万多件文物除在集中起运时做了登记，到京后又成立了整理编目组织，由国务院、内务部、清室三方组成，编目造册，送三方各一份。民国十三年（1924）冬冯玉祥发动"北京政变"，成立"摄政内阁"，修改辛亥革命期间南京民国临时政府与清室达成的"清室优待条件"，驱逐溥仪出宫，成立"清室善后委员会"，分别清室私产和国家公产，依法将紫禁城宫殿及其中文物收藏收归国有，于1925年10月10日成立"故宫博物院"。

一　从辛亥革命到古物陈列所

近年来关于辛亥革命的研究取得新进展。近代史研究专家杨天石先生撰《辛亥革命的再认识》认为：辛亥革命是在一个幅员广大、面积一千多万平方公里的超级大国里，结束了长达两千余年的君主专制制度。但是从武昌起义到南京临时政府成立、中华民国诞生，前后不过80多天。如果从兴中会成立算起，也不过17年。孙中山本人也估计，革命成功，至少需要30年。但是辛亥革命的胜利出奇地迅速，而且代价很小，并没有出现大量死人、血流成河的恐怖场面。用孙中山自己的话来说，就是"太过迅速、容易，未曾见有若何牺牲及流血"。

一系列起义中有9个省会城市是由新军进行的，进展顺利，没有战事，或者没有重大的战事，在半天、一天，至多在两天之内，甚至于在不到40分钟之内就完成了任务，清廷的地方督抚、将军，大都处于不抵抗状态，另外有5个省会城市"和平独立"，江苏苏州、广西桂林、安徽安庆、广东广州、四川成都等城市，都是和平独立，也大多过程迅速，没有破坏和流血、牺牲。革命党正确对待清朝统治者，实行了一次人道主义的文明革命。

始终维护国家统一

宣统三年十二月二十五日（1912年2月12日），清廷以"奉旨：朕钦奉隆裕皇太后懿旨"名义，连发三道谕旨，宣布"逊位"。第一道，被称为"著为立定共和立宪国体由袁世凯组织临时共和政府事谕旨"；第二道，被称为"著为现将新定国体大小官员均宜慎供职守事谕旨"；第三道，"著为与民军议定优待皇室等条件事谕旨"。第一道也被称为"清帝退位诏书"，第三道即"优待皇室各条件"。

"清帝退位诏书"

第一道谕旨：

奉旨：朕钦奉隆裕太后懿旨：前因民军起事，各省响应，九夏沸腾，生灵涂炭。特命袁世凯遣员，与民军代表讨论大局，议开国会，公决政体。两月以来，尚无确当办法。南北暌隔，彼此相持。商辍于途，士露于野。徒以国体一日不决，故民生一日不安。今全国人民，心理多倾向共和。南中各省，既倡议于前；北方诸将，亦主张于后。人心所向，天命可知。予亦何忍因一姓之尊荣，拂兆民之好恶？用是外观大势，内审舆情，特率皇帝，将统治权，公诸全国，定为共和立宪国体。近慰海内厌乱望治之心，远协古圣'天下为公'之义。……总期人民安堵，海宇乂安，仍合满、汉、蒙、回、藏，五族完全领土，为一大中华民国。予与皇帝，得以退处宽闲，优游岁月，长受国民之优礼，亲见郅治之告成，岂不懿欤！钦此。

这是隆裕太后代表6岁的皇帝溥仪颁布的"退位诏书"。所以清朝结束的具体日期是1912年2月12日，而不是笼统的辛亥革命发生的1911年。此诏经南京临时参议院讨论后，由袁世凯转交清廷公布。这个文件是晚清状元、时在南方临时政府的张謇及其幕僚杨廷栋起草，张謇润色定稿，再发至北京由袁世凯改定后正式颁布。此诏为近代天津四大书家之首、时任"阁丞"的华世奎手书。袁世凯时任"内阁总理大臣"。

图1 "清帝退位诏书" 中国国家博物馆藏

此文虽是"官样文章"，而且其中不少话出于无奈，例如"民军起事，各省响应，九夏沸腾""南中各省，既倡议于前；北方诸将，亦主张于后"。但有些话却也不乏出自真情，比如"人心所向，天命可知"，尤其"予亦何忍因一姓之尊荣，拂兆民之好恶"，还是诚恳而富有感染力的。我国古代很多经典出自档案文书，比如《尚书》里的《泰誓》《牧誓》都是演讲稿。清廷主动"逊位"，总比重复以往革命之际，天下大乱、生灵涂炭、社会生产力每每遭受一场大破坏的历史轮回进步了许多。民国二年（1913）隆裕太后逝世后，民国副总统黎元洪唁电称赞隆裕太后"德至功高，女中尧舜"，太和殿灵堂正中高悬"女中尧舜"题额。

郑重的政治交代

中国历史上最后一个封建王朝清朝，康、雍、乾三朝一直致力于维护国家统一、边疆安定。康熙帝不惜三次"御驾亲征"分裂势力以及外国侵略者；乾隆帝展开"十全武功"；即使进入国势衰落的道光时期，也果断平定回部大小和卓余部张格尔在英帝国主义支持下发动的叛乱，维护国家统一。作为宣布清朝终结的"清帝退位诏书"，依然明确宣示维护国家统一。谕旨中"总期人民安堵，海宇乂安，仍合满、汉、蒙、回、藏，五族完全领土，为一大中华民国"，在退位之际仍不忘强调：除汉族人民居住的中原地区之外，满族人民居住的东北地区，蒙古族人民居住的蒙古地区，维吾尔族人民（清朝称之为"回部"）等居住的新疆地区，藏族人民居住的西藏地区，这五族的完全领土，共同进入一个伟大的中华民国。这好似对继任者的嘱托，反映了中国各民族上下合力、四海同心，共同维护民族团结、国家统一亘古不变的坚定意志。

"清室优待条件"

第三道谕旨内含"甲,关于大清皇帝辞位之后优待之条件","乙,关于清皇族待遇之条件","丙,关于满、蒙、回、藏各族待遇之条件"。其中甲简称"清皇室优待条件"或径作"清室优待条件",开宗明义,特别申明:"今因大清皇帝宣布赞成共和国体,中华民国于大清皇帝辞位之后优待条件如左。"其中"第一款:大清皇帝辞位之后尊号仍存不废,中华民国以待各外国君主之礼相待",也就是仍享受元首待遇。"第二款:大清皇帝辞位之后,岁用四百万两,俟改铸新币后改为四百万元。此款由中华民国拨用。""第三款:大清皇帝辞位之后暂居宫禁,日后移居颐和园。""第七款:大清皇帝辞位之后,其原有之私产由中华民国特别保护。"

放弃政权的崇报

文件中明确表示大清皇帝"赞成共和国体",主动"辞位"。民国给予隆裕太后的"女中尧舜"的评价,出自《宋史·英宗宣仁圣烈高皇后传》:"临政九年,朝廷清明,华夏绥定……人以为'女中尧舜'。"1925年北上京师的孙中山先生,通过秘书处给被逐出宫的清室的复函也指出:"民国元年(1912)之所以有优待条件者,盖以当时清室既允放弃政权,赞成民治,消除兵争,厚恤民生,故有优待之崇报。"

"古物陈列所"成立

根据第三道谕旨第三款"大清皇帝辞位之后暂居宫禁，日后移居颐和园"及第七款"大清皇帝辞位之后，其原有之私产由中华民国特别保护"。辛亥革命后清室暂住宫禁，腾出中南海作为大总统办公处所，天安门以南建筑也交由民国政府作为公用。民国二年（1913）1月1日，皇城禁地天安门外东西长安门开放，东西长安街贯通。社会各界呼吁政府让清室履行迁居颐和园的声音也此起彼伏。民国政府则考虑盛京皇宫、热河避暑山庄及各处行宫文物的安全。经过历朝历代累积，盛京皇宫、热河离宫至晚清积累了大量文物、财产。盛京皇宫远在关外，热河一带匪患横行，逊清皇室固是无能为力，北京政府也是鞭长莫及，这些财产安全受到极大威胁，北京古玩市场已经出现来自这两处的文物。于是在1913年底，内务总长朱启钤（字桂辛）首先呈明大总统袁世凯，决定将盛京皇宫、热河离宫两地各宫苑所藏各种宝物，"辇致"京师紫禁城，筹办古物陈列所。同时商得逊清皇室同意，使此事成为政府与逊清皇室的联合行动。

热河文物运京

1913年10月，内务部派杨乃赓、赵秋山偕同随员十余人，与清室内务府所派文绮、曾广龄等，赴热河清理避暑山庄各宫殿、景点内陈设物品。由于避暑山庄景点及各处行宫分散，物品需集中一处方可起运，所以在承德设立了起运陈设处，各景点物品均汇集到承德，而后由承德出发，先由滦河水路运至滦州，再转乘火车运回北京。热河一带山岭连绵，道路崎岖，加之匪患严重，运输极为不便。从11月18日开始，经过一年时间，至1914年10月28日运输才结束。运至北京的文物，前后7批，计1 949箱，约117 700件。

美术史界还有一种说法，说1912年12月熊希龄出任热河都统，看到行宫内文物古玩的盗卖现象非常严重，加之行宫房屋年久失修，便连续两次呈文袁世凯，要求修整避暑山庄，整理其中所存文物，并建议将文物装箱运往北京，作价卖给民国，以保存国宝。不久此项建议获得袁世凯批准，于是自1913年5月开始，熊希龄便委设清理员清查行宫文物，故内务部起运两地文物从热河开始。

盛京文物运京

在起运热河文物的同时，1914年1月，内务部又派治格、沈国钧偕随员十余人，与清室内务府所派福子昆等，赴盛京故宫起运文物。沈阳至北京交通便利，辽宁省方面包括都督张锡銮，遵照中央政府命令积极协助。内务部有了热河文物起运的经验，专门请北京奇古斋古玩店10位专业人士一同前往，负责文物包装、装箱，所以盛京文物起运十分顺利。从1月23日起，至3月24日便结束。共分6批，计文物1 201箱，合114 600多件。

热河离宫、行宫、盛京故宫文物是清代皇家藏品的重要组成部分，运回紫禁城，也是原业归宗，由中央政府直接管辖，是合情合理的。

"前朝"宫殿所址

古物陈列所成立前后，紫禁城前朝部分可视作民国政府与清室共管共用。就在让清室履行迁居颐和园的呼声此起彼伏之际，1913年3月29日，隆裕太后逝世。民国政府为她举行国葬，在太和殿设灵堂公祭三日，负责治丧事务的是交通总长朱启钤。所以有研究者指出从此时起，三大殿已归民国政府管理。10月10日，袁世凯也是在太和殿举行大总统就职典礼。但外廷部分的防卫，还是由清室所属"护军"4 000余人负责。古物陈列所人员出入门禁，要向"管理左右两翼前锋八旗护军营"领用门证，接受查验放行。

热河、盛京两处文物陆续运到紫禁城之后，均堆放在武英殿。1913年12月29日，内务部令办古物陈列所，当即向"管理左右两翼前锋八旗护军营事务处"借用武英殿西配殿的北边两间，作为该所筹备处。次日即30日，筹备处即迁入办公。内务部任命王曾俊为该所副所长，并到所上任。

国立博物首馆

1914年2月4日，是古物陈列所成立日。这一天，启用内务部所颁木质印章"内务部古物陈列所之章"。这标志着中国近代第一座国立博物馆诞生。民国政府有令在先，有藏品、有机构、有副所长、有馆址。但比起11年后成立的故宫博物院，古物陈列所的成立显然是低调的，这一天没有任何仪式。3月27日，大总统袁世凯令原清室护军都统治格任古物陈列所所长。

古物陈列所成立的同时，便着手在原宫殿建筑中改建陈列室，并筹建库房。2月，内务部令将武英殿及其后殿敬思殿改造为陈列室，并在两殿之间修建过廊，使前后两殿联成工字形。所用木料是拆用西华门外部分破损连房的旧料。改建工程于3月1日开工，至11月底竣工。

古物陈列所正式运作不久，为适应陈列展出需要，在宝蕴楼落成之后，又进行了文华殿改建工程，仿西路武英殿展厅格局，将文华殿与后殿主敬殿联成工字形。改建工程于1915年6月开工，1916年10月竣工。

文物库宝蕴楼

1914年6月，内务部古物陈列所在西华门内已毁的咸安宫基础上，建造颇具规模的现代文物库房——宝蕴楼。宝蕴楼是我国近代博物馆史上第一座专门用于保存藏品的大型近代化文物库房。设计师是著名建筑师马荣，图纸经内务部批准，建筑工程施工由北京广利、天合两家建筑工程公司合作承担。工程历时一年，于1915年6月竣工。全部工程用款29 695元银圆。宝蕴楼建成后，古物陈列所全部文物移存入内，极大地改善了馆藏文物的保管条件。

宝蕴楼是西洋式建筑，白墙、绿琉璃瓦顶，直线斜坡，在故宫建筑里颇为另类。对于这座建筑的设计，现在评论者一般是予以肯定的。但作为主其事，而且是中国建筑保护研究宗师的朱启钤先生，据说后来从不提起此作品，他老人家显然对此不满意，这是营造学社老社员单士元先生几次对笔者指出的。不满意什么？单老说："桂老没说，我们猜测，在宫殿建筑群里冒出一座完全西式的二层洋楼，桂老可能颇不以为然吧！"

图2 古物陈列所1915年建成的现代文物库房——宝蕴楼

开放公众参观

长久以来，辉煌壮丽的紫禁城宫殿及其中传世收藏，深深地吸引着中外民众。在上述准备工作基本就绪之后，古物陈列所终于在1914年10月10日正式开幕。按古物陈列所文献记载，开幕之日，东、西华门人流如潮，所内各处参观者比肩接踵。至月底，开放20天来，共接待观众11 000余人次，这在当时是十分惊人的。古物陈列所对外开放，使人们有机会看到封建朝堂的面貌，看到一部分皇家藏品。这是中国近代建成并向公众开放的第一座国立博物馆。

二 从溥仪出宫到故宫博物院

"关于大清皇帝辞位之后优待之条件"虽未明言公产收归国有，但按照古今中外通例不言自明，其第七款"大清皇帝辞位之后，其原有之私产由中华民国特别保护"，正是此意。因此之故，清室拍卖、抵押，内鬼盗窃及纵火，接踵而至，都造成宫中文物流失。这方面的例子很多，有案子延续到故宫博物院成立乃至新中国成立后。如故宫博物院档案可见，1927年4月25日，院方函国务院及内务部，请禁止盐业银行变卖处分清室内务府之前抵押的金编钟及册宝等件，而且附有原抵押借款合同及抵押物品详单。而到1951年3月28日，院提集委员会派出的第三组，在庆寿堂中院北房整理物品，意外于一破坐褥中发现唐卢楞伽《六尊者画册》一套，推测这是当初太监等宫中人员藏匿准备盗出的。1923年，一场大火烧毁建福宫花园建筑群，那里是嘉庆时集中收藏乾隆时散存宫中各处大量书画珍宝的地方。按溥仪《我的前半生》的说法，是太监偷盗之后销毁现场证据所为。

逊帝溥仪"暂居宫禁"日久，给有意复辟帝制的人带来念想。逊清皇室在袁世凯复辟帝制过程中扮演过某种角色，而1917年张勋复辟是复辟梦想的一次短暂实现。从张勋死后清室予以"忠武"谥号，可知他们对这次复辟的重视。

"修正清室优待条件"

1924年10月，冯玉祥发动"北京政变"，迫贿选总统曹锟下野，成立"中华民国临时执政府"，以黄郛为临时执政府"摄政内阁"（总统空缺，由国务院总理摄政）总理。按照冯玉祥回忆录的披露，解决溥仪出宫问题，是他由来已久的心愿，一旦政变得手便抓紧机会实施。

分步实施

11月4日上午10时，国民军总司令部调故宫及景山内清室所属驻军（1 200余人）往北苑，听候改编。11月4日深夜至5日凌晨，临时执政府摄政内阁会议决议修正"清室优待条件"，共五条，其中第三条为"清室应按照原优待条件第三条，即日移出宫禁"，并决定执行者为京畿警卫司令鹿钟麟、京师警察总监张璧，而以李煜瀛（李石曾）为国民代表会同办理。

溥仪出宫

11月5日上午9时，京畿警卫司令部将驻神武门外护城河营房的上届政府所派警察（共4队，每队约120人）缴械改编。10时，鹿钟麟与清室方面接洽，请溥仪移出宫禁。

按李宗侗《溥仪出宫情形》记叙：鹿钟麟、张璧、李煜瀛至神武门，张等率警察40余名、军士20余名，步行由西筒子而入。未到隆宗门即遇内务府大臣绍英等人。绍英等人和溥仪商议后，同意《修正清室优待条件》，"但迁往颐和园，需要修理，不是仓促所能办到的事，需容其3个月"。后表示"3个月搬家可以改为1个月"，再将1个月减为10天，最后说"收拾物件需3天可以完毕，到彼时方才可以搬家"。这时李煜瀛说："物品不必收拾，有关历史文化之物品，以不搬走为是，因系国宝，不宜归一人一姓。你们今天出去后，只将无职守的太监开去，各宫殿仍旧归原看守人看守，并加封条，以专责成。"这时双方已争辩许久，下午3点多钟，摄政王载沣得溥仪通知来到故宫，感到再坚持不搬已不可能，且有风险，力主即刻出宫。下午4时，"溥仪及他的后妃，后面跟随宫女、太监多人，最后是绍英等四人，最后面是摄政王，步行由御花园而出"，乘坐国民军司令部为之预备的汽车，前往后海北岸的醇亲王府。

中山回应

1924年底孙中山先生应冯玉祥之邀北上，时值摄政内阁修正清室优待条件，勒令溥仪出宫。清室内务府向中山先生投诉，1925年1月6日中山先生复函清室："由法律常理而论，凡条件契约，义在共守，若一方既已破弃，则难责他方之遵守。"一是清室始终未践移居颐和园之约；二是更有甚者，到民国六年（1917）复辟之举，乃实犯破坏国体之大罪。因此优待条件之效用，至此已完全毁弃无余，清室已无再请民国政府履践优待条件之理。

"清室善后委员会"

溥仪出宫时，清室内务府官员交出国玺两方："皇帝之宝""宣统之宝"，谓为代表皇权的"二十五宝"中物，由鹿钟麟送国务院封存。实际上"宣统之宝"当然不在"二十五宝"之列。当晚，鹿钟麟与清室内务府商定，由政府与清室合组"清室古物保管委员会"，点验清宫公私物品。国务院函聘李煜瀛为委员会委员长。6日晚，清室古物保管委员会点验物品开始。

11月14日，临时执政府第3104号《政府公报》发布《办理清室善后委员会组织条例》，同时聘请李煜瀛为清室善后委员会委员长，委员由政府和清室双方人士组成。政府方面9人：汪兆铭（易培基代）、蔡元培（蒋梦麟代）、鹿钟麟、张璧、范源濂、俞同奎、陈垣、沈兼士、葛文濬，清室方面5人：绍英、载润、耆龄、宝熙、罗振玉。前者以国民党和五四新文化运动中坚人物为主。善后委员会于委员之外，设监察员，其中以京师警察厅、京师高等检察厅、北京教育会为法定监察员，又特聘具公信力的社会名流吴稚晖、张继、庄蕴宽三位为监察员。另外，国务院与国务院所属各部院各派二人为助理员到会，以使委员会工作昭信于国人。周树人（鲁迅先生）当时是教育部派出的助理员。

点查物品

溥仪出宫后第二天国务院明令设立国立博物馆，因此，清室善后委员会点查清宫物品，自始就不是简单的财物登记，而是具有了博物馆文物点查登记的属性。历时一年多点查，最终公开出版的皇皇六编28册的《清室善后委员会点查报告》，就是最好的证明。它至今都是故宫博物院追溯院藏文物本源的第一手原始资料，反映了故宫博物院创始者的高瞻远瞩。

点查分组进行，从这时起形成故宫文物保管工作一个特殊术语："出组。"每组设组长一人，下分执行部和监视部。执行部下有查报物品名目、物品登录、写票、贴票、事务记载、照相等分工。每次出组有"出组单"，每人在上面签名。档案所见，参与此事多为当时社会名流，如吴稚晖、胡适、陈去病、董作宾等。出组时除监视部外，必须有军警参加，但军警不能进宫殿室内，如此形成相互监督、相互制约的机制。军警随组的规定，直到新中国成立后的1950年6月22日，经文化部文物局同意才废除。

点查受阻

就在清室善后委员会准备点查清宫物品前后，时局发生变化。先是11月6日，段祺瑞通电当局，对勒令逊帝出宫提出不满和异议；8日，张作霖也通电不满。此后不到一个月，冯玉祥被迫离京。12月24日，奉系军阀、皖系政客合作的中华民国临时政府在北京成立，段祺瑞就任"临时执政"。

1924年11月22日，善后委员会顶住段祺瑞执政府的压力，按原计划举行点查预备会，会上一致通过拒绝接受段祺瑞政府停止点查的命令。23日首次点查，因军警未到未能"出组"，从24

日起，点查工作逐日进行。经过一年的努力，宫中大多数地方的物品点查初步竣事，《清室善后委员会点查报告》内载物品94 000多号，1 170 000多件。

老故宫不喝酒

20世纪20年代，"清室古物保管委员会"成立不久即进故宫工作的故宫老前辈单士元先生回忆：清室善后委员会点查清宫物品之初，紧跟在溥仪出宫不久。当时溥仪住的养心殿、婉容住的储秀宫、文绣住的长春宫等处，留下不少吃的东西、喝的东西。因为这些都不是古物，大家见开了盒的饼干就吃两片，见开了瓶的酒也喝两口。有一天有一个年轻人不胜酒力，喝了两口就醉倒了，躺在地上起不来了。从此就规定，故宫人不准喝酒，以防损伤文物。那时能进故宫工作不容易。在老北京，到买卖家当店铺做伙计一般需要一家"铺保"，就是有一个店铺替你担保，发生监守自盗后一走了之等事故，人家找铺保算账。进故宫做工，除严格审查之外，还需要两家铺保。因为发生事故，一家铺保是赔不起的。能进故宫工作大多是本分可靠人家的孩子，有了这样的规定，这些乖孩子自然乖乖听话，管教得一辈子都不喝酒。

至于那"御膳"的味道如何，单老直言，没什么特别，都是外面能见到的牌子，就是从外头商店里买的洋饼干、洋酒。溥仪、婉容生活新潮，重华宫东路漱芳斋里挂着豪华西洋灯具，是他们吃西餐的地方。

故宫博物院成立

清室善后委员会核心人士都是与北洋政府对立的民主进步人士，在他们眼中，非尽快成立故宫博物院，使清宫之事成为公认的事实，不足以杜清室和执政府"复辟"之心。根据1924年11月7日摄政内阁命令和《清室善后委员会组织条例》的规定，1925年9月29日，议决成立"故宫博物院"，通过《故宫博物院临时组织大纲》《故宫博物院临时董事会章程》《故宫博物院临时理事会章程》。10月5日，决定5天后的双十节故宫博物院正式宣告成立。

形势所迫

清室善后委员会从成立时起即作为民间组织，以摆脱政局变幻的影响。建院纪念放在双十节，用意是使此日成为"国庆与博物院之两层纪念，如有破坏博物院者，即为破坏民国之佳节，吾人宜共保之"。

清室善后委员会核心人士如李煜瀛、易培基，都是有国际视野的先进知识分子和社会知名人物。建设大型国立博物馆，是现代文明国家的基本要素。此前北洋政府内务总长朱启钤已经促成古物陈列所建立，教育部历史博物馆则在民国元年（1912）开始筹建。李煜瀛早年赴法留学时，在巴黎见到法皇的罗浮宫在法国大革命后改成罗浮博物院，就萌生了在中国结束帝制之后将皇宫改为博物院的设想。

万人空巷

1925年10月10日下午举行故宫博物院开院典礼，京津各大报都登出了"故宫博物院开幕广告"。开院之日，李煜瀛手书的"故宫博物院"匾额已高悬在神武门上方，门外搭起了花牌楼。顺贞门内竖起了大幅《全宫略图》，请柬发出了3 500份。

下午2时，典礼在乾清宫前隆重举行，由董事庄蕴宽主持。清室善后委员会委员长、故宫博物院理事长李煜瀛报告了故宫博物院筹建情形。前摄政内阁总理、董事兼理事黄郛讲话，指出故宫化私为公，成为博物院完全公有，警告如有破坏博物院者，即为破坏民国之佳节，吾人宜共保卫之。之后，王正廷、蔡廷干、鹿钟麟、于右任、袁良等相继发言，阐述建立故宫博物院的深远意义，吁请各界支持。报载，值此国庆佳节，北京城"万人空巷"，"人们无不向此同一目的涌进故宫，一窥此数千年神秘的蕴藏"。"数千年宫殿尊严，昔为梦想所不可得到者，今则略破悭囊，即允吾人昂首阔步，眺望谈笑于其间。不可谓非建国以来，求治益乱，求合益分之现象中，独此一事，是以差强人意者。""惟因宫殿穿门别户，曲折重重，人多道窄，汹涌而来，拥挤至不能转侧，殿上几无隙地，万头攒动，游客不由自主矣。"（吴瀛《故宫博物院五年经过记》）开幕典礼后，清室善后委员会向国务院及各部院发出通电。

图1 故宫博物院创始人李煜瀛（李石曾）题写的"故宫博物院"匾额（摄于1961年）

中华文化法统象征

自从4 000年前大禹铸九鼎以象天下九州，后世政权更替就有"问鼎""鼎革"等说法。"鼎"一是象征国家政权，二是代指以鼎为代表的金石书画、图书典籍等，秦汉以后尤其如此。朝代更替之际，帝王们总是将前朝的金石书画、图书典籍等传世之宝封载而去，藏之都城。如刘邦攻下秦朝京城咸阳，当即"封府库"，使"珍宝尽有之"。金人攻下宋朝京城汴京，即携宣和殿图籍、书画北上，后辇至中都城（今北京）。金朝灭亡，元人又将金朝上述宝物移藏禁内奎章阁等处，故址大约在今北海西岸国家图书馆老馆主楼一带。清宫收藏的直接源头，就是北宋内府收藏，并经历代累积。

大约在 4 000 年前，大禹铸九鼎以象天下九州，"九鼎"遂成为象征国家政权的传国之宝。商灭夏，成汤迁九鼎于商邑；周灭商，武王迁九鼎于洛邑。到了东周，宗室衰微，礼崩乐坏。贞定王元年（前468），楚庄王伐戎来到洛邑，"观兵于周疆"，即在周天子脚下阅兵，耀武扬威。此时楚强周弱，周定王无可奈何，只好派大夫王孙满前去劳军。楚庄王志满意得，"问鼎之大小轻重焉"，言语之间有夺周鼎而取天下之意。王孙满不辱王命，慷慨陈词："有天下者在乎有德，不在乎有鼎"，今"周德虽衰，天命未改，鼎之轻重，未可问也"，把楚庄王顶了回去。但周室越来越衰微，以后"问鼎"之事屡有发生，"问鼎"遂成为夺取国家统治权这一暴力行动温文尔雅的代称。周显王四十三年（前326），九鼎在宋国沉于泗水彭城（今江苏徐州）下，夏商周三代相传 1 700 多年的九鼎从此在世上消失，但"问鼎"一词却被沿用下来。

直溯宋代收藏

宋代宣和殿有一件商代玉钺，为三代之宝，由金入元，被忽必烈奉为传国宝物，每在大明殿举行朝会大典时，总把这件玉钺陈设在天子身后，谓之"劈正斧"，寓意"纳君于正、去邪勿疑"。明太祖朱元璋的大将军徐达攻下元大都城，随即"封其府库及图籍宝物等"，分批运往首都南京。但"劈正斧"却下落不明，故明洪武时翰林学士宋讷咏道"劈正无官玉斧沉"。永乐迁都北京，又将这批宝物运回北京紫禁城，奉天殿（现太和殿）里有8口大龙橱，里面装满了三代鼎彝，表示定鼎北京。图书有100柜，用10艘船只装载，由大运河运到北京后，先藏于左顺门（左翼门）北廊，直到正统六年（1441）才移到特建的藏书阁文渊阁，由大学士杨士奇主持清点、造册，编成文渊阁书目。明代文渊阁是一组群筑，即清代内阁大库，也就是今文华殿对面所存建筑。清朝统治者继明朝入主中原，明朝内府宝藏自然归其所有，到乾隆时大臣们检查内阁大库，发现里面的图书还有打着徐达的封条的。

故宫博物院文物收藏，是清代中央政府继承宋、金、元、明历代递传及累积而形成的清代国家收藏，在众多领域代表着历史上各个时代的最高成就，辛亥革命后特别是新中国成立后已经属于国家收藏。它们是中华民族6 000年灿烂文化的实际遗存和悠久历史的具体表现，也是明清两个王朝相替继承了3 000多年来历代统治者的法统的标志，是一个典型的有中华民族特色的完整文物收藏体系。

文物南迁

由于故宫国宝与国家息息相关的特殊性质，使得它在国难当头之际，相应地经历了十多年的播迁。1931年九一八事变后，日军迅速占领了我国东北各省并进逼华北。为保故宫文物的安全，故宫博物院决定将文物南迁至上海，同时在首都南京建设库房，设立故宫博物院南京分院。

文物南迁共有5批，计13 427箱又64包2件，自1933年2月

7日开始，至5月23日结束。吴瀛、俞同奎、马衡、程星龄等分别担任各批的监运。

文物迁移之前，院方先向南京行政院和沿途各地方军政长官发出密电，请他们沿途保护。为避开天津，以防遭遇日本驻军袭击，路线采取走平汉线转陇海线再转津浦线，绕道南下。装载文物的列车全是铁皮车，第一批两列火车，车顶四周各个车门口都架起机关枪，各节车上都布置了宪警，荷枪实弹保护。除了特别快车外，其余列车都要让道给文物车先行。每到一站，都有地方官上车招呼。重要关口，车内熄灯，车内工作人员都和衣而卧。车行两旁，逐段都有马队随车驰聚，接力奔跑。

文物西迁

南迁上海的文物于1937年1月运抵南京分院保存库。七七事变即全面抗战爆发，接着是八一三事变（"淞沪抗战"）。8月14日，故宫文物由南京西迁，文物抢运一直持续到12月8日，几乎到了南京沦陷前的最后时刻。当时，敌机在长江码头上空盘旋扫射，故宫同仁只好在木箱附近躲避，扫射一停，装船立即进行。

文物西迁分南、中、北三路，每路又分若干批，水路、铁路、陆路交替使用，分别迁到四川巴县、乐山、峨眉三县的诸多地点。南路起运最先，终止最晚。从1937年8月14日开始，一迁至长沙，二迁贵阳，三迁安顺华严洞，停留6年，至1944年12月18日四迁四川巴县飞仙岩。

1945年春，抗战胜利在望，文物东归开始筹备。1946年，全部西迁文物先运回南京，准备返回北京。

文物迁台

在20世纪40年代末中国社会的特殊背景下，以蒋介石为首的南京国民政府在行将灭亡前夕，败走台湾。按历史惯例，政权鼎革之际，国宝应转归后来的政府。蒋介石忘记了周大夫王孙满"有天下者在乎有德，不在乎有鼎"这一教诲，为表示自己"有天下"，不在乎国民党反动统治以失德而失天下，只在乎"有鼎"这种表面文章，将故宫大批国宝运往台湾，这就是"文物迁台"。

运台文物分3批共2 972箱。第一批320箱，由海军部"中鼎轮"运载，1948年12月22日由南京启程，27日到达。第二批1 680箱，由招商局"海沪轮"运载，1949年1月6日启程，9日到达。第三批972箱，由海军部"昆仑舰"运载，1949年1月29日启程，在海上漂泊近一个月，于2月22日到达。

这些文物运抵基隆后，先于台中市糖厂仓库存放，旋于1950年4月移存台中郊外雾峰乡吉峰村新库。1965年，台北"中山博物院"落成，故宫运台文物以此作为临时院址，于11月12日正式开幕。

运台文物主要为书画、铜器、瓷器、玉器、工艺品、图书、文献，按故宫博物院老的计件方法计算，为242 592件。1989年7月1日至1991年5月14日，院方以新的计件方法清点，将图书、文献释为40万件，总计691 284件。这些文物是故宫文物精粹的一部分。

"文化自信"之源

故宫博物院既是北京故宫建筑群与宫廷史迹的保护管理机构，也是宋、金、元、明历代递传至清宫的国家收藏的保管、研究和展示机构。除古建筑等不可移动文物之外，故宫博物院现有藏品180余万件（套），涉及中国古代科学技术、文化艺术各个方面，分25大类别，其中一级藏品8 000余件（套）。因为我们中华民族历史悠久而辉煌灿烂的文明成就，所以故宫博物院一经成立，即跻身世界著名博物馆前列，如今是全国最大的博物院，也是与美国大都会艺术博物馆、英国大英博物馆、法国罗浮宫博物馆、俄罗斯艾尔米塔什博物馆齐名的世界著名大博物馆。

后　记

　　20多年前我写过10余万字的《故宫史话》，是中国社会科学院院长胡绳先生荣誉主编的"中华文明史话"丛书百本之一，为该院"八五"重点研究课题，列入"九五"国家重点图书规划。后来台北的出版社和北京的社会科学文献出版社等又先后出版过。今春北京新畅文化传媒的朋友提议再版此书。我想怎能把20多年前的认知，重新介绍给读者朋友呢。于是另起炉灶，成此25万字左右的新著，并增加历年来拍摄、搜集的图片。这是37年来自己在故宫研究中部分成果的体现。故宫黄希明、周乾先生，太庙贾福林先生等朋友惠赠了部分图片；还有一些图片出自故宫博物院藏、台北故宫博物院藏品数据库等，均一一注明，谨此致谢！

　　我于1983年7月由山东大学中文系毕业，分配到故宫博物院工作了15年，宫殿建筑、明清史专业，受教于单士元、朱家溍两前辈及王树卿等先生。本书中有些话题来自当时他们的亲授，而加以进一步研究考证。后来在香港，除杂志社日常新闻编辑等业务工作，仍主攻中国传统文化研究，又有幸受教于饶宗颐、金庸两师傅。饶老早年随叶恭绰先生编纂《全清词钞》，于清史等历史问题均有独到见解。例如前些年喧嚣一时的所谓"崖山之后无中华""倭寇非倭人"等，我们师徒都不以为然。他是通儒，我在香港时写的历史文化文稿，饶老都给予详细教正。查先生（金庸）出身浙江海宁"唐宋以来巨族，江南有数人家"（康熙帝御赐楹联），晚清"丹阳教案"发生时，他的祖父时任丹阳知县。他对史学和传统文化有精湛造诣，从第一部小说《书剑恩仇录》到《鹿鼎记》封笔，均以宋元明清历史背景为主。本书中不少内容当初向查先生请教过。例如元世祖忽必烈建元大都城、永乐帝与武当山、"雍正篡位"、光绪死因、"入八分公未入八分公"等。两师傅健在时，相关内容就有发表。

《启功口述历史》记载，启先生早年在故宫文献馆整理清代文献时，发现乾隆帝小舅子媳妇傅恒夫人写给乾隆帝的"小条"。这与查先生早年《书剑恩仇录》中描写福康安是乾隆帝私生子相呼应，说明当时流传乾隆风流韵事，并非空穴来风。文学家通过人物性格、心理分析揭示历史，史学家就历史事件和人物行状揭示历史，二者殊途同归。实际上司马迁《史记》二者兼而有之，故他既是史学家也是文学家。当我把此书送给查先生时，查先生又忆起数年前请教启先生：练书法临什么帖。启先生说：你想怎么写就怎么写，写出来就是好字。两位名家文人相敬，传为佳话。回想与师傅们谈古论今的温馨场面，历历如昨。2011年我回北京至中国国家博物馆工作，与两师傅一直保持联系，并继续写了不少关于两师傅的文章。

我一向不喜欢标榜自己是谁的弟子、谁的秘书之类的"威水史",认为这不光有拉大旗之嫌,还是对前辈师长的不敬,除非像朱家溍先生自己告诉别人,我是他的学生。如今故宫两先生、香港两师傅都已离开人世,我也已经年纪不轻。在书上注明"单士元、朱家溍先生亲授,饶宗颐、金庸先生指导",意在铭记先辈的教育之恩。

书将出版,朱诚如、阎崇年先生慨然担当推荐人。两位先生多年来对我也是关怀、提携、帮助良多,谨此衷心感谢!

感谢北京新畅文化传媒的年轻朋友及湖南人民出版社!

感谢多年来读者朋友的厚爱!你们也是我的好老师,激励着我勤奋学习、扎实研究。

姜舜源　2020年8月